La Fabrique de la « race »

Regards sur l'ethnicité dans l'aire anglophone

Collection Racisme et eugénisme
dirigée par Michel Prum

La collection "Racisme et eugénisme" se propose d'éditer des textes étudiant les discours et les pratiques d'exclusion, de ségrégation et de domination dont le corps humain est le point d'ancrage. Cette problématique du corps fédère les travaux sur le racisme et l'eugénisme, mais aussi sur les enjeux bioéthiques de la génétique. Elle s'intéresse à toutes les tentatives qui visent à biologiser les rapports humains à des fins de hiérarchisation et d'oppression. La collection entend aussi comparer ces phénomènes et ces rhétoriques biologisantes dans diverses aires culturelles, en particulier l'aire anglophone et l'aire francophone. Tout en mettant l'accent sur le contemporain, elle n'exclut pas de remonter aux sources de la pensée raciste ou de l'eugénisme. Elle peut enfin inclure des ouvrages qui, sans relever véritablement de l'étude du racisme, analysent les relations entre les différents groupes d'une société du point de vue de l'ethnicité.

Parmi les ouvrages déjà publiés dans la collection :

Diane Afoumado : *Exil impossible*, préface de Serge Klarsfeld (2005)
M.C. Barbier, B. Deschamps et M. Prum (dir.) : *Tuer l'Autre* (2005)
Lucienne Germain et Didier Lassalle (dir.), *Les Politiques de l'immigration en France et au Royaume-Uni* (2006)
Marine Le Puloch, *Le Piège colonial* (2007), préface d'Élise Marienstras
Henri Nahum, *La Médecine française et les Juifs, 1930-1945*, préface de Jean Langlois (2006)
Martine Piquet, *Australie plurielle* (2004)
Michel Prum (dir.) : *Changements d'aire* (2007)
Michel Prum (dir.) : *De toutes les couleurs* (2006)
Michel Prum (dir.) : *L'Un sans l'Autre,* (2005)
Michel Prum (dir.) : *Sang impur* (2004)
Michel Prum (dir.) : *Les Malvenus* (2003)
Didier Revest : *Le Leurre de l'ethnicité et de ses doubles* (2005)

Sous la direction de
Michel Prum

Groupe de recherche
Sur l'eugénisme et le racisme

LA FABRIQUE DE LA « RACE »

REGARDS SUR L'ETHNICITÉ DANS L'AIRE ANGLOPHONE

Ouvrage publié avec le concours de l'Université Paris Diderot

L'Harmattan

5-7, rue de l'École-Polytechnique, 75005 Paris

http://www.librairieharmattan.com
diffusion.harmattan@wanadoo.fr
harmattan1@wanadoo.fr

ISBN : 978-2-296-04267-4
EAN : 9782296042674

INTRODUCTION

Michel Prum

On ne naît pas Noir, on le devient. Ce pastiche de la célèbre formule de Simone de Beauvoir : « On ne naît pas femme, on le devient »[1] peut paraître irrecevable. Pourtant, au-delà de son apparente incongruité, ce parallèle ne nous semble pas dénué de toute pertinence. Certes le taux de mélanine à la surface de la peau est une donnée biologique innée (comme le sont les caractères sexuels primaires ou secondaires), mais ce que l'on met derrière l'idée d'un Noir ou d'un Blanc, d'une femme ou d'un homme, se *construit* dans un environnement social donné. La « race », comme le « genre », est une construction historique, et non quelque chose de naturel et d'éternel. Il n'y a pas, en dehors des fantasmes des uns et des autres, d'« éternel féminin », et il n'y a pas non plus une « essence » de la négritude, pas plus que le terme de « *whiteness* », aujourd'hui objet de recherche dans le monde anglo-saxon, ne définit une quelconque « nature » blanche. Historiquement, il y a eu une vie avant la « race », et l'on peut espérer qu'un jour on considérera les êtres humains indépendamment de leurs phénotypes « raciaux », bref qu'on oubliera la « race ».

Cette dimension sociale du concept de « race » a été explorée par la littérature anglo-saxonne. David Roediger, par exemple, introduit le critère de « *critical whiteness* ». Ainsi dans

---

[1] « On ne naît pas femme, on le devient. Aucun destin biologique, psychique, économique ne définit la figure que revêt au sein de la société la femelle humaine ; c'est l'ensemble de la civilisation qui élabore ce produit intermédiaire entre le mâle et le castrat qu'on qualifie de féminin. » (Simone de Beauvoir, *Le Deuxième sexe*, Paris, Gallimard, t. II, 1949, p 15).

un entretien accordé en 2005 à *CounterPunch*, il déclare que « l'examen critique de la "*whiteness*", qu'il soit universitaire ou non, implique simplement une volonté de détruire l'illusion qui voudrait que la "blancheur" soit naturelle, biologique, normale, et ne nécessitant pas impérativement une explication »[2]. Le titre de l'ouvrage de Noel Ignatiev de 1995, *How the Irish Became White*[3] (*Comment les Irlandais sont devenus blancs*), est en lui-même révélateur de cette approche de la « race ».

Les exemples historiques qui viennent étayer la dimension de la « race » comme construit social et politique sont nombreux. Dans le contexte de l'Irlande, Maurice Goldring a très bien montré comment on inventa une « race » irlandaise après que la Loi d'émancipation des catholiques de 1829 eut rendu surmontables les barrières qui excluaient le peuple du pouvoir politique[4]. De même les premiers Italo-Américains, soupçonnés d'avoir dans leur sang la fameuse « goutte » de sang noir, ont-ils été racialisés comme non-Blancs, au teint « olivâtre », ce qui permettait de les sous-payer sur les chantiers[5]. On pourrait multiplier les exemples dans les différentes aires culturelles. « C'est l'antisémite qui crée le Juif », écrivait Jean-Paul Sartre dans ses *Réflexions sur la question juive*[6] ; c'est le raciste qui crée la race, et non l'inverse. « Ce que Sartre a dit à propos de la judéité demeure vrai, l'opprimé, c'est d'abord l'oppresseur qui le fabrique[7]. »

---

[2] David R. Roediger, "Working Toward Whiteness", entrevue avec Seth Sandronsky, *Counterpunch*, 26 – 27 novembre 2005. Voir aussi du même auteur, *Wages of Whiteness, Race and the Making of the American Working-Class*, Londres, Verso, 1991.

[3] Noel Ignatiev, *How the Irish Became White*, Londres, Routledge, 1995.

[4] Voir Maurice Goldring, « Racialisation des Irlandais », *in* Michel Prum (dir.), *Exclure au nom de la race*, Paris, Syllepse, 2000, pp.97-115.

[5] Voir Bénédicte Deschamps, « Le racisme anti-italien aux États-Unis (1880-1940) », *ibid.*, pp. 61-81. Sur le thème de la fabrique de la « race », voir aussi Michel Prum, Bénédicte Deschamps et Marie-Claude Barbier (dir.), *Racial, Ethnic and Homophobic Violence*, Londres, Routledge, 2007, introduction, en particulier pp.5-6.

[6] Jean-Paul Sartre, *Réflexions sur la question juive*, Paris, Gallimard, 1954, p.173.

[7] Colette Guillaumin, *L'Idéologie raciste* (1972), Paris, Gallimard, 2002, p.289.

On peut situer le début de ce processus de racialisation de nos sociétés à la fin du Moyen-Âge, au moment où l'Occident chrétien découvre de nouvelles cultures et où, très vite, le capitalisme naissant comprend l'intérêt d'une main-d'œuvre noire bon marché. La Traite, dont on a célébré en 2007 le bicentenaire de l'abolition par le Parlement de Westminster, le 25 mars 1807, est intimement liée à la fabrique de la « race ». On ne peut exporter des millions de Noirs comme de la marchandise, du « bois d'ébène », et en laisser mourir des millions dans des conditions sub-humaines – sauf à faire en sorte que ces Noirs ne soient plus vraiment des êtres humains, qu'ils sortent de l'humanité. Il faut donc relire la Bible, reprendre la malédiction de Cham, dans la Genèse, et faire du coupable fils de Noé un Noir. Cham est donc ethnicisé *a posteriori*. Ainsi au XVe siècle, le Portugais Gomes Eanes de Zurara relie la traite des Noirs à la malédiction de Cham. Selon Léon Poliakov, c'est l'érudit allemand Georg Horn qui serait le premier, en 1666, à l'université de Leyde (Pays-Bas), à avoir proposé une division de l'humanité en fonction de la postérité de Noé, les Blancs descendant de Japhet, les Asiatiques de Sem et les Noirs de Cham[8]. Le siècle des Lumières, malgré les écrits courageux de Montesquieu et de quelques autres, devait reprendre cet héritage relativement récent de hiérarchisation raciale, et ouvrir ainsi la voie au racisme à prétention scientifique du XIXe siècle.

C'est sur la « division systématique de l'espèce humaine en races [...] dans la deuxième moitié du XVIIIe siècle » que revient **Élise Marienstras**, Professeur émérite à l'Université de Paris Diderot (Paris 7), dans une contribution qui couvre la France et les États-Unis. Cette seconde partie du siècle des Lumières est, pour les deux pays, marquée par une révolution. Mais cette révolution, nous est-il rappelé, intervient dans des contextes presque opposés. « La France révolutionnaire s'ingénie, pour régénérer la vieille nation, à regrouper, inclure et unifier le peuple au sein de la république ; alors que les États-Unis, où l'État préexiste à la nation, choisissent les composantes de la nation en formation, pour en exclure les races indésirables. » Ère des révolutions, l'époque est

[8] Léon Poliakov, *Le Racisme*, Paris, Seghers, 1976, p.57.

aussi l'ère des classifications. On connaît la formule : Dieu créa et Linné classa. Cette frénésie taxinomique provoque une réflexion sur la hiérarchie des êtres vivants et le positionnement de l'homme par rapport à l'animal, ainsi que sur l'unicité ou la pluralité du genre humain (le fameux débat entre polygénisme et monogénisme). On sait que ces polémiques perdureront bien au-delà de la période étudiée ici et qu'au siècle suivant, le darwinisme, face entre autres au dogme de l'Église, insistera sur la continuité entre animalité et humanité.

Élise Marienstras montre bien qu'il faut replacer la naissance de la notion de race dans le contexte historique de chacune des deux colonisations. Or les situations sont loin d'être identiques. « L'émigration anglaise vers l'Amérique, rappelle notre collègue, supplantera d'au moins dix fois le peuplement français au nord et dans les îles. » Pour les Français, numériquement très faibles, il n'est de salut que dans l'intermariage avec les Indiennes, alors que les Britanniques, dans un contexte de crise économique et de trop-plein démographique, importent outre-Atlantique une partie de leur société, femmes comprises, et, pour garder leur identité dans le Nouveau monde, reproduisent « le modèle racial, culturel et social de la métropole ».

Dans ces allers et retours entre aire française et aire américaine, Élise Marienstras ne se limite pas à la dualité Noir / Blanc ni même à la « configuration humaine triangulaire de la réalité coloniale : Blancs, Indiens et Africains », elle inclut aussi la minorité juive – ces trois derniers groupes (Indiens, Noirs et Juifs) étant « trois catégories de population qui ne présentent pas les mêmes enjeux pour la vieille nation France "régénérée" par la Révolution de 1789 et la nation états-unienne naissante dont le corpus ethnique est encore à déterminer ». La présente contribution permet de mieux saisir la diversité, et aussi la complexité, de ces enjeux.

La réflexion sur les « races », au cours des siècles, a d'abord été une réflexion sur les non-Blancs, à partir d'un point de vue qui ne se définissait pas lui-même comme ethnicisé. Comme l'écrivait déjà en 1972 Colette Guillaumin, « le Blanc ne sait pas qu'il est blanc, il *est*. Il est dans ses particularités individuelles ».[9] Il est intéressant de voir comment la sociologie américaine s'est emparée du concept de *whiteness* (« blancheur », « blanchitude » ?), ethnicisant par là même le point de vue du « catégorisant » (pour reprendre le vocabulaire de Colette Guillaumin), lui-même jusque-là jamais catégorisé. **Steve Garner**, *Senior Lecturer* à la *University of the West of England* (Bristol), se réfère au cadre conceptuel américain pour présenter sa recherche de la *whiteness* en Grande-Bretagne, ce qui, comme lui-même le note, est symptomatique : un Américain ne se sentirait pas obligé de se référer à l'Angleterre en préliminaire d'un article sur la *whiteness* aux États-Unis.

Les travaux sociologiques que cite Steve Garner confirment que, en Grande-Bretagne comme aux États-Unis, les Blancs sont « déracialisés » et que c'est à travers leur rencontre avec les Autres racialisés que se cristallise éventuellement leur « conscience raciale ». Ce qui frappe aussi, c'est l'attitude de dénégation, visant à faire croire que le racisme n'existe plus et que la société est devenue "*colour-blind*", aveugle aux couleurs. Selon cette vue – que Charles Mills cité par Steve Garner appelle « l'épistémologie de l'ignorance » – le passé semble disparaître, et son lourd héritage – en Grande-Bretagne, celui de l'Empire – n'est plus pris en compte, ou est minimisé, ce qui permet de remettre en question les politiques anti-discriminatoires. Aux États-Unis l'*affirmative action* – discrimination positive – est ressentie comme une « discrimination inverse », c'est-à-dire tournée contre les Blancs. Les immigrés sont perçus comme autant d'individus qui, dans une perspective a-historique et a-sociale, « *choisissent* de ne pas faire les efforts nécessaires » pour s'intégrer. On voit tout l'intérêt de ces nouvelles recherches sur la *whiteness*, qui permettent de jeter un coup de projecteur sur les non-dits du groupe dominant, dont l'influence est souvent aussi prégnante qu'elle est sournoise.

Les Irlandais occupent une part singulière dans le paradigme de la *whiteness*, sans doute parce qu'ils ont une longue histoire d'émigration et ont dû se positionner au cours des siècles en tant qu'immigrés et minoritaires blancs dans les sociétés blanches

---

[9] Colette Guillaumin, *op.cit.*, p.177.

qu'ils rejoignaient. Nous avons déjà cité l'ouvrage de Noel Ignatiev, *How the Irish Became White*, qui s'appliquait à l'aire nord-américaine et au lent travail de « blanchisation » qu'avaient dû opérer les immigrés irlandais pour sortir de l'*inbetweenness* raciale où ils avaient été cantonnés[10]. En Grande-Bretagne, c'est presque l'inverse qui s'est produit, comme l'explique ici **Gráinne O'Keeffe-Vigneron**, Maître de conférences à l'Université de Rennes 2. Si l'on ne peut parler de « déblanchisation », on retiendra pourtant un effort de la part de la communauté irlandaise résidant en Angleterre pour devenir « les plus noirs des Blancs », c'est-à-dire pour être considérés officiellement comme « minorité ethnique » et accéder à la reconnaissance et aux avantages de ce statut. Cette revendication peut paraître paradoxale. Alors que, dans la seconde moitié du XXe siècle, se met en place une législation de plus en plus restrictive de contrôle de l'immigration, les Irlandais, eux, peuvent continuer à s'installer librement en Angleterre. Ce privilège n'est pas sans danger, et le mythe de l'homogénéité de la population blanche va faire des Irlandais des minoritaires non visibles, discriminés *de facto*, à l'embauche ou ailleurs (Gráinne O'Keeffe-Vigneron rappelle que l'on trouvait parfois, à côté d'offres de travail ou de logement, l'inscription : « Pas de gens de couleur, pas d'Irlandais, pas de chiens »), et victimes de stéréotypes raciaux et de harcèlement, sans bénéficier pour autant des compensations accordées aux minorités ethniques venues d'autres continents. C'est dans le cadre de la préparation du recensement décennal de 2001 que se situe le combat du secteur associatif irlandais en Angleterre. La question ethnique, introduite pour la première fois dans le recensement de 1991, n'incluait pas la minorité irlandaise. Après des années de *lobbying* intense, les Irlandais parvinrent en 2001 à apparaître dans les catégories ethniques aux côtés des Antillais et des Noirs africains. Cette reconnaissance mettait à mal la dichotomie Noir / Blanc et soulignait l'hétérogénéité, ou la diversité, du concept de *whiteness*.

---

[10] Voir aussi Matthew Frye Jacobson, *Whiteness of a Different Color: European Immigrants and the Alchemy of Race*, Cambridge MA, Harvard University Press, 1998.

Cette dichotomie Noir / Blanc, si elle reste fondamentale, est parfois à nuancer et l'exemple de l'accueil en Angleterre des GIs afro-américains pendant la Seconde Guerre mondiale, qu'étudie ici **Sylvie Pomiès-Maréchal**, Maître de conférences à l'Université de Paris Sud (Paris 11), mérite qu'on s'y arrête.

L'« invasion amicale » des troupes américaines sur le sol britannique, entre 1942 et 1945, incluait l'arrivée de dizaines de milliers de soldats noirs, dans un pays qui, avant l'arrivée de l'*Empire Windrush* à Tilbury en 1948 et des vagues d'immigration extra-européenne qui suivirent, ne comptait que huit mille Noirs. Pour la première fois de son histoire, le pays se trouvait face à une arrivée massive de personnes d'origine africaine. Sylvie Pomiès-Maréchal montre bien le fossé entre les positions prises par la hiérarchie militaire, qui de fait cautionnait la nature ségrégationniste de l'armée américaine, et l'accueil de la population britannique. Si l'hypocrisie et le racisme latent des responsables de l'armée ne surprend guère, la chaleureuse sympathie témoignée par les couches populaires blanches à l'égard des soldats « de couleur » est moins connue. Les soldats américains blancs se comportaient souvent comme s'ils étaient en pays conquis et dénigraient la pauvreté et le retard technologique des Anglais. En revanche il s'établit une connivence « de classe » entre les ouvriers britanniques et les soldats afro-américains, qui avaient en commun un niveau de vie inférieur. Sylvie Pomiès-Maréchal signale même que certains tenanciers de *pubs* affichèrent à la porte de leur établissement : « Réservé aux Britanniques et aux Américains de couleur ». Le soldat américain blanc, lui, n'était pas le bienvenu.

Cette inversion des schémas habituels ne dura pas jusqu'à la fin de la guerre, et Sylvie Pomiès-Maréchal montre comment petit à petit le soldat noir en vint à être perçu comme un rival sexuel auprès des hommes blancs, qui se mirent à leur tour à le discriminer ; mais ces quelques mois d'« état de grâce » dans les relations inter-ethniques au sein de la population anglaise n'en demeurent pas moins un exemple historique fort intéressant, qui rappelle, s'il le fallait, la nécessité de croiser critères ethniques et critères de classe dans l'étude des discriminations.

Aux critères de classe il est bien sûr primordial d'ajouter les critères de « genre », la discrimination contre les femmes venant s'ajouter aux discriminations de « race » et de classe et les démultipliant. L'Afrique du Sud offre au chercheur un terrain particulièrement riche en enseignement car c'est sans doute le pays dont le passé proche a été le plus racialisé du monde. L'apartheid a laissé un très lourd héritage d'inégalités et de violence, dont les femmes noires portent principalement le poids, comme le rappelle **Ludmila Ommundsen**, Maître de conférences à l'Université du Havre. Si en Afrique du Sud les femmes ont deux fois plus de chance d'être agressées que les hommes, les femmes noires ont « dix fois plus de risque de subir des actes de violence que leurs consœurs blanches ». Ludmila Ommundsen montre bien le lien entre inégalité et violence, dans un pays où les maltraitances conjugales sont monnaie courante et où l'uxoricide est un véritable phénomène social. « La violence, note-t-elle, est parfois considérée comme une norme dans les relations entre les sexes. » Principales victimes du chômage, les femmes noires ont peu d'espoir de pouvoir échapper à un mari violent.

Pourtant les hommes ont l'impression d'avoir perdu du pouvoir (les femmes ont acquis une certaine représentation politique ; l'Afrique du Sud s'est hissée au septième rang mondial pour le nombre de femmes au parlement, très loin devant la France) et la violence contre les femmes, et contre les femmes noires en particulier, est perçue par plusieurs auteurs sud-africains comme un moyen de contenir ce pouvoir. Le viol aurait, pour Helen Moffett citée par Ludmila Ommundsen, une fonction de correctif par rapport aux acquis de la nouvelle Constitution de l'ère Mandela. Selon cette interprétation, « dans l'Afrique du Sud post-apartheid, le viol est devenu un programme punitif socialement avalisé, qui permet de maintenir un ordre patriarcal ».

Pourtant Ludmila Ommundsen ne se veut pas totalement pessimiste et espère que les politiques de *Black Economic Empowerment*, alliées à une Constitution exemplaire, finiront par porter leur fruit, si les réformes engagées sont poursuivies et accélérées.

On connaît la diversité ethnique de l'Afrique du Sud, répartie entre Noirs, Blancs, Métisses et Indiens. Mais chaque groupe est lui-même subdivisé et, parmi les Noirs, le colonialisme britannique avait distingué les Zoulous, auxquels il avait attribué une place singulière, pour ne pas dire privilégiée. **Gilles Teulié**, Professeur à l'Université de Provence (Aix-Marseille 1), définit ici la relation particulière entre colonisateurs blancs et guerriers zoulous. Cette particularité, il l'appréhende à travers l'œuvre du romancier victorien Henry Rider Haggard, dont le roman de 1885, *King Solomon's Mines* (*Les Mines du roi Salomon*), fut un *best seller* exceptionnel (plus d'un million d'exemplaires vendus de son vivant). Ce qui explique le traitement spécial réservé aux Zoulous, c'est la terrible défaite que ceux-ci, armés principalement de sagaies, infligèrent aux Britanniques à la bataille d'Isandhlwana, en 1879, massacrant plus d'un millier de valeureux soldats gallois équipés de la meilleure technologie de l'époque. La campagne britannique d'annexion du Zululand, qui devait être « une promenade de santé », « tourna au cauchemar ». Pour surmonter ce traumatisme, l'Angleterre dut reconsidérer sa perception de ses adversaires et valoriser le guerrier zoulou, qui du coup remonta de quelques échelons sur l'échelle raciologique victorienne ! Ces guerriers jadis sauvages et barbares devenaient des « Spartiates noirs », des héros grecs ! Ils se rapprochaient de la beauté des Blancs, contrairement aux Hottentots ou aux Bushmen qui, eux, restaient affublés de leur « laideur négroïde » car, pour les Africains autres que Zoulous, « l'amalgame entre la laideur et la couleur noire est [...] un fait établi ». Devenant moins laids, les Zoulous, eux, devenaient forcément « moins noirs » : il est dit d'un personnage que « sa peau était à peine noire ». La race-construit-social permet ainsi des déplacements sur le spectre chromatique, des « blanchiments » de Zoulous ou des « noircissements » d'Européens, au gré des besoins du moment.

En Australie, on sait que le « blanchiment » des Aborigènes a été une véritable politique de certains États : du début du XXe siècle aux années 1970, les enfants aborigènes étaient systématiquement arrachés à leur famille, et enfermés dans des établissements où, sous prétexte d'éducation religieuse et morale, on leur enseignait « la peur du "Noir", en leur faisant croire qu'eux-mêmes étaient "blancs" »[11]. **Xavier Pons**, Professeur à l'Université de Toulouse-le Mirail (Toulouse 2) étudie, lui, ce que l'on pourrait appeler le « blanchiment » du droit aborigène. Comme le note Xavier Pons, les colonisateurs britanniques, à leur arrivée en Australie, n'avaient pas le sentiment de « blanchir », ou d'européaniser une juridiction locale existante, mais d'établir un droit universel dans une société qui à leurs yeux ne connaissait pas le droit, une sorte de *terra nullius* juridique, en quelque sorte. Or les Aborigènes possédaient bien des lois, « complexes et rigoureuses », de même qu'ils possédaient une science complexe et rigoureuse, comme le rappellera brillamment en 1952 Claude Lévi-Strauss dans son texte « Race et histoire »[12]. « Il n'existe pas de peuples enfants ; tous sont adultes », précise Claude Lévi-Strauss[13]. Les Aborigènes sont adultes, mais des adultes très différents des Occidentaux, et l'histoire des relations entre Australiens blancs et Australiens aborigènes est une histoire d'incompréhensions réciproques. L'évaluation des crimes et la sévérité des châtiments peuvent être très différentes dans les deux cultures. La coexistence de deux droits sur un même territoire, et la double responsabilité des Aborigènes devant leur propre justice et la justice australienne posent de nombreux problèmes.

Les questions posées par ce choc des cultures sont loin d'être simples, et les réserves émises dans certains cas de maltraitances sexuelles ne sont pas toutes issues de cercles conservateurs désireux de maintenir l'hégémonie de l'Australie blanche, mais il n'en demeure pas moins qu'il serait regrettable de faire l'économie d'une réflexion sur la culture aborigène et sur sa représentation du monde. L'exemple des « jugements en rond », que donne Xavier Pons, est l'une des façons de rendre la procédure

[11] Martine Piquet, « Le génocide "*soft*" des Aborigènes australiens », *in* Michel Prum (dir.), *Corps étrangers*, Paris, Syllepse, 2002, p. 36.

[12] « Race et histoire » (1952), in Claude Lévi-Strauss, *Race et histoire, race et civilisation*, Paris, Albin Michel, 2001, pp.77-78. L'anthropologue fait allusion à la complexité des relations parentales, qu'un Européen aurait peine à comprendre sans faire appel à des outils mathématiques sophistiqués.

[13] *Ibid.*, p.59.

judiciaire plus conforme à la tradition aborigène sans prononcer pour autant des peines moins sévères au nom du relativisme culturel. À l'heure où la communauté internationale a enfin reconnu, par la déclaration de l'Assemblée générale des Nations unies du 13 septembre 2007, le « droit à l'autodétermination » des « peuples premiers », les efforts de prise en compte du droit aborigène doivent certainement être poursuivis. Le texte des Nations unies reconnaît aux Aborigènes « le droit de ne pas subir d'assimilation forcée ou de destruction de leur culture »[14]. Le gouvernement australien a significativement voté contre l'adoption de ce texte aux Nations unies, ce qui n'est sans doute pas surprenant, mais envoie un signal peu rassurant. Pour autant, la déclaration des Nations unies devrait modifier quelque peu le rapport de force au profit des « peuples premiers ».

Les trois dernières contributions de ce volume consacré à l'aire anglophone parlent de la « race » dans sa dimension eugéniste plus que raciste[15], donc dans une perspective qui, plutôt que d'opposer telle couleur de peau à telle autre, se soucie de l'« amélioration » de « la » race. C'est la « race parfaite » que l'eugéniste s'efforce de fabriquer.

Pour améliorer la « race », il faut, selon les médecins britanniques du XIXe siècle, veiller à ce que se renforce le corps des jeunes femmes, futures mères des enfants de la nation. **Florence Binard**, Maître de conférences à l'Université Paris Diderot (Paris 7), revient sur cette prise en charge sociale et médicale du corps féminin, au travers de l'éducation physique à l'école et de la pratique du sport dans l'entreprise. Développer le corps ne veut pas dire nécessairement développer l'esprit, bien au contraire. Les médecins de l'époque, comme le célèbre psychiatre Henry Maudsley, expliquent que l'énergie cérébrale est produite

[14] Voir Philippe Bolopion, « Les Nations unies reconnaissent les droits des peuples indigènes », *Le Monde*, 15 septembre 2007, p.5.

[15] L'eugénisme n'exclut pas le racisme, bien entendu, et les eugénistes, en déclarant vouloir améliorer la « race » humaine, ont souvent pensé en fait à la « race blanche ». Mais les deux concepts sont distincts et on peut imaginer, en théorie, un eugéniste qui voudrait des êtres humains plus vigoureux et sains dans une perspective non hiérarchique par rapport à la couleur de la peau.

par la future mère au détriment de la vigueur du fœtus, comme par un jeu de vases communicants – il y a en quelque sorte concurrence entre le cerveau et l'utérus. Florence Binard mentionne aussi Karl Pearson, l'un des pères de l'eugénisme britannique, pour qui la soumission des femmes est le prix à payer pour la prédominance de la race. En revanche, la gymnastique permettra à la femme de se muscler et d'accoucher plus facilement de bébés vigoureux.

Pourtant la finalité eugéniste du sport féminin ne fait pas l'unanimité. Florence Binard oppose à cette première conception favorable à l'éducation physique des jeunes femmes les théories de certains médecins pour qui trop d'activité sportive nuit à la capacité reproductive de la femme et conduit même à une « masculinisation physique et mentale ». Selon ces médecins donc, « plus on encouragera les filles à faire du sport, plus elles seront nombreuses à être dénaturées et moins elles accompliront la tâche naturelle qui leur incombe : enfanter. » Les deux écoles de pensée ont le même but : inverser le dépeuplement démographique et la dégénérescence de la race en préparant les femmes à la maternité (et une maternité efficace). Mais les moyens divergent, selon que le sport est vu comme un bon entraînement ou comme un frein.

Comme le montre Florence Binard, le combat des femmes britanniques pour accéder au sport, et à *tous* les sports (car certains sont considérés comme plus « masculins » que d'autres) a été long et difficile.

Aujourd'hui l'eugénisme n'est plus aussi prégnant au Royaume-Uni qu'il l'était à la fin du XIXe siècle ou au début du XXe. Pourtant le désir d'améliorer la « race » perdure et, surtout, les moyens médicaux permettent une sélection jusqu'alors impossible et posent de ce fait de nouvelles questions éthiques. **Simon Taylor**, Maître de conférences à l'Université Paris Diderot (Paris 7) et ancien avocat, examine ici les problèmes que pose aux juristes anglais la sélection *in vitro* d'embryons humains. Le risque auquel tout le monde pense est celui du bébé « à la carte », dont on choisirait le sexe, la couleur des yeux ou la taille. On passerait ainsi de la sélection négative (suppression d'embryons atteints d'anomalies graves) à une sélection positive (choix de l'embryon idéal). La sélection positive est déjà, de fait, autorisée dans certains cas précis, comme celui des fameux « bébés médicaments ». En Angleterre, contrairement à la France, ce n'est pas le législateur, mais une autorité indépendante, la HFEA, qui accorde aux cliniques l'autorisation d'effectuer des diagnostics pré-implantatoires. C'est donc la HFEA qui doit « définir les limites du permissible ». Il n'y a pas de ligne rouge clairement définie et les tendances actuelles au consumérisme médical pourraient repousser toujours plus loin cette limite. De plus, remarque Simon Taylor, les patients britanniques, pourvu qu'ils en aient les moyens financiers, peuvent toujours recourir au « tourisme reproductif », qui lui, pour le coup, ne connaît pas de réglementation. Même si des projets législatifs annoncés pourraient encadrer à l'avenir la sélection *in vitro*, le risque de dérive eugéniste n'est donc pas totalement exclu.

L'eugénisme pourrait aussi se développer non pas dans quelque lointain pays ouvert généreusement aux touristes « reproductifs », mais en Grande-Bretagne ou aux États-Unis, à la faveur des banques de données génétiques qui prospèrent dans ces deux pays depuis la généralisation des enquêtes fondées sur l'ADN. C'est ce que **Neil Davie**, Professeur à l'Université Lumière (Lyon 2), appelle « « *eugenics by the back door* » (l'eugénisme par la petite porte) ». Si à première vue les informations données par les empreintes génétiques ne devraient pas inquiéter, Neil Davie fait remarquer que chaque nouvelle avancée visant à se servir du corps humain pour identifier les délinquants a poussé certains scientifiques à « chercher des indicateurs biologiques, capables de cerner un comportement déviant futur ou potentiel ». L'arrivée des méthodes utilisant l'ADN ne déroge pas à cette règle, et Neil Davie s'attend au « retour tardif de *l'Uomo delinquente* de Cesare Lombroso », cet homme criminel « programmé dès la naissance à commettre des crimes ». Des théories aussi vieilles que la phrénologie refont surface pour expliquer le comportement humain à partir de traits physiques. En outre, précise Neil Davie, le fichier britannique d'empreintes génétiques « conserve un nombre disproportionné d'empreintes d'individus issus des minorités ethniques, ce qui a donné une nouvelle impulsion à des recherches sur le caractère génétique des différences "raciales", et leur manifestation dans le comportement criminel ». C'est que la police britannique ne garde pas seulement l'ADN des délinquants condamnés, mais aussi celui de tous ceux qui ont été gardés à vue, même si leur innocence a été ultérieurement prouvée. Le racisme institutionnel dont elle a fait preuve la pousse à contrôler les minorités ethniques beaucoup plus souvent que les Blancs, et, une fois fichées génétiquement, elles apparaissent comme davantage susceptibles d'être soupçonnées. Loin de faire apparaître la réalité des choses (le fait que les délits ne sont pas prioritairement commis par des Noirs), la « bio-visibilité » qui leur serait imposée en ferait des cibles désignées. Racisme et eugénisme se rejoignent donc dans cette dystopie sécuritaire dont nous ne sommes peut-être pas si éloignés. Le délinquant noir est ici encore « fabriqué », même si cette fabrique prend les formes scientifiques de la génétique moderne.

La notion de race au XVIIIe siècle en France et aux États-Unis

Élise Marienstras

Bien avant l'invention d'une science prétendant ériger la notion de race en système et en tirer une théorie[1], puis une doctrine connue sous le nom de « racisme », nombreuses sont les sociétés qui ont fondé leur identité sur le principe de différenciation avec l'Autre et ont valorisé cette identité en la situant au sommet d'une hiérarchie raciale ou, plus largement, ethnique, s'appuyant, dans les sociétés traditionnelles, sur des mythes d'où découlent les noms que se sont donnés certains groupes et qui signifient « les hommes », « les êtres humains », ou « les bons », etc.[2] Dans les sociétés modernes, le racisme, « élaboration de fantasmes, de théories et de pratiques discriminatoires »[3], y compris génocidaires, est une dérive de la notion de « race » telle que les savants depuis le XVIIIe siècle en ont fait l'unité de base d'une taxinomie anthropologique.

C'est cette première division systématique de l'espèce humaine en races qui nous retient ici, dans la deuxième moitié du XVIIIe siècle surtout, une formule préférable en l'occurrence à celle de « siècle des Lumières ». Sans pour cela adhérer aux récents partis pris contre l'influence des Lumières [4], on tentera de

---

[1] Voir Sarga Moussa (dir.), *L'Idée de race dans les sciences de l'homme et la littérature au XVIIIe et XIXe siècle*, Paris, L'Harmattan, 2003.

[2] Claude Lévi-Strauss (dir.), *L'Identité*, notamment Jean-Marie Benoist, pp.318-19.

[3] Léon Poliakov, *Le Racisme*, Paris, Seghers, 1976, p.36. Voir aussi *La Causalité diabolique : essai sur l'origine des persécutions*, Paris, Calmann-Lévy, 1980.

[4] Zeev Sternell, *Les Anti-Lumières du XVIIIe siècle à la guerre froide*, Paris, Fayard, 2006. « Le siècle des Lumières a développé une vaste entreprise de duplicité » écrit, d'une manière très partiale à nos yeux, Pierre Pluchon, *Nègres et Juifs au XVIIIe siècle. Le racisme au siècle des Lumières*, Paris, Tallandier, 1984, p.281.

saisir le caractère contradictoire, composite, encore plein des fantasmes d'autrefois mais aspirant à mieux éclairer le monde grâce à la raison, de cette époque où se dit si souvent l'aspiration collective et individuelle au bonheur, la croyance dans l'avènement ultime de la liberté universelle, l'universel enfin recomposé dans la paix fraternelle au sein de l'espèce humaine, cette espèce dont, toutefois, la diversité semble démentir l'unité revendiquée.[5]

Le mot « race », apparenté aux mots espagnols et italiens, tous de la même origine latine *ratio* selon le Petit Robert, ou encore *generatio* dans des étymologies plus hasardeuses[6], et non pas *radix* que réfute Littré, est utilisé depuis la fin du XVe siècle avec le sens le plus commun de descendance ou d'ascendance appliqué à des objets très divers, le seul trait commun à toutes les occurrences étant la référence à un collectif – groupe de faune, de flore même, groupe d'hommes, ou même l'espèce humaine tout entière. Il distingue en France au XVIIe siècle la « noblesse d'épée », qui est de naissance, des formes de noblesse acquises. Il porte alors un signe positif mais il peut prendre une connotation négative : ainsi Racine dans *Esther* : « Il fut des Juifs. Il fut une insolente race. / Répandus sur la terre, ils en couvraient la face. »[7]

Encore faut-il tenter « d'ennoblir ou relever les races dans l'homme et dans les animaux », comme le dit Buffon, cité par Littré parmi les trois pages de citations que ce dictionnaire consacre au mot « race » pour pallier la polysémie et souvent l'imprécision du terme. Un grand pas hors de cette confusion est franchi au cours du XVIIIe siècle avec le souci de classer et d'expliquer l'ordre de l'univers. La classification des espèces « naturelles » situe l'humanité comme une seule espèce, celle-ci divisée en races. C'est alors qu'apparaît la contradiction majeure qui, du XVIIIe siècle à nos jours, n'a pu être totalement résolue : si l'humanité est une et si, comme s'en prévalurent les révolutions des droits qui tentèrent d'inscrire dans la praxis les principes énoncés

---

[5] Voir Michèle Duchet, *Anthropologie et Histoire au siècle des Lumières* (1971), Paris, Albin Michel, 1995, p. 21, sur la révolution épistémologique au XVIIIe siècle.

[6] F.Dassetto, Article mis en ligne le 10 février 2005 sur le site www.upjf.org.

[7] *Esther* II, 2, cité par Littré au mot : « race ».

par les Lumières, tous les peuples ont droit à l'égalité, comment concilier cette indifférenciation avec les différences que font apparaître les catégories raciales ; comment concilier universalité et particularités ?

Les deux contextes pertinents à cet égard sont ceux de la France prérévolutionnaire et révolutionnaire et de l'Amérique révolutionnaire ; ils fournissent les meilleurs exemples de la conjonction entre science des races et formation nationale ainsi que de l'inflexion réciproquement exercée à des moments cruciaux pour les pays concernés. La France révolutionnaire s'ingénie, pour régénérer la vieille nation, à regrouper, inclure et unifier le peuple au sein de la république ; alors que les États-Unis, où l'État préexiste à la nation, choisissent les composantes de la nation en formation, pour en exclure les races indésirables.

L'anthropologie au XVIIIe siècle : connaître, classer, maîtriser

On ne saurait mieux expliquer les débuts de l'intérêt pour la diversité des races que ne le fait l'abbé Raynal au Livre I de l'*Histoire philosophique et politique des deux Indes* :

> Il n'y a point eu d'événement aussi intéressant pour l'espèce humaine en général et pour les peuples de l'Europe en particulier, que la découverte du Nouveau monde et le passage aux Indes par le cap de Bonne Espérance. Alors a commencé une révolution dans le commerce, dans la puissance des nations, dans les mœurs, l'industrie et le gouvernement de tous les peuples. C'est à ce moment que les hommes des contrées les plus éloignées se sont rapprochés par de nouveaux rapports et de nouveaux besoins. [8]

Parmi ces besoins, celui de comprendre en quoi et pourquoi les peuples récemment rencontrés diffèrent si visiblement de ceux qui

[8] Guillaume-Thomas, abbé Raynal, *Histoire des deux Indes*, choix de textes par Yves Benot, Introduction générale (Livre I, chapitre I de l'édition originale), p.13, extraits de *Histoire philosophique et politique du commerce et des établissements des Européens dans les deux Indes,* Neuchâtel et Genève,1783, 10 vol.

les découvrent. De là naît une littérature anthropologique de voyage, souvent fantasque, parfois plus scientifique, une littérature scientifique et philosophique dont, parmi nos contemporains, Michèle Duchet a rendu compte mieux que quiconque. Elle relève dans l'écriture du XVIIIe siècle les mérites d'une anthropologie balbutiante qui se veut scientifique mais qui résonne d'une idéologie à la fois humaniste et ethnocentriste, fortement inspirée par l'idéologie coloniale [9]. Pour notre approche de l'idée de race au XVIIIe siècle, l'ouvrage érudit de Michèle Duchet s'est révélé une source d'une extrême richesse. D'autres auteurs présentent, sur la notion de race chez les philosophes des Lumières, des éclairages instructifs. Ainsi Ann Thomson[10] met l'accent sur le contexte religieux ou areligieux, notamment matérialiste et athée, des théories scientifiques à l'époque des Lumières. Elle montre la difficulté des penseurs à briser avec les vieilles croyances et expose à la fois la forme détournée sous laquelle le matérialisme, chez Diderot par exemple[11], se dessine dans l'approche des races humaines, et les limites de cette approche, dues aux « conditions d'impossibilité du discours scientifique de l'époque »[12]. S'y ajoute le mobile abolitionniste qui forme l'arrière-plan moral de la plupart des théories sur l'humanité au XVIIIe siècle. Précurseur d'une autre interprétation, Léon Poliakov, dans son livre consacré à l'*Histoire de l'antisémitisme de Voltaire à Wagner*[13], voit dans la science anthropologique du XVIIIe siècle l'une des sources du racisme pseudo-scientifique du XIXe et du XXe siècle.

Quel que soit le regard porté sur cette époque, il faut prendre en compte les trois thèmes qui dominent les débuts de l'anthropologie ; l'un est le souci de classer tous les éléments

---

[9] Voir les chapitres 3 et 4, « L'idéologie coloniale » de Michèle Duchet, *op. cit.*

[10] Ann Thomson, "Issues at stake in eighteenth-century racial classification", *Studii Settecenteschi,* vol.21, 2001, pp.223-44. Je remercie vivement Ann Thomson de m'avoir communiqué copie de ses nombreux articles sur la question.

[11] Denis Diderot, Article Animal de *l'Encyclopédie,* cité par A.Thomson, *ibid.*, pp.200-201.

[12] Jacques Rancière, cité par Claude Blanckaert *in* postface à Michèle Duchet, *op.cit.*, p.592.

[13] Léon Poliakov, *Histoire de l'antisémitisme. De Voltaire à Wagner*, Paris, Calmann-Lévy, 1968.

rassemblés par les explorations et les observations des voyageurs naturalistes en un système rationnel de la nature ; l'autre remet sur le métier le questionnement pluriséculaire sur la nature et l'origine de l'homme ; le troisième est chargé des questions sociologiques politiques, et surtout morales, que se posent les réformateurs devant la crise qui se profile à partir du milieu du XVIIIe siècle en Europe comme dans le Nouveau monde.

La classification des espèces

La volonté de comprendre, après Newton, les lois qui gèrent le monde procède de l'anthropocentrisme qui, même chez ceux qui restent attachés à la conception biblique de la création de l'Univers, donne à l'homme un rôle de sujet agissant par sa rationalité. Jusqu'alors, si les découvertes des siècles précédents ont éveillé la curiosité, elles ne faisaient pas encore partie, hors la pure doctrine théologique, d'une vision synthétique du monde. Les connaissances nouvelles n'avaient pas encore trouvé un principe d'ordre nouveau.

Le premier grand « classificateur », après le médecin Bernier[14] qui n'alla pas au bout de sa tâche, fut le médecin et botaniste suédois Carl von Linné. Entre 1735 et 1770, il entreprit une gigantesque œuvre de classification systématique des trois règnes du vivant : le règne animal, le règne végétal et le règne minéral, à l'intérieur desquels il distinguait des espèces, celles-ci définies comme « un ensemble d'individus qui engendrent, par la reproduction, d'autres individus semblables à eux-mêmes ». Augmenté à chaque nouvelle impression, le *Système de la Nature* atteindra, à sa treizième édition en 1770, 3 000 pages en latin. Linné a laissé un système, toujours en vigueur pour les plantes, de double nomenclature – en latin universel et en langue vernaculaire. Il fut aussi des premiers à inscrire l'homme dans le règne animal, d'abord parmi les quadrupèdes, puis au sommet des primates. Le principe premier de son système repose sur un credo qui est la fixité des espèces, laquelle découle, pour l'homme, de la création

[14] François Bernier, « Nouvelle division de la Terre par les différentes espèces ou races d'hommes qui y habitent », *Journal des Savants,* 24 avril 1684.

par Dieu d'une seule espèce *homo sapiens,* mais divisée en quatre variétés : l'*homo Europaeus*, que Linné dit ingénieux, inventif, blanc, sanguin, et qui se gouverne par des lois ; l'*Americanus,* content de son sort, aimant la liberté, basané, irascible, qui se gouverne par l'usage ; l'*Asiaticus*, avare, jaunâtre, mélancolique, gouverné par l'opinion ; et l'*Afer*, rusé, paresseux, négligent, noir, flegmatique, gouverné par la volonté arbitraire de ses maîtres. Ces races, réparties selon la géographie, sont pour Linné comme pour ses contemporains distinctes par la couleur de la peau, la forme de la chevelure, le tempérament, les mœurs. Dans la description, se mêlent des données culturelles et physiques, les unes pouvant être, mais pas toujours, la conséquence des autres.

La différence entre l'homme et l'animal entre lesquels, soutenait-il au scandale des Français, il n'y a pas de frontière nette, tient à ce que l'homme, et non pas l'animal, possède par définition une âme immatérielle. Linné ajoutait que c'est la possession « naturelle » de l'âme par la « révélation » de la Bible, qui fait de l'humanité une même espèce.[15]

L'homme, créature de Dieu

Cependant, dans un moment où dans presque toute l'Europe et ses dépendances, la vision du monde autrefois imposée par l'autorité des Églises était ébranlée, la question de la création commençait à faire problème. Certains auteurs ont l'audace, comme d'ailleurs Linné le bien-pensant, d'inclure les races humaines dans une pyramide qui inclut à la base l'animalité la plus primitive puis qui s'élève au fur et à mesure, du développement de la faune, jusqu'à l'homme, dont la différence avec l'animalité n'est pas tranchée. On retrouve là un équivalent de l'antique conception d'une chaîne des êtres platonicienne, organisée horizontalement ou verticalement, nettement refusée par Voltaire dans son *Dictionnaire philosophique* de 1764, mais qui subsiste à l'arrière-plan de nombreuses classifications des races.

Si Linné n'employait pas le mot race, on le trouvera fréquemment dans l'*Encyclopédie* que dirigeront Diderot et

---

[15] Cité par Michèle Duchet, *op.cit.*, p.241.

d'Alembert, comme dans la *Vénus physique* de 1745 par Maupertuis, parfois chez Rousseau ou plus rarement Voltaire. Le terme désigne en général le genre humain tout entier, mais aussi parfois une seule race et alors il est péjoratif et désigne le plus souvent les Noirs, comme à l'Article « Nègres » de l'*Encyclopédie*, où ils sont décrits en tant qu'esclaves avec des attributs physiques infâmants concernant la peau, les cheveux, la forme du nez, des lèvres, aussi bien que des caractéristiques morales où domine le vice. Le mot « race » se diffuse rapidement à partir du milieu du siècle.

C'est Buffon qui en est le principal théoricien, avec l'édition en 1776 des trente-six volumes de son *Histoire naturelle, générale et particulière avec la description du Cabinet du Roy*, dont le premier volume, qui paraît en 1749, permet déjà de voir en lui le véritable inventeur de la nouvelle science de l'homme. Il y annonce le caractère purement spéculatif de son entreprise, puisque, écrit-il, « plus on augmentera le nombre des divisions des productions naturelles, plus on approchera du vrai, puisqu'il n'existe réellement dans la nature que des individus, et que les genres, les ordres et les classes n'existent que dans notre imagination »[16]. Buffon s'interroge sur l'individu et l'espèce, sur les caractères spécifiques de l'humanité, sur ses origines et son devenir, sur les rapports entre nature et culture, sur ce que nous appelons encore l'anthropologie.

Déiste ou peut-être, dit-on, athée, Buffon plaçait l'homme au sommet de la pyramide des êtres vivants :

> Tout marque dans l'homme, même à l'extérieur, sa supériorité sur tous les autres êtres vivants; il se soutient droit et élevé, son attitude est celle du commandement, sa tête regarde le ciel, et présente une face auguste sur laquelle est imprimé le caractère de sa dignité ; l'image de l'âme y est peinte par la physionomie, l'existence de sa nature perce à travers les organes matériels et

[16] Georges-Louis Leclerc, comte de Buffon, *Les Variétés de l'espèce humaine (*1749). [Document électronique] 1997.

> animé d'un feu divin les traits de son visage ; son port majestueux, sa démarche ferme et hardie annoncent sa noblesse et son rang.[17]

Outre la supériorité de l'homme sur les autres espèces, il existe une hiérarchie à l'intérieur de l'espèce humaine elle-même. « Les Européens me paraissent, écrit Buffon, supérieurs aux nègres, comme ces nègres le sont aux singes et comme les singes le sont aux huîtres. » Cette hiérarchie découle de l'effet des climats, des conditions physiques de l'environnement rencontré par les hommes lors de leur dispersion. Au contact de climats chauds, humides, froids, ou désertiques, l'homme originel, comme l'animal, a subi des « altérations », une « dégénération » de l'homme blanc originel.[18]

Chez tous les auteurs, la hiérarchie parmi les races commence par le critère de la couleur, du plus clair au plus foncé, puis selon des caractères moraux qui sont censés accompagner l'aspect physique respectif de chaque race. Chez Buffon, l'esthétique est le critère le plus marquant. Ainsi, la pire race selon lui est celle des Lapons, « uniformément laide et ayant tous les mêmes inclinations » pour le vice. Leur seule marque d'humanité est qu'ils sont conscients de leur abjection.

Sans s'écarter de la théologie chrétienne toujours présente, la science anthropologique naissante répand la croyance en une loi naturelle, dans une sorte d'acception générique qui régenterait tous les domaines de l'existence.[19]

---

[17] *Histoire naturelle. Premier discours* / par Georges-Louis de Buffon ; mises en ordres et annotées par J. Pizzetta, 1997 (*Histoire naturelle*..., t. II, « De l'âge viril », pp.518-35).

[18] « De la dégénération des animaux », *in Histoire naturelle,* 1766, t. XIV, pp.311-74.

[19] Ann Thomson, « Diderot, le matérialisme et la division de l'espèce humaine », *in Recherches sur Diderot et sur l'Encyclopédie*, 26 avril 1999.

Les races et l'origine de l'homme : polygénisme contre monogénisme

L'intense intérêt pour la différence sensible entre les humains provient, naturellement, de l'incohérence apparente de cette diversité avec l'unité générale de l'espèce humaine née de la création d'Adam. Adam fut-il le seul humain créé par Dieu ? Sa lignée comprend-elle toutes les variétés d'hommes ? C'est ce qu'affirment la Bible et l'orthodoxie monothéiste. C'est à quoi fait écho le monogénisme des philosophes qui sont évolutionnistes dans le sens d'une dégénérescence, ou fixistes selon qu'ils croient ou non que les traits acquis peuvent être réversibles ou qu'ils produisent des races définitivement différentes.

La question restera au cours des siècles extrêmement délicate aux yeux de l'Église, puisqu'il s'agit du récit de la genèse divine, mythe selon les uns, certitude selon les autres, certitude avec des variantes pour d'autres encore. Si les polygénistes voient dans les races différentes des créations antérieures à Adam, il arrive aussi aux monogénistes de s'écarter du récit de la Genèse ou de l'interpréter librement. Au-delà de la théorie de la dégénérescence de Buffon, les monogénistes se divisaient en deux courants : ceux qui voyaient dans les différences des causes « accidentelles » – c'est-à-dire environnementales et donc réversibles – et ceux qui y voyaient des causes « internes », héréditaires. Dans cette Europe cosmopolite, les thèses d'Emmanuel Kant ajoutent une dimension philosophique supplémentaire. Sans être un naturaliste, certain lui aussi de l'unité de l'espèce humaine à ses débuts, le philosophe pense que les races proviennent de déviations principalement dues au milieu environnant. Mais il assure que les races ainsi formées sont fixes, cependant que le métissage, « nécessaire », permet à certains traits de se transmettre d'une race à l'autre. D'où la variété – par « races croisées » (métissées) ou races « en formation » (les Indiens d'Amérique, ébauches de Huns) – au sein des quatre grandes races que distingue Kant et qu'il croit immuables : la race des Blancs, celle des Nègres, celle des Huns (Mongols ou Kalmouks), et la race des Indiens (ou Hindoustans).[20]

Diderot de son côté ne voit que multiplicité illimitée dans les races humaines. Il leur attribue aussi une origine unique, mais, en matérialiste, il explique leurs différences par des causes physiques.[21]

Les auteurs de l'époque ont tous quelque difficulté à prouver l'hérédité des facteurs « internes » de modification, puisqu'il s'agit de démontrer que le caractère acquis par l'effet d'un facteur immédiat sur une génération peut ensuite être transmis pour devenir caractère inné aux générations suivantes. Les auteurs ont essayé de spéculer sur un gradualisme dans la dégénérescence, les changements survenant par toutes petites quantités et sur un long terme, mais il faudra attendre le XXe siècle pour découvrir le principe scientifique des mutations génétiques.

Ces théories concernent surtout les Noirs, et il est temps de souligner qu'elles sont souvent le fait des abolitionnistes qui, comme on le verra aux États-Unis avec Benjamin Rush[22] ou Samuel Stanhope Smith[23], attribuent aux effets des dures conditions de l'esclavage les traits lourds et malformés des Africains, et l'inaltérabilité de leur couleur lorsqu'ils travaillent constamment courbés dans les champs de coton brûlants.

Certains, dont le monogénisme tient surtout de la prudence, interprètent le récit biblique en historicisant la formation des races suivant la volonté divine : soit Dieu aurait puni Caïn du meurtre de son frère et en aurait généré une race à part ; soit la différence de couleur et de caractère entre Blancs et Noirs proviendrait de la malédiction divine sur le fils de Noé, Cham, qui offensa son père et par là fut condamné à voir sa descendance mise dans les fers et

---

[20] Raphaël Lagier, *Les Races humaines selon Kant,* Paris, PUF 2004, pp.15-27.

[21] Diderot, dans l'*Histoire des deux Indes,* cité par A.Thomson, *in* « Diderot, le matérialisme et la division de l'espèce humaine », *op.cit.*

[22] Rush, Benjamin, *The Selected Writings of...*, Dagobert D. Runes (dir.), New York, The Philosophical Library, 1947.

[23] Smith, Samuel Stanhope, .*An Essay on the Causes of the Variety of Complexion and Figure in the Human Species.* 1787.

peut-être noircie. Cette dernière hypothèse ne concerne pas les autres races et reste visiblement purement idéologique, mais elle servira la cause esclavagiste jusqu'au milieu du XIXe siècle. Quant aux Indiens (les « Américains », comme on les nommait aux XVIIe et XVIIIe siècles), ils donnèrent lieu lors de leur rencontre avec les conquérants espagnols, à nombre de spéculations sur leur origine, puisqu'on n'en trouvait pas trace dans la Bible.

Furent-ils créés avant Adam, suivant l'une des théories jugées hérétiques par l'Église? Étaient-ils une race sub-humaine, comme y insistèrent les premiers conquérants qui justifiaient ainsi leurs exactions ? Mais dès le XVIe siècle, la papauté leur reconnaissait une âme capable d'être convertie, et par la suite les historiens et les philosophes leur chercheront une ascendance dans les tribus perdues d'Israël ou chez les Asiatiques dont ils seraient une branche migrante.

La thèse polygéniste n'en subsista pas moins, chez Isaac de La Peyrère, par exemple, un huguenot d'origine juive converti au catholicisme. Se fondant sur la Genèse, il soutint que seuls les Juifs étaient issus d'Adam, alors que les autres peuples de la terre descendraient des Préadamites. La thèse polygéniste fut réfutée à maintes reprises, mais proliféra encore en Écosse par exemple avec Lord Kames ou Hume, en France, avec Voltaire[24]. Celui-ci, déiste et anticlérical, ne s'embarrasse pas d'orthodoxie. Il construit une théorie selon laquelle chaque « espèce » – mot qu'il emploie plus souvent que « race » – a connu sa propre création. « Il n'est permis qu'à un aveugle, écrit-il en 1756, de douter que les Blancs, les Nègres, les Albinos, les Hottentots, les Lapons, les Chinois, les Américains [c'est-à-dire les Indiens] soient des races entièrement différentes. [...] Il y a beaucoup plus de races qu'on ne pense. »[25] Il ne croit guère à l'influence du climat. « Chaque nuance, chaque différence, produit une autre espèce », écrit-il, persuadé par ailleurs de la supériorité raciale des Européens.[26]

---

[24] Voir *in* Michèle Duchet, *op.cit.*, le chapitre sur « L'anthropologie de Voltaire », pp.281-321.

[25] *Essai sur les mœurs* de 1756.

[26] *Œuvres historiques*, p.370, cité par Michèle Duchet, *ibid.*

Bien que ne présentant pas les apparences de sérieux scientifique comparables à celles de Buffon, l'anthropologie voltairienne s'organise, selon Michèle Duchet, autour de trois pôles : tout d'abord « le principe d'identité, qui accorde à toutes les races d'hommes un instinct bienfaisant propre à l'espèce », ensuite un principe de différence, qui « met entre les races de prodigieuses inégalités » (« c'est par là que les nègres sont les esclaves des autres hommes ») ; et enfin le pôle temporel, naturellement présent dans la pensée de Voltaire historien et qui l'empêche d'être totalement fixiste : une fois formées, les espèces évoluent et les degrés qui les séparent se comblent partiellement sans que chacune perde son individualité. L'entendement à l'intérieur de chaque espèce (ou race) progresse, ouvrant la voie au progrès général de l'humanité.[27]

Les races et leurs mœurs

Dans l'*Histoire philosophique et politique des établissements et du commerce des Européens dans les deux Indes,* de l'abbé Raynal, dont la première édition date de 1772, se retrouvent les débats qui opposent dans le siècle les différentes tendances du parti encyclopédiste. Cette œuvre immense, que Raynal dirige, plutôt qu'il ne l'écrit entièrement, doit beaucoup à Diderot, particulièrement sollicité par Raynal, mais aussi à de nombreuses sources, récits de voyages, œuvres philosophiques, écrits plagiés par Raynal ou directement recopiés par lui, contribution d'autres auteurs dont les divergences de vues ne gênent pas l'auteur principal de l'ouvrage. Yves Bénot, préfacier en 1981 d'une édition abrégée, signale la violence de ton de beaucoup d'auteurs, qui traduit, d'après lui, leur désespoir devant l'échec des tentatives de réformes de l'Ancien Régime et une tendance révolutionnaire que l'Histoire, dit-il, « contribuera à hâter », en même temps que l'espoir persistant chez certains, « d'un triomphe pacifiste des Lumières »[28]. Cet ouvrage annonce la Révolution, écrit Yves

---

[27] Michèle Duchet, *op.cit.*, pp.306-12.

[28] *Histoire philosophique et politique des deux Indes,* Paris, La Découverte, 1981.

Benot, même si Raynal, qui y met des visées politiques réformatrices, n'est pas aussi radical que ses contributeurs.

En lisant Buffon, ou Raynal, La Mettrie ou Condamine, ou encore Rush et Franklin, on peut s'étonner de l'ignorance apparente, de la fantaisie, des croyances obscures que ces auteurs admettent si facilement comme preuve, tout en réfutant brutalement certaines « fables » léguées par les Anciens. Diderot, par exemple, dans sa contribution à l'*Histoire des deux Indes* signée par l'abbé Raynal, moque

> [...] la fable qui donnait aux femmes de cette nation [les Hottentots] un tablier de chair tombant au milieu du ventre jusqu'aux parties naturelles. On a vérifié que ces femmes sont à peu près conformées comme on en voit beaucoup d'autres dans les climats chauds, où les organes extérieurs de la volupté, tant supérieurs qu'environnants, prennent plus de volume et d'étendue que dans les contrées tempérées.[29]

Pour une « fable » réfutée, Diderot en crédite une autre au nom de la théorie des climats, cependant qu'il élabore une autre fantaisie, celle-là fondée sur des arguments d'ordre culturel et non plus physique : « Il est très vrai que les Hottentots n'ont qu'un testicule », vérité qui, d'après Diderot, s'apparente à la pratique chez les Juifs, de « l'amputation du prépuce », qui « est un moyen de dire à un autre : "Et moi je suis juif aussi" ». De même, « par l'amputation d'un testicule, un Hottentot dit à un autre Hottentot : "Et moi je suis aussi hottentot" »[30]. Diderot relève que ces « marques » raciales procèdent de « l'intérêt » ou de « l'utilité » – nous dirions de « la culture ».[31]

---

[29] *Ibid.*,p.50.

[30] *Ibid.*, chapitre XVIII du Livre II de *l'Histoire des deux Indes*.

[31] Cité par Michèle Duchet, *ibid.*, p.408.

Les philosophes contre l'esclavage et la colonisation

Chez beaucoup des philosophes du XVIIIe siècle, les remarques sur les différences physiques ou morales entre les groupes humains servent d'arguments destinés à condamner l'esclavage et même, chez Diderot notamment, à fustiger la colonisation : ce même chapitre de l'*Histoire des Indes* écrit par lui se conclut par un ardent avertissement aux Hottentots de l'invasion et la destruction imminente qui les menacent :

> Fuyez, malheureux Hottentots, fuyez ! Enfoncez-vous dans vos forêts. Les bêtes féroces qui les habitent sont moins redoutables que les monstres sous l'empire desquels vous allez tomber.[32]

Au chapitre I du Livre VIII de l'*Histoire des deux Indes*, à la question posée par le titre : « Les Européens ont-ils été en droit de fonder des colonies dans le Nouveau monde ? », Diderot répond évidemment que non, et cela pour la raison de l'égalité des droits à la propriété, les autochtones étant propriétaires de leur sol par droit de naissance.

Il est clair que les réflexions de Diderot sur les mœurs des sauvages ne traduisent pas une pensée scientifique mais bien plutôt l'indignation qu'il ressent devant la corruption et l'avidité des peuples européens dits « civilisés » et dont il dénonce, par comparaison avec l'innocence des primitifs, la barbarie, comme dans le *Supplément au voyage de Bougainville*[33]. Chez Diderot se vérifie parfaitement l'interprétation que font Ann Thomson, Michèle Duchet, Yves Bénot, de l'anthropologie du XVIIIe siècle, largement guidée par l'abolitionnisme et la réflexion sur la colonisation. Montesquieu, dans la *Très Humble remontrance aux Inquisiteurs d'Espagne et du Portugal,* Voltaire avec *Candide* ou l'*Essai sur les mœurs,* ou encore Rousseau, Diderot plaident contre l'arbitraire, l'oppression, les préjugés, la mise en servitude.

---

[32] *Histoire des deux Indes*, Benot éd., p.54.

[33] éd.par H. Dieckmann, Genève, Droz, 1955.

Cette réflexion n'est toutefois pas univoque et les philosophes du XVIIIe siècle n'échappent pas eux-mêmes à la fascination de l'idéologie coloniale, paradoxalement présente dans le premier chapitre de l'*Histoire des deux Indes* :

> Qui est-ce qui a creusé ces canaux ? Qui est-ce qui a desséché ces plaines ? Qui est-ce qui a fondé ces villes ? Qui est-ce qui a rassemblé, vêtu, civilisé ces peuples ? Et qu'alors toutes les voix des hommes éclairés [...] m'ont répondu : c'est le commerce, c'est le commerce.[34]

L'intérêt économique n'est pas le seul sentiment qui s'exprime ici. Au-delà de l'assurance de la supériorité de l'homme « civilisé », c'est-à-dire l'*homo faber* sur le sauvage, l'humanisme des philosophes leur fait en général affirmer une fraternité avec ces peuples. Tels sont les sentiments même de certains colons français des îles :

« L'on ne peut cependant se cacher, écrit le bailli Mirabeau, gouverneur de la Guadeloupe, à son frère, qu'un nègre est un homme, et un philosophe dans ce pays donnerait peut-être la préférence au nègre » ; et dans une autre lettre : « L'esclave, tout esclave qu'il est, doit être considéré comme un homme et moi, je crois devoir aussi le considérer comme un frère. » C'est encore ce gouverneur de la Guadeloupe qui écrit : « Je suis ici à portée de bien connaître l'esclavage et toute son étendue [...] ; l'on a assez suivi les lois romaines sur l'esclavage ; mais la couleur y ajoute une indélébilité physique.»[35]

À quoi son frère, le marquis de Mirabeau, fait écho dans *L'Ami des hommes* de 1758 :

> Nos esclaves de l'Amérique sont une race d'hommes à part, distincte de notre espèce par le trait le plus ineffaçable, je veux dire la couleur, et qui, conséquemment, reçoit de la nature le type

---

[34] *Histoire des deux Indes,* Benot éd., p.15.

[35] Louis et Charles de Loménie, *Les Mirabeau,* 5 vol., Paris, 1879-91, cité par M..Duchet, *op.cit.*, p.161.

> de son infortune. Les esclaves anciens étaient des hommes ressemblant à leur maîtres. [36]

On retrouvera la même rhétorique dans les *Notes sur la Virginie* de Thomas Jefferson à propos de l'impossibilité, au contraire de l'antique Rome, d'émanciper les esclaves dans son État, constitutif de la nation des États-Unis qui vient de naître.

Colonies, races et nations

Le dilemme qui s'impose aux spéculations des philosophes et que résume admirablement Michèle Duchet à propos de la conception anthropologique du « Sauvage » (« Comment intégrer dans l'espèce humaine des nations entières qui désavouent sa haute nature ? »[37]) s'incarne dans la vie et l'histoire des nations pour lesquelles la diversité humaine contrarie le penchant à l'unité ethnique et politique de leurs habitants. Si les États-nations modernes ont commencé à prendre consistance environ deux siècles auparavant en Europe, au XVIIIe siècle, ils ne sont pas encore perçus autrement que comme des communautés de culture, rarement encore telles qu'encadrées par les frontières de l'État souverain. Ce sont les révolutions du dernier tiers du XVIIIe siècle qui détermineront, aux États-Unis et en France, une nouvelle conception de la nation. Alors la manière dont les peuples se côtoient sera, elle aussi, redéfinie en fonction du contexte nouveau et elle influencera en retour la pensée philosophique et même scientifique.

Colonies françaises, colonies britanniques : deux formes de colonisation

Le contexte de la période des « Lumières » est celui d'une colonisation qui bat son plein depuis cent cinquante ans et qui, depuis lors, met les Européens en contact avec d'autres « races », de manière que l'Histoire et l'expérience des relations humaines

---

[36] Cité par M.Duchet, *ibid.*, p.149.

[37] *Ibid.*, postface par Claude Blanckaert, p. 578.

corrigent les spéculations abstraites des penseurs. Cependant, dans le Nouveau monde, l'expérience française et l'anglaise diffèrent profondément. Les Français, qui émigrent peu, se soucient surtout de faire de leurs colonies insulaires et continentales au nord du Saint Laurent des sociétés de plantation commerciales pour les premières, des pointes avancées de la civilisation et de la souveraineté royale pour les secondes. Seuls s'implantent durablement, au-delà des quelques colons qui exploitent la vallée du Saint Laurent et celle du bas Mississippi, des éléments militaires suffisants pour défendre la présence française, des ecclésiastiques chargés de répandre la foi catholique, des régisseurs et des contremaîtres qui font prospérer les plantations, sucrières surtout, des îles où ils dirigent et font travailler à mort une main-d'œuvre servile importée d'Afrique.[38]

La Grande-Bretagne, qui a connu au XVIIe siècle une crise économique et sociale sérieuse, cherche à évacuer une partie jugée excessive de sa population ; l'émigration anglaise vers l'Amérique supplantera d'au moins dix fois le peuplement français au nord et dans les îles. À la pensée démographique malthusienne avant la lettre, s'ajoute progressivement un calcul empirique d'impérialisme mercantile. Le long de la côte atlantique, dans les treize colonies qui formeront les premiers États-Unis, la colonisation prend à la fois la forme de l'expansion outre-mer de la métropole et la formation de nouvelles sociétés qui vont développer sur place une économie et des structures sociales et institutionnelles presque entières. Seul reste absent le sommet de la pyramide sociale – la noblesse – et le titulaire de la souveraineté ultime – le roi. C'est, en quelque sorte, un morceau de la société anglaise qui s'est déplacé au-delà de l'océan et qui, bien que tronqué au sommet, cherchera à reproduire au gré des

---

[38] Gilles Havard et Cécile Vidal, *Histoire de l'Amérique française*, Paris, Flammarion, 2003.

circonstances locales, la culture, la société, les institutions de la métropole.[39]

Dans l'une et l'autre des provinces d'Amérique au nord du Mexique, trois facteurs – démographique, socio-économique, et culturel – vont déterminer l'acception locale de la « race ».

Si la démographie est beaucoup plus faible dans l'Amérique française que dans la britannique, le déséquilibre des sexes y est aussi beaucoup plus marqué. D'où l'intérêt des colons français et de la monarchie pour l'intermariage avec les Indiennes ; les administrateurs y voient le moyen de consolider l'enracinement français ; le clergé l'encourage dans l'intérêt du prosélytisme ; malgré les réticences des Récollets qui soulèvent le scandale du désordre et de la « paillardise », comme le notent les sources de Gilles Havard [40]. Il faut remarquer que l'attitude française à l'égard du métissage avec les Indiens n'engageait guère la question raciale. Les religieux en charge de l'évangélisation, tête de pont de la colonisation, n'admettaient pas la thèse polygéniste d'une ascendance préadamite des Indiens ; quant à la différence de couleur, elle ne joua guère de rôle avant le XIXe siècle : l'usage du terme « peau-rouge » fut tardif. C'est par leur différence culturelle que les Indiens étaient discriminés comme « ignobles sauvages » ou au contraire montrés en exemple pour leur innocence primitive par les auteurs européens des Lumières.

Il en est tout différemment dans les colonies fondées à partir de 1607 par l'Angleterre. Peuplée à l'origine par un contingent à grande majorité masculine, la Virginie, au lieu de puiser dans la population autochtone, s'est dès les années 1620 pourvue de femmes par l'importation d'Anglaises, servantes engagées ou anciennes délinquantes, ou encore simplement femmes de peu de moyens en quête d'un établissement. Après la fondation de la

---

[39] Louis Hartz, *The Founding of New Societies: Studies in the History of the United States, Latin America, South Africa, Canada, and Australia*, New York, Harcourt, Brace and World, 1964.

[40] Gilles Havard, « Les Indiens et l'histoire coloniale nord-américaine : méthodes et enjeux de l'ethnohistoire », *in* F. J. Ruggiu et C. Vidal (dir.), *Historiographie des Amériques (XVIe-XVIIIe siècles)*, à paraître fin 2007.

Virginie, le Massachusetts, par la « grande migration » de 1630 à 1640, comme par la suite les autres colonies formées au nord et au centre de la côte atlantique, sera peuplé par des migrants venus d'Europe en familles, parfois par villages entiers. Presque simultanément, la région d'immigration se dépeuple, le nombre des autochtones fondant sous l'effet des épidémies, de la paupérisation, et parfois des massacres.[41]

Si le rapport démographique avec les Amérindiens tourna rapidement à l'avantage des Anglais, ceux-ci se méfièrent cependant longtemps de l'influence autochtone, comme ils craignirent, jusqu'à l'abolition de l'esclavage, la révolte des Africains importés comme esclaves. Le climat semi-tropical où s'est installée l'économie de plantation permet de conjuguer à l'agriculture commerciale une économie de subsistance qui rend possibles la survie et la croissance des familles. Au nord et au centre des colonies anglaises, la vocation au commerce au long cours, à la pêche, à l'agriculture et plus tard à l'industrie, ouvre aux colonies anglaises un avenir prospère, complémentaire de la métropole.

Enfin, troisième facteur, peut-être le plus déterminant : ces colonies anglaises, à la fois autonomes et complémentaires de leur métropole, se doivent, sauf à se perdre dans l'inconnu d'une société « sauvage », de reproduire au plus près possible dans le Nouveau monde le modèle racial, culturel et social de la métropole. Par-delà la singularité de la colonisation de peuplement, elles ont un souci constant de préserver une identité anglaise dans le Nouveau monde. Winthrop Jordan a bien montré l'importance de cette préoccupation qu'il prouve *a contrario* par le cas des colonies anglaises des Caraïbes, nettement plus métissées parce que le caractère de ces sociétés à majorité démographique noire, essentiellement tournées vers le profit, ne présente aucune possibilité de reproduire un modèle européen[42]. Du système colonial à la nation états-unienne, il n'y aura pas de solution de continuité, la jeune nation indépendante veillant encore plus

---

[41] Russell Thornton, *American Indian Holocaust and Survival – a Population History since 1492*, Norman, University of Oklahoma Press, 1987.

[42] Winthrop Jordan, *White over Black. American Attitudes Toward the Negro, 1550-1812*, Williamsburg, University of North Carolina Press, 1968.

étroitement à se préserver « blanche et civilisée », sinon anglaise, à l'égal des autres puissances.

Quant à la France, après la perte de ses colonies américaines continentales en 1763, elle n'a plus à se préoccuper du problème de métissage avec les Indiens. Mais restant une métropole coloniale notamment aux Antilles qui pratiquent l'esclavage, elle se voit encore confrontée au problème des Noirs, circonscrit à la question de l'esclavagisme. Juridiquement, la question de la démographie coloniale a été réglée par l'édit de 1685, dit « Code Noir »[43]. Dans une circonstance intéressante qui peut faire cas d'école en matière de races, la question de l'esclavage colonial et de la présence, même infime, de la race noire en métropole, se trouve posée en relation avec la présence des Juifs en France ainsi qu'à Saint Domingue, la plus riche des colonies françaises au XVIIIe siècle.

La France coloniale : Juifs et Noirs en métropole

Les Juifs constituent-ils une race dans les classifications anthropologiques du XVIIIe siècle ? C'est selon ; ou plutôt, puisque, auteurs et acteurs de l'Ancien Testament, ils ont été faits hommes et élus par le truchement d'Abraham descendant d'Adam ; puisque leur couleur ne les distingue pas de la population qui les abrite, ils forment une partie de l'humanité semblable mais étrangère et communément discriminée, expulsée, ou massacrée.

Sur 27 millions de personnes que comprend environ le royaume de France à la veille de la Révolution, on estime qu'il y avait environ 40 000 Juifs[44]. C'est un nombre important si l'on se souvient que le droit de résidence des Juifs était tout au plus une tolérance et ne tenait qu'à des édits qui survenaient entre d'autres édits d'expulsion. De manière générale, ils jouissent en France d'une sorte de « liberté surveillée » jusqu'à leur émancipation prononcée par la Constituante et promulguée par Louis XVI en

[43] Louis Sala-Molins, *Le Code Noir, ou le Calvaire de Canaan,* Paris, Presses universitaires de France, 1987.

[44] Robert Badinter, *Libres et égaux... L'émancipation des Juifs. 1789-1791,* Paris, Fayard, 1989, p.18.

décembre 1791[45]. Ils mènent par ailleurs des activités qui peuvent être lucratives, certains participant par le négoce et la plantation à l'entreprise coloniale française.

Quant aux Africains importés aux colonies françaises de l'Amérique, ils restent en esclavage jusqu'au décret du 4 février 1793, signé par la Convention sous la contrainte des révoltes à Saint Domingue. Contrairement à ce qui est décrit pour les Antilles anglaises, un « préjugé de couleur » s'est institutionnalisé dans cette île au cours du XVIIIe siècle, dénoncé par quelques libéraux, comme Julien Raimond, un planteur esclavagiste métis. Délégué à l'Assemblée constituante, il dénonce vigoureusement l'évolution de ce processus qui conduit, malgré le Code Noir qui différencie Noirs et métis, esclaves et libres, étrangers et citoyens, et encourage l'intermariage, à reléguer aux marges de la société les Noirs affranchis ou même nés libres, les cantonnant dans un statut de sans-droits civiques à l'égal des esclaves, séparés des Blancs, comme les Noirs, par une barrière infranchissable : la différence de couleur vient se superposer, jusqu'à s'y substituer, à la différence de statut.[46]

La colonie française de Saint Domingue, première à s'affranchir par la révolution d'un esclavage véritable[47], offre le paradigme d'une société esclavagiste dont le racisme s'élabore sur place de manière à consolider le pouvoir des Blancs propriétaires au moment où ceux-ci sont affaiblis par le métissage, et que l'idéologie aristocratique du royaume est minée par l'aspiration grandissante à la liberté universelle.

Dans cette France des philosophes et des savants à la recherche d'une solution au dilemme diversité *versus* égalité, l'ambiguïté règne aussi dans les instances juridiques. L'étude de cas que nous livre Pierre Pluchon met en lumière le flou qui règne

---

[45] Pierre Pluchon, *Nègres et Juifs au XVIIIe siècle. Le racisme au siècle des Lumières*, Paris, Tallandier, 1984, p.45.

[46] Florence Gauthier, « Julien Raimond, historien du préjugé de couleur », *in* Nathalie Caron et Naomi Wulf (dir.), *Nouveaux regards sur l'Amérique. Peuples, nation, société*, Paris, Syllepse, 2004.

[47] Et non pas d'un esclavage rhétorique selon le vocabulaire des colons britanniques en révolte contre le monarque « tyrannique ».

dans le traitement de la population « étrangère », c'est-à-dire les Nègres et les Juifs, dans la France de l'Ancien Régime.

En 1775, un navire venu de Saint Domingue, le *Marquis de Lévy*, débarque dans le port de Nantes un riche planteur et commerçant « portugais »[48], Isaac Mendès France, originaire de Bordeaux et installé depuis une dizaine d'années à Saint Domingue. Les deux esclaves qu'il va emmener avec lui à Paris sont Pampy, « nègre créole âgé d'environ 30 ans, bon menuisier, et Julienne, couturière, environ 18 ans ». À Paris, Mendès est poursuivi pour dettes et emprisonné avec ses deux esclaves. Protégés par des membres de la Société des Amis des Noirs, ces derniers poursuivent en justice leur maître qui les garde en servitude sur le sol de France, alors que l'esclavage y est sporadiquement interdit. En leur nom, le 19 janvier 1776, le procureur Dejunquières présente devant le tribunal de l'Amirauté une requête :

> [...] pour Gabriel Pampy, Nègre originaire du Petit-Goâve, isle et côte de St Domingue ; et Amynte Julienne, Négresse originaire de Congo, côte de Guinée, [...]
> Contre le sieur Mendès, Juif.
> Deux esclaves ont eu le bonheur d'aborder en France. Ils ont appris que l'air qu'on y respire est celui de la liberté. [...] Cependant le plus insensible des Maîtres veut leur arracher le bienfait involontaire de les avoir conduits sur une terre qui ne connaît pas l'esclavage. Il les poursuit, il les menace...

Dans la partie suivante, intitulée Moyens, l'avocat des plaignants affirme : « Tous les hommes en sortant des mains de la nature, naissent libres. [...] C'est donc une vérité incontestable que les chaînes de l'esclavage ont été forgées par les hommes contre le vœu de la nature. »

Et, négligeant la cause et le moyen par lesquels le fait esclavagiste s'est établi aux colonies françaises, le discours

---

[48] Sont ainsi désignés les Juifs autrefois chassés par l'Inquisition d'Espagne et du Portugal et installés dans le Sud-Ouest de la France.

procède comme si c'était en tant que Juif que Mendès avait acheté et gardé des esclaves :

> Presque toutes les nations ont, il est vrai, admis la servitude. Nous en trouvons des exemples dans celle du sieur Mendès. Les Juifs réunissaient en même temps l'esclavage personnel et réel.[49]

La suite de l'argument dédouane Moïse, le législateur, qui a mis des limites à l'esclavage, mais accable les Juifs qui ont continué à en abuser, alors que les Lacédémoniens, les Grecs, les Romains, les Germains n'avaient pratiqué qu'un esclavage « très doux », et que, de même, le Roi « Louis le Gros en France l'avait supprimé jusqu'à ce que la découverte du Nouveau monde obligeât le Roi à le permettre dans les colonies ».[50]

Tout au long de ce plaidoyer en faveur des deux esclaves, le procureur s'ingénie à démontrer que les esclaves ne sont que ce que sont leurs maîtres et que si les Noirs sont dotés des défauts qu'on leur connaît, c'est seulement lorsqu'ils ont été acquis « lors de leur arrivée au Nouveau monde » par de mauvais maîtres. Curieusement, l'avocat de Mendès renchérit dans l'accablement des Juifs. Sa défense de Mendès consiste à en faire un irresponsable du fait qu'il ne peut faire autrement que reproduire les vices de sa nation. La conclusion du procès donna raison aux Noirs qui furent affranchis. Mendès fit un recours en annulation qu'il perdit, puis un deuxième qu'il perdit aussi. On ne sait ce qu'il advint de Pampy et Julienne, mais les sources montrent qu'Isaac Mendès France retourna à Saint Domingue, puis rejoignit Bordeaux où il fonda la lignée dont est issu Pierre Mendès France, à qui, lorsqu'il fut Premier ministre en 1954, échurent des attaques politiques porteuses d'un antisémitisme encore virulent.

---

[49] Pierre Pluchon, *op.cit.*, p. 25.

[50] Cités par Pluchon, *op.cit.*, pp.26-27. Thomas Jefferson reprend la même comparaison entre l'esclavage à Rome et en Virginie, mais plutôt que de s'en servir pour accabler son pays, il en tire argument pour prouver que les esclaves noirs de Virginie ne peuvent accéder à la liberté au contraire des esclaves de Rome qui appartenaient à des races semblables à celles de leurs maîtres.

En quoi consiste donc cet antisémitisme dans la France d'Ancien Régime ? Est-ce là un préjugé racial ? Les philosophes affirment que les Juifs, vivant partout, sont de la couleur plus ou moins foncée que leur impose le climat et ne constituent donc pas une race. À l'instar de Voltaire, on leur reproche un caractère et des mœurs exécrables – l'avarice, la haine d'autrui, la superstition, le fanatisme. On dit qu'ils se replient dans des espaces séparés pour vivre comme des parias ; qu'ils portent un chapeau jaune[51] ; et déjà il arrive qu'on évoque leurs traits physiques inesthétiques – nez crochu, bouche lippue, etc.… Mais ce qu'il faut retenir, c'est que si les Juifs sont accablés, c'est en tant que « nation », « peuple », ou « secte ». L'Église interdit l'intermariage avec eux ; le statut politique de régnicoles ne leur est pas accordé. Situé à mi-chemin entre les sujets régnicoles et les Noirs, le Juif est un étranger. Même son nouveau statut, après l'émancipation par la Révolution, ne lui permettra d'entrer dans la nation française « régénérée » qu'à condition qu'il perde ses mœurs et ne se distingue des autres citoyens que par sa religion.

La Révolution est un moment propice, mais encore ambigu pour les Juifs. En réalité, comme le soulignent Pluchon ou Poliakov, « l'époque baigne dans l'antisémitisme », y compris chez les philosophes qui prônent la tolérance mais qui, comme Voltaire, Montesquieu, des Brosses ou Grégoire, continuent d'accabler les Juifs, encore objets des préjugés. Ainsi, le défenseur des minorités opprimées, l'abbé Grégoire d'Emberménil, féru d'égalité politique, révèle, dans ses deux discours en faveur de l'émancipation des Juifs, l'*Essai sur la régénération physique, morale et publique des Juifs* de 1788 et, l'année suivante, la *Motion en faveur des Juifs*, des préjugés tenaces à l'égard d'un peuple qu'il peint superstitieux, rusé, porté au maquignonnage, à l'usure, mais qui souffre des exceptions : « Il serait injuste d'imaginer que toute la nation hébraïque n'est qu'une tourbe de gens sans cœur et sans mœurs. On trouve une foule d'exceptions éclatantes. » Mais le peuple juif dans son ensemble, porté à trop se multiplier, tend « à s'étaler sur toute la terre », danger auquel Grégoire propose de parer en ne

[51] *Ibid.*, pp.86-87.

permettant qu'aux fils aînés de faire souche[52]. C'est donc en vertu d'un humanisme universaliste parfaitement contradictoire avec la notion de race ou de peuple différent que l'abbé Grégoire a demandé et obtenu l'émancipation politique de tous les Juifs de France. Au nom de l'unité absolue de l'espèce humaine telle que créée par Dieu et de l'égalité des hommes et de leurs droits, qu'il défendra, par exemple, dans son opuscule *De la Noblesse de la peau ou du préjugé des Blancs contre la couleur des Africains et celle de leurs descendants noirs ou sang-mêlé* paru en 1826, Grégoire s'engage contre l'esclavage et pour les droits politiques des métis.

Où est la cohérence avec sa diatribe contre les Juifs ? En ceci d'abord que Grégoire était un homme de foi chrétienne mais aussi qu'il haïssait les particularismes, contraires à l'esprit égalitaire, à l'instar de Clermont-Tonnerre qui, lors de l'émancipation des Juifs en 1791 par l'Assemblée constituante, recommanda qu'en même temps que l'on accordait « tout [aux Juifs] comme citoyens », on « refus[ât] tout aux Juifs comme nation »[53]. Cette formule qui devint devise de l'assimilation des Juifs en France traduit la conception républicaine d'une nation de citoyens sans corps intermédiaires entre eux et l'État ; mais elle parle aussi au nom d'une Nation de Français, égaux parce que semblables. Si cette nation est issue, comme le proclama Sieyès, du Tiers-État (la nation de l'Ancien Régime était divisée en « ordres », non en races, mais on y trouvait des provinces et des « nations »), dans la France nouvelle, les ordres sont supprimés et aucune « nation », ni bretonne, ni juive, n'est admise en tant que telle. L'assimilation des « Israélites », plus tard complétée par Napoléon, est en route dans la nouvelle nation républicaine.

Quant aux Noirs, dont la défense dans le procès Mendés des années 1770 fut, comme on l'a vu, l'occasion d'accabler les Juifs, ils ne profitèrent de leur émancipation que peu de temps. Dès 1802, le Premier consul les renvoya à leur statut d'esclaves. La France coloniale retrouva ses divisions raciales entre Noirs inférieurs,

---

[52] Cité par Pluchon, *op.cit.*, p.85.

[53] Clermont-Tonnerre, cité par Badinter, *op.cit.*, p.13.

sang-mêlé et Blancs jusqu'à ce que Haïti se sépare définitivement de sa métropole et devienne la première république noire. Quant aux Juifs, ils resteront citoyens jusqu'en 1941, le redeviendront en 1945, mais resteront sourdement suspects de former un corps étranger dans la nation, le racisme et l'antisémitisme ayant partie liée pour longtemps.

Races et cultures en Amérique anglaise

Dans les colonies anglaises comme, après la Révolution américaine, aux États-Unis, l'esclavage se maintient jusqu'en 1865, soit deux cent quarante ans après la vente, par un marchand hollandais, des vingt premiers esclaves africains à des colons de Virginie. Encore l'esclavage ne fut-il institué dans les colonies que graduellement, par « nécessité » ou commodité économique, mais aussi parce que, devant les fuites conjointes ou les unions entre les « *indentured servants* » irlandais ou même anglais, et les Africains, la société coloniale en devenir se prémunit rapidement en les distinguant les uns des autres lors des condamnations pénales, usant alors très tôt du terme « race » pour écarter les Noirs de toute confusion avec les Blancs. Les historiens Winthrop Jordan et Edmund S.Morgan[54] ont décrit le processus qui, en moins de cinquante ans, avait réduit les Noirs présents sur le sol du continent américain, et *a fortiori* des îles, à être identifiés à première vue, du fait de leur couleur, comme esclaves. La coutume qui se mua en système juridique, distinct de la *Common Law* appliquée aux Blancs, se chargea d'en faire un groupe de population dont le statut juridique était celui de « *chattel slavery* » (*chattel*: de cheptel), ce qui ne signifie pas qu'ils étaient considérés comme des animaux. Mais ils entraient en tant que main-d'œuvre et objet de propriété dans un système économique qui se fit de plus en plus complexe mais cohérent, depuis la production de matières premières commerciales, jusqu'à la vente des ressources coloniales servant de fret contre l'importation de la main-d'œuvre servile. La preuve qu'ils étaient considérés comme des hommes était qu'ils étaient

---

[54] Edmund S. Morgan, *American Slavery, American Freedom. The Ordeal of Colonial Virginia,* New York, W.W.Norton, 1975.

capables, si les Blancs le souhaitaient, de se convertir au christianisme et même d'apprendre à lire, ce dont les gardèrent la plupart des maîtres pour les empêcher de prendre conscience de leur droit à la liberté et par la suite, d'ébranler le système. La législation se fit de plus en plus sévère et si abondante qu'elle constitua un code de lois spécialisé à l'usage d'une partie de la population des colonies britanniques.

Cet esclavage, qui devint progressivement l'institution cruciale (« particulière ») de toutes les colonies anglaises d'Amérique (y compris celles qui n'en profitaient que par le commerce) contribua à alimenter le débat sur les races comme en Europe, mais de manière plus immédiate en Amérique puisqu'il s'agissait ici de la survie et de l'avenir de la société coloniale elle-même.

Surtout de nos jours où l'historiographie a fait émerger la vision transatlantique de l'histoire occidentale, on ne donne pas assez d'importance à la différence majeure entre les régions de colonisation et leurs métropoles. L'Angleterre, certes, par la voie du *Board of Trade and Settlements*, par le Conseil royal, par l'Amirauté, par la législation de Westminster elle-même, et naturellement par son économie, participait pleinement au système colonial en œuvre en Amérique. Mais les colons américains le diront assez à leurs compatriotes lorsque les relations se gâteront entre la Couronne et les colonies : « les frères d'Angleterre » ne pouvaient comprendre les problèmes qui se posaient à des Américains anglais qui se trouvaient journellement confrontés à des Noirs qu'il fallait surveiller et contraindre et à des Indiens dont on occupait la terre et qui constituaient à la fois un élément étranger à l'homme blanc et une menace pour la vie de celui-ci.[55]

Sans pour cela revenir à une notion « d'exceptionnalisme » qui a fait son temps, il faut tenir compte de la particularité que représente la configuration humaine triangulaire de la réalité coloniale : Blancs, Indiens et Africains, les premiers constituant la norme, les seconds perçus dans un rapport nature/culture avec les

[55] Voir Élise Marienstras et Naomi Wulf, *Révoltes et Révolutions en Amérique du Nord,* Paris, Atlande, 2005.

Blancs ; les troisièmes assignés au plus bas de l'échelle des races humaines et, pour cette raison, privés, eux et leurs descendants, de la propriété de leur personne.

On pourrait croire que les colons, en contact permanent avec les deux autres catégories de population, sont mieux instruits de la nature de la diversité humaine que les écrivains-voyageurs ou les savants de France ou d'Angleterre. Et pourtant, leur curiosité et leur ignorance ne sont pas inférieures à celles de leurs contemporains en Europe ; comme ces derniers ils continuent de spéculer et même d'imaginer, et cela pour plusieurs raisons : premièrement, parce que cohabiter avec des Noirs ou des Indiens ne signifie pas comprendre immédiatement dans quel rapport ces deux groupes de population se situent avec la « race européenne ». Deuxièmement, les Noirs et les Indiens sont, selon les circonstances, leurs partenaires ou leurs ennemis, ou encore les « instruments de leur bonheur », comme l'écrit Thomas Jefferson à propos de ses propres esclaves[56]. Enfin et surtout, définir, classer et assigner une place à l'Autre dans l'univers symbolique comme dans le monde réel est une démarche centrale dans le processus de formation de la nation, au moment où naissent les États-Unis, comme auparavant à mesure que les sociétés nées de la colonisation de peuplement s'enracinaient sur le Nouveau continent.

L'intérêt de la réflexion américaine sur la race réside en particulier dans le caractère transatlantique de la littérature à l'époque des Lumières. Mais, si les colons, plus tard citoyens des États-Unis, font écho aux études des naturalistes européens, ils leur renvoient en double écho une pensée validée, croient-ils, par l'expérience de la cohabitation entre races, propre aux colonies de peuplement. Bien que l'échange intellectuel entre les deux rives de l'Atlantique soit souvent purement scientifique ou philosophique, il comporte aussi bien souvent une part de débats à caractère politique.

---

[56] Voir Lucia C.Stanton, "Those who labor for my happiness. Thomas Jefferson and his Slaves", *in* Peter Onuf (dir.), *Jeffersonian Legacies*, Charlottesville, University of Virginia Press, 1993.

Ainsi, le seul ouvrage conséquent de Thomas Jefferson, intitulé *Notes on the State of Virginia*[57], se veut une réfutation point par point des thèses de Buffon sur la « dégénération » des races, reprises par Raynal et Diderot pour prouver la nocivité du climat et de l'environnement des Amériques et par suite, l'inutilité de la colonisation.[58]

Le prétexte de l'ouvrage est une réponse aux questions posées par le Français Marbois au Congrès continental en 1780 concernant l'état de l'Amérique britannique, que la France s'était, deux ans auparavant, engagée à soutenir. Mais, en rédigeant les réponses, Jefferson s'adressait aussi aux Buffon, Voltaire, d'Aubenton, Raynal et à tous ceux en Europe que la colonisation de l'Amérique choquait et qui y voyaient une menace pour le progrès de l'humanité. Manuscrit commencé en 1781, lu par des amis, révisé à plusieurs reprises et imprimé une première fois sous une forme piratée, à Paris en 1785, et enfin, avec les initiales de Jefferson en 1787, cet ouvrage est l'un des écrits américains les plus importants parmi ceux qui paraissent dans les dernières années du XVIIIe siècle. Et Thomas Jefferson, par sa dualité, sa « duplicité » disent certains historiens, est le parangon des Lumières américaines, en constante communication avec ses semblables européens, mais porteur de l'idiosyncrasie américaine. Qu'ils résident dans les États du Centre ou du Nord (Benjamin Rush, David Ramsey, Samuel Stanhope Smith, Benjamin Franklin), nombreux sont ceux qui se déclarent partisans de l'abolition de l'esclavage, quelques-uns dans l'immédiat (surtout les Quakers comme John Woolman et Antony Benezet), d'autres décidés à s'en défaire eux-mêmes. D'autres encore, comme Jefferson, qui est homme d'État en même temps qu'homme de science et homme de pensée, sont avant tout soucieux de leurs intérêts personnels. Ces intérêts, qu'ils partagent avec leur classe de planteurs, entrent en conflit avec la part qu'ils prennent à

[57] Thomas Jefferson, *Notes on the State of Virginia* (1787), William Peden ed., Chapel Hill, University of North Carolina Press, 1954.

[58] Antonello Gerbi, *The Dispute of the New World. The History of a Polemic, 1750-1900*, revised and enlarged edition translated by Jeremy Moyle, University of Pittsburgh Press, 1973.

l'avenir politique et moral de leur colonie, ou, plus tard, de la nation. Thomas Jefferson, comme les rédacteurs de la Constitution de 1787, a réfléchi et tâché d'agir dans le sens d'une morale libérale, mais qui n'entrave pas le projet de société élaboré par les Pères fondateurs depuis l'adoption de l'indépendance en 1776.[59]

Il est clair que, dans les jeunes États-Unis, comme dans les anciennes colonies, l'intérêt pour la diversité de l'espèce humaine provient, d'une part, de l'observation immédiate du phénomène, d'autre part, du souci d'adopter des principes et une praxis qui soient conformes à l'idée de la nation républicaine et homogène que les Fondateurs envisagent. Le mystère qui entoure les débuts de la Déclaration d'indépendance rédigée principalement par Jefferson, "*All men are created equal*", s'épaissit de la contradiction que recèlent les *Notes on the State of Virginia* où le grand démocrate, déiste et monogéniste, convaincu de l'intervention divine à la Création, suggère que le Noir est dans une catégorie raciale peu éloignée du singe, de l'orang-outang précisément (une espèce de singes particulièrement prisée par les anthropologues des Lumières), puisque l'animal mâle regarde avec concupiscence la femme noire lorsqu'il en rencontre une dans les forêts d'Afrique[60]. La couleur des Noirs, ajoute Jefferson, est le signe d'une infériorité esthétique, et celui d'une différence organique avec les Blancs qui fait que la sueur des premiers est malodorante, ainsi que d'un système pulmonaire déficient, sans parler d'un handicap mental qui les prive d'une intelligence créatrice et les rend, comme les animaux, soumis au présent et incapables de prévoir l'avenir.

Quant aux causes de la différence de couleur, Jefferson veut bien concéder aux thèses de Buffon qu'il y ait pu avoir dégénérescence sous l'effet du climat en Afrique, mais il doute de la capacité de la race à évoluer. Entre ses deux penchants, celui de la morale politique qui veut que l'Amérique cesse de faire souffrir des humains, et celui qui le porte au réalisme, Jefferson prône l'émancipation ultime des esclaves, qui doit être suivie

---

[59] Toutes ces questions ont été traitées dans mon ouvrage *Les Mythes fondateurs de la nation américaine* (1976), Bruxelles, éd.Complexe, 1992, pp.209-75.

[60] *Notes on the State of Virginia,* p.138.

immédiatement de leur évacuation vers leurs terres d'origine ou d'autres, l'important étant de séparer ces personnes incapables de concevoir et de pratiquer la liberté des libres citoyens des États-Unis, sauf à créer une fausse démocratie dans laquelle il existerait plusieurs niveaux de citoyenneté.

D'autres auteurs, mais qui ne sont pas eux-mêmes propriétaires d'esclaves et qui n'ont pas la charge suprême de gouverneur d'État ou de président de la fédération, sont plus confiants dans l'avenir de l'humanité et notamment dans celui des races « inférieures » : la plupart des contemporains de Jefferson ne sont pas fixistes. Distincte du règne animal par son adaptabilité à l'environnement, l'espèce humaine est omniprésente. Les traits raciaux les plus saillants, notamment la couleur, peuvent être modifiés au gré des climats ou des modes de vie auxquels la race est soumise.

Il est très important pour les Américains, en effet, de démontrer, non seulement que le continent nord-américain est favorable au développement de l'espèce, mais aussi que le sort qui est réservé par la société dominante aux populations importées d'Afrique est, non seulement inique, mais aussi susceptible, si l'on y renonce, de faire place à une société plus égalitaire.

Cependant, même chez les plus libéraux de ces penseurs américains, le présupposé sur les races reste favorable au modèle d'origine blanche. Le médecin Benjamin Rush, persuadé que la couleur noire est, soit le résultat d'une lèpre qui a autrefois touché les Africains et aurait laissé des séquelles, soit l'effet de climats immodérément chauds, soit encore du travail agraire en plein air, fournit la preuve de cette dégénérescence par son contraire : il expose au public des Noirs qui présentent des taches blanches dues, d'après lui, à la régression continue de la couleur noire d'origine africaine. Samuel Stanhope Smith, professeur de physique et président du collège de Yale, plus confiant encore dans la nature humaine, dit constater que les esclaves africains mis au travail comme domestiques à l'intérieur de la « grande maison », voient leurs traits changer, le nez se redresser, les cheveux s'assouplir, la couleur pâlir, la bouche s'affiner, les manières se policer, alors que leurs congénères mis aux champs conservent leurs caractères raciaux intacts.[61]

Ce n'est pas la race, mais le statut d'esclave qui s'attache à celle-ci qui justifiera que par la Constitution de 1787, après quelque effort des abolitionnistes, dont Jefferson qui avait tenté d'éradiquer l'esclavage des nouveaux États de l'Ouest, les jeunes États-Unis refusent en leur sein les Noirs et protègent l'« institution particulière » dans l'ensemble de la nation. Il est vrai que la forme fédérale adoptée par la jeune république permet à chacun des États de décider du statut de chaque habitant, de sorte que les États du Nord aboliront assez rapidement l'esclavage, sans pour cela accorder l'égalité absolue des races.

Entre la France et l'Amérique de l'époque des Lumières et des révolutions, la question des « races » soulève des passions et des intérêts fort différents. À l'égard de l'esclavage des Noirs, l'abolitionniste français métropolitain adopte une position de principe, quasi-abstraite qui condamne dans l'esclavage un mal lointain que l'on combat dans une perspective humaniste et universaliste.

L'Américain blanc de Virginie, « c'est toujours un homme libre qui a part au gouvernement et qui commande à quelques nègres », remarque le marquis de Chastellux au cours de sa visite américaine, soulignant la contradiction chez le planteur virginien entre son statut de citoyen et celui de maître[62]. Il en est de même de l'attitude envers les Noirs et les Indiens, ainsi qu'envers les Juifs, trois catégories de population qui ne présentent pas les mêmes enjeux pour la vieille nation France « régénérée » par la Révolution de 1789 et la nation états-unienne naissante dont le corpus ethnique est encore à déterminer. L'attitude de Jefferson, responsable de sa province puis de la nation, reste celle qui identifie le mieux la politique nationale.

De même, vis-à-vis de l'autre groupe humain résidant aux États-Unis, ceux qui en sont les premiers habitants, les sentiments

---

[61] Samuel Stanhope Smith, *op.cit.*, pp. 71-72.

[62] Cité par Élise Marienstras, « Les lumières et l'esclavage en Amérique du Nord au XVIIIe siècle », *in* Marcel Dorigny (dir.), *Les Abolitions de l'esclavage*, Presses universitaires de Vincennes et UNESCO, 1995, p.113.

des Américains et des Français divergent profondément. Plus encore que la couleur des Noirs, la « sauvagerie » des Indiens laisse sans réponse simple les contemporains, aussi bien en Amérique où les autochtones de l'Est sont connus et répertoriés parfois comme le fait Jefferson pour la Virginie, que dans l'Europe lointaine où les « Américains » sont objets de connaissances livresques et servent de paradigme à la réflexion théorique, comme chez Rousseau ou Diderot, sur la comparaison entre Nature et Société, Sauvagerie et Civilisation. En Amérique, les Indiens sont, à l'égal des Noirs, exclus de la citoyenneté dès la rédaction de la Constitution, sous prétexte qu'ils « ne paient pas l'impôt » foncier, c'est-à-dire que leur rapport à la terre diffère de celui des Européens, mais aussi que leurs terres ne sont pas soumises à la loi des États de la fédération américaine. En butte à quantité d'incohérences et de contradictions au cours des décennies suivantes, les États-Unis souffriront que leurs citoyens s'emparent des terres indiennes et fassent fuir ou mourir les autochtones, tout en admettant plus ou moins implicitement que les nations indiennes, du fait de leurs spécificités, possèdent une souveraineté concurrente de la souveraineté états-unienne.

En France, écrit un révolutionnaire, (mais c'est encore plus net aux États-Unis) « le vrai philosophe est cosmopolite, l'ami de tous les hommes de quelque contrée qu'ils soient [...] je suis fâché d'avoir à le dire, mais *l'esprit national mène droit à l'égoïsme et à l'esclavage* » [63]. C'est « l'esprit national » en effet qui a dicté le différentiel d'attitudes des Français et des Américains à l'égard des races. La France est un « vieux pays » à l'intérieur duquel la diversité tient à l'ancien système monarchique qui divisait et déconcentrait. Lors de la Révolution, le problème fut de réunir et non pas d'inclure ou d'exclure. Seuls éléments qui pouvaient faire tache : les Juifs dont la « nation » est distincte par ses mœurs, et les quelques Noirs ou « libres de couleur » qui demandaient à être affranchis, mais n'étaient en aucun cas une menace pour la pureté du sang national.

---

[63] Milscent, directeur du *Creuset,* le 21 septembre 1791, cité par Yves Benot, *in La Révolution française et la fin des colonies,* Paris, La Découverte 1988, p.196.

Avant la France, les États-Unis font leur révolution à partir de 1776 et créent dans les années suivantes les institutions qui formeront l'État fédéral national. Mais la nation elle-même est encore à naître. Les premières générations de citoyens américains, issus de la colonisation de peuplement, puisent, sur le conseil « égoïste » du philosophe, ceux parmi les habitants qui appartiennent à la catégorie « blanche » et « civilisée » pour édifier la nation de leur choix.

C'est le rapport entre la formation de la nation et de la république, d'une part, et le traitement de la notion de races qui ressort, d'autre part, dans cette époque où l'on est décidé, dans les deux pays les plus avancés dans la réforme – la France et les États-Unis –, à fonder des républiques, sinon encore la démocratie. Or, il est avéré que ni les femmes, ni les mineurs, ni les races suspectes d'infériorité ne peuvent être admis dans la république américaine après 1776. Aux mobiles qui dictent ces premiers choix, il faut ajouter ceux qui sont commandés par la crainte de la dégénérescence, très vive dans un moment où la vertu suprême est celle du progrès : dégénérescence biologique par l'éventualité du métissage, déclin de la civilisation au contact de la sauvagerie, et même, malgré un déisme partagé par beaucoup de philosophes, déclin du christianisme par l'introduction dans la nation de peuples de religions différentes, et faisant de cette religion le socle de leur nation. La formule fédéraliste permet aux États américains d'accepter ou d'exclure indépendamment du choix constitutionnel national. Ainsi certains États, comme le Massachusetts ou la Pennsylvanie, ne reconnaissent que les citoyens chrétiens, cependant que l'appartenance religieuse ne joue aucun rôle dans la Constitution fédérale, par essence également ouverte à toutes les confessions. Aux États-Unis, la différence raciale et l'étrangeté culturelle seront les critères d'exclusion ; en France, l'inclusion sera conditionnée par l'alignement de chaque individu sur le modèle citoyen et français. Ici et là, des deux côtés de l'Atlantique, la république est conçue comme une entité d'égaux et de semblables que seuls les accidents de l'histoire peuvent faire inégaux. L'individu, dans son for intérieur comme dans ses écrits, peut toujours souhaiter une démocratie où le peuple contienne toutes les races. La collectivité, elle, n'est pas mûre pour s'ouvrir à tous.

Le paradigme de la « *whiteness* » et les identités blanches dans l'Angleterre contemporaine

Steve Garner

Introduction

Qu'est-ce la *whiteness* ? Depuis la fin du XIXe siècle, les Américains noirs publient des critiques sur l'exercice du pouvoir, tant par les élites blanches que par leurs compatriotes pauvres. Cet exercice passe par un système de pratiques institutionnalisées découlant de l'héritage de l'esclavage. Ida Wells-Barnett mena une campagne contre le lynchage, au cours de laquelle elle publia deux ouvrages longtemps oubliés[1]. Au contraire, le corpus de Du Bois, le premier Noir à avoir obtenu un doctorat de l'université de Harvard, compte des textes aujourd'hui cités comme paroles d'Évangile par les auteurs qui s'intéressent à la racialisation des identités blanches. « Le problème clef du XXe siècle, avait-il proclamé en 1903, sera celui de la discrimination raciale » ("*the color line*")[2]. Vu du début du XXIe siècle, ce problème – quoique exprimé dans un langage chiffré qui a pour objet l'*affirmative action*, voire la « discrimination inverse », les cultures fatalement incapables de cohabitation, la perte des identités nationales face à l'immigration débordante – ne s'est pas résolu de façon satisfaisante. Mais où est le lien entre la culture américaine de la « race », que David Goldberg[3] conçoit comme "*racial Americanization*", et les diverses cultures nationales de l'Europe

---

[1] *Southern Horrors: Lynch Law in All its Phases* (1892), et *The Red Record: Tabulated Statistics and Alleged Causes of Lynching in the United States* (1895). Les deux textes sont disponibles sur internet : http://www.gutenberg.org/wiki/Main_Page

[2] W.E.B. Du Bois, *The Souls of Black Folk* (1903), New-York, Penguin, 1996.

[3] David Goldberg, 'Racial Americanization', *in* John Solomos et Karim Murji (dir.), *Racialization: Studies in Theory and Practice*, Oxford, Oxford University Press, 2005, pp. 69-86.

contemporaine ? Les intellectuels européens devraient-ils se protéger contre un concept américain qui s'applique mal aux réalités sociales de nos centres urbains, comme le préconisent Bourdieu et Wacquant[4], en traitant le concept de multiculturalisme à l'américaine d'« impérialisme culturel » ?

À la base, le concept de *whiteness* reste une idée relativement simple à saisir : quelles sont les spécificités de l'expérience sociale liée au fait d'être blanc, par rapport à celles découlant d'une identité noire, asiatique, ou indienne par exemple ? Selon la logique – ou l'aporie – de la « race », chaque groupe a des traits idéologiques, performatifs, culturels et biologiques. Si, en tant que sociologues, nous refusons la base fausse de la biologie comme facteur social déterminant, il nous reste des interprétations et des distinctions faites au niveau micro-social et macro-social. Ainsi, le champ d'études se porte sur les processus de construction de sens, en train de se faire et de se refaire en permanence. D'autre part, les caractéristiques historiques et sociales spécifiques aux États-Unis viennent structurer les recherches sur la *whiteness* et, de ce fait, les discours nationaux et limités produits dans ce corpus ont jusqu'ici inclus si peu de travail comparatif qu'on considère la *whiteness* avec méfiance, comme une perspective universitaire issue d'une culture dominante, et donc inapplicable à d'autres sociétés[5]. On ne s'attendrait pas à ce qu'un universitaire américain qui écrit sur la *whiteness* consacre un chapitre à l'étude des identités blanches au Royaume-Uni ou en Australie, par exemple, alors que pour un chercheur britannique ou australien, un tour d'horizon du corpus américain s'impose. Ce chapitre ne fait pas exception !

Dans sa dimension la plus abstraite, la *whiteness* se concentre sur le pouvoir et sur les inégalités. Ailleurs, nous avons classé le travail américain dans cinq catégories thématiques, qui sont expliquées avant que nous n'arrivions à un ensemble

---

[4] Pierre Bourdieu et Loïc Wacquant, « Sur les ruses de la raison impérialiste », *Actes de la recherche en sciences sociales*, n° 121-22, 1998, pp. 109-18.

[5] Pour un contre-exemple, voir Michèle Lamont, *The Dignity of Working Men*, Cambridge, Mass., Harvard University Press, 2000.

d'interprétations spécifiques de la *whiteness*[6]. L'une de ces interprétations affirme que la *whiteness* est bien une épistémologie, ou une position conceptuelle. Malheureusement, une situation dans laquelle l'outil analytique partage le nom du processus lui-même n'aide pas notre compréhension (une critique faite de la « racialisation » par exemple). Nous n'avons, pourtant, rien de mieux pour l'instant, et nous cherchons avant tout à éviter la fermeture des pistes de recherche.

La *whiteness* aux États-Unis

Terreur / suprématie

Si, selon W.Jordan[7], nous pouvons faire remonter la naissance de l'usage collectif du terme "*white*", pour parler d'un groupe social, au XVIIe siècle, les premiers à disséquer la *whiteness* sont des Américains noirs à partir de la fin du XIXe siècle. Leur contexte historique est bien la « Reconstruction » et les lois « *Jim Crow* » qui s'ensuivent. On ne devrait donc pas s'étonner de voir que leur pensée se focalise sur l'ampleur du pouvoir politique, économique et social exercé par des Blancs et la façon dont ce pouvoir sert à contraindre et à nuire à la vie sociale, économique et affective des Noirs. Ces expériences engendrent même ce que Du Bois appelle une « double conscience » : pour mieux naviguer dans le monde souvent dangereux des Blancs, les Noirs sont obligés de se voir dans le regard de leurs maîtres[8]. Comme point du départ leur travail développe un corpus autour du problème qui consiste à saisir les mécanismes permettant au « Blanc » de se maintenir dans la position dominante. Une contribution significative faite dans ce

---

[6] Steve Garner, *Whiteness: an Introduction*, Londres, Routledge, 2007 ; « The Uses of Whiteness: What Sociologists Working on Europe can Learn from North American Work on Whiteness », *Sociology*, vol. 40, n° 2, 2006, pp. 257-75.

[7] Winthrop Jordan, *White over Black: American Attitudes Toward the Negro, 1550-1812*, Chapel Hill, NC, University of North Carolina Press, 1968.

[8] Tout au long du XXe siècle, d'autres auteurs dont Jack Johnson, Langston Hughes, Ralph Ellison, James Baldwin, bell hooks et Toni Morrison contribuent à la théorisation du fonctionnement de la *whiteness* en tant que force motrice de la reproduction des inégalités sociales aux États-Unis.

sous-domaine d'études est celle de Harris[9], selon qui on peut considérer la *whiteness*, telle qu'elle est établie dans la loi, comme une forme de propriété.

Avant d'explorer les travaux empiriques réalisés par les sociologues, il convient d'affirmer qu'il existe une base matérielle indiscutable aux rapports inégaux entre Blancs et Noirs américains. La documentation de ces phénomènes a été établie par Massey et Denton[10] (en termes de revenus), par Oliver et Shapiro[11] (en termes de richesse) et par Lipsitz[12] (en termes des pratiques de prêt des institutions financières). Et pourtant, les Blancs américains paraissent pour la plupart d'entre eux vivre dans le démenti. Depuis le passage de la loi sur les droits civiques en 1968, la forme nouvelle du racisme américain s'exprime par le refus de croire en la discrimination institutionnalisée. Chacun jouirait, selon la logique du racisme dit « *color-blind* »[13], des mêmes possibilités d'éducation, d'emploi, etc., personne ne serait plus empêché de faire quoi que ce soit en raison du racisme. Selon cette optique, soutient Bonilla-Silva avec ironie, ceux qui parlent de racisme sont de « vrais » racistes. Ce racisme majoritaire a réussi à transformer l'ensemble des initiatives rassemblées sous le titre d'*affirmative action*, en discrimination inverse, c'est-à-dire une discrimination dont les Blancs seraient les victimes. Au début, l'*affirmative action* avait été envisagée en tant qu'outil compensatoire : les générations pendant lesquelles la discrimination faisait obstacle à la mobilité sociale des Noirs au niveau collectif avaient pris fin. Or, la justice fédérale commence, dès les années 1970, à voir dans les

[9] Cheryl Harris, « Whiteness as Property », *Harvard Law Review*, vol. 106, n° 8, 1993, pp. 1707-93.

[10] Douglas Massey et Nancy Denton, *American Apartheid: Segregation and the Making of the Underclass*, Cambridge, Mass., Harvard University Press, 1994.

[11] Melvin Oliver et Thomas Shapiro, *Black Wealth/White Wealth: A New Perspective on Racial Inequality*, New-York, Routledge, 1995.

[12] George Lipsitz, « The Possessive Investment in Whiteness: Racialized Social Democracy and the 'White' problem in American Studies », *American Quarterly* vol. 47, n° 3, 1995, pp. 369-387.

[13] Eduardo Bonilla-Silva, *Racism without Racists: Color-Blind Racism and the Persistence of Racial Inequality in the United States*, Lanham, MD, Rowman and Littlefield, 2003.

programmes affirmatifs un défi à la notion de responsabilité individuelle. Harris propose que la justice considère l'*affirmative action* comme faisant porter le chapeau de l'esclavage à des Blancs individuels. Le racisme structurel, culturel, matériel transmis entre les générations s'est donc réduit à des milliers de cas spécifiques pris dans leur isolement.[14]

Le philosophe Charles Mills a fait une percée frappante dans la conceptualisation de la *whiteness* en tant que système idéologique[15]. Son « contrat racial », qui supplante le contrat social, repose sur une critique épistémologique poussée de la philosophie européenne. Celle-ci n'aurait pas tenu compte du colonialisme, de l'impérialisme, de la racialisation de l'homme pendant les Lumières. Mills va dans le même sens avec des tentatives visant la compréhension de « l'exploitation raciale », l'articulation de « la race et de la classe sociale » et finalement la « suprématie blanche ». L'une de ses contributions clefs est l'idée selon laquelle une « épistémologie de l'ignorance » traverse la domination raciale : les Blancs sont socialisés à ne pas voir les Autres comme également humains, à ignorer les obstacles structurels devant les Autres, à n'attribuer aucune valeur explicative des rapports sociaux actuels à l'histoire de l'oppression et du génocide qui est propre aux États-Unis.

Invisibilité / visibilité

Le thème-jumeau de l'invisibilité-visibilité est un autre thème à avoir émergé du travail effectué sur la *whiteness* aux États-Unis. Ces deux pôles à première vue réciproquement exclusifs se révèlent mutuellement liés. La *whiteness* est la norme ; le point qui

---

[14] Harris, *op. cit.*

[15] Charles Mills, *The Racial Contract*, Ithaca, NY, Cornell University Press, 1997 ; « White Supremacy as a Sociopolitical System: a Philosophical Perspective », *in* W. Doane et E. Bonilla-Silva (dir.), *White Out: the Continuing Significance of Racism*, New-York, Routledge, 2003, pp. 35-48 ; *From Class to Race: Essays in White Marxism and Black Radicalism*, Oxford, Rowman and Littlefield, 2003 ; « Racial Exploitation and the Wages of Whiteness », *in* George Yancy (dir.), *What White Looks Like: African-American Philosophers on the Whiteness Question,* New-York, Routledge, 2004, pp. 25-54.

détermine le déviant. Dyer[16] va jusqu'à dire que la *whiteness* se présente comme humaine tout court, tandis qu'elle constitue un positionnement social qui est le fruit des rapports de force inégaux remontant à plusieurs siècles. Le travail sur le terrain sociologique laisse voir que les Blancs (tant en Grande-Bretagne qu'aux États-Unis) expriment fréquemment la notion selon laquelle ils sont déracialisés, que la race n'importe pas à leur identité, alors que les rencontres avec les Autres racialisés cristallisent leur conscience raciale[17]. En fait la démarche qui consiste à se voir comme un « Blanc » semble rendre la plupart des interviewés blancs mal à l'aise. Cet aperçu est évident dans le travail de pionnier réalisé par Frankenberg auprès de femmes californiennes. Beaucoup d'entre elles ont grandi dans les petits bourgs de la Californie à 100 % blancs, et elles ne se sont pas conçues, par conséquent, comme femmes blanches avant d'avoir déménagé dans un centre urbain où la présence des minorités est considérable. Frankenberg fait remarquer leurs soucis partagés sur la question de la « race ». Ces femmes déploient trois « répertoires discursifs » (des stratégies narratives pour aborder les questions raciales) : le racisme essentialiste ; l'évitement de la couleur et du pouvoir ; la « conscience » de « race »[18]. En discutant du rôle que joue la « race » dans leurs vies, ces femmes utilisent souvent ces répertoires en chevauchement.

Des auteurs afro-américains mettent en avant l'argument opposé : de leur point de vue, la *whiteness* en tant que force contraignante qui fonctionne en pouvoir aléatoire est trop visible. L'un des effets du pouvoir est de transformer des êtres humains en une masse invisible. « L'homme invisible » d'Ellison[19] n'est pas

---

[16] Richard Dyer, *White*, Londres, Routledge, 1997.

[17] Ruth Frankenberg, *White Women, Race Matters*, Madison, University of Wisconsin Press, 1994 ; Ann Phoenix, « 'I'm white – so what? The Construction of Whiteness for Young Londoners », *in* Michelle Fine, Linda Powell, Lois Weis et Mun Wong, (dir.), *Off White: Readings on Race, Power and Society*, New-York, Routledge, 1996, pp. 187-197 ; Steven Farough, « The Social Geographies of White Masculinities », *Critical Sociology*, vol. 30, n° 2, 2004, pp. 241-64.

[18] Frankenberg, *op. cit.* p. 188.

[19] Ralph Ellison, *The Invisible Man*, New-York, Random House, 1952.

physiquement mais moralement invisible : il a été déshumanisé pour enfin devenir un symbole de peur que véhicule la projection d'insécurités.

L'un des privilèges accrus du fait d'être racialisé en tant que Blanc permet de ne pas être toujours l'objet du regard soupçonneux (soit du détective du magasin, soit du sociologue), de ne pas être réduit au rôle de représentant de sa « race », exemplaire d'un ensemble plus vaste, sans la liberté d'agir en individu. D. Marvin Jones, par exemple, propose l'hypothèse selon laquelle les attentes qu'ont les Blancs du comportement criminel des Noirs ont créé un modèle de réponses psychologiques « blanches » au crime en général qui fait des Noirs des boucs émissaires[20]. Jones se réfère au cas de Charles Stuart à Boston, où Stuart et son frère avaient assassiné l'épouse du premier, puis avaient mis le crime sur le dos d'un joggeur noir fictif. Cette accusation déclencha l'interrogation en masse des Noirs de Boston, avant que le frère de Stuart finisse par s'avouer coupable. Cependant, la police et les médias ont cru immédiatement et de façon inconditionnelle à l'affirmation fausse de Stuart, démontrant pour Jones que les personnes blanches ne voient pas les gens de couleur de la même manière qu'elles voient d'autres personnes blanches, mais plutôt comme une masse indifférenciée. Les Blancs sont socialisés de façon à remettre les Noirs en position inférieure.

Cette socialisation n'échappe pas à l'observation de tous les commentateurs blancs, telle Peggy McIntosh, qui théorise la *whiteness* comme un "*knapsack of free rides*", c'est-à-dire plusieurs façons selon lesquelles la *whiteness* représente un avantage culturel aux États-Unis.[21]

---

[20] D.M. Jones, « Darkness Made Visible: Law, Metaphor and the Racial Self', *in* Richard Delgado et Jean Stefancic (dir.), *Critical White Studies: Looking behind the Mirror*, Philadelphie, Temple University Press, 1997, pp.66-78.

[21] Peggy McIntosh, « White Privilege and Male Privilege: a Personal Account of Coming to See Correspondences through Work in Women's Studies », Working Paper 189, Wellesley College, 1988.

Du capital culturel, des normes et des valeurs

Certes, une manière de saisir le privilège conféré par la *whiteness* est de se référer à la reproduction des mœurs « blanches » comme norme, et donc transversalement à d'autres lignes de division telles que la classe sociale et le genre. L'un des « répertoires discursifs » du travail de terrain américain reste le thème du contraste dressé par les acteurs blancs entre les caractéristiques putatives des Blancs et celles des autres ; entre d'une part, la diligence et le droit à accéder aux acquis de l'État-Providence, et d'autre part, l'oisiveté et la dépendance collective à l'aide sociale. La section de l'étude comparative franco-américaine de Michèle Lamont[22] tirée des entretiens menés aux États-Unis démontre une distinction nette entre les définitions de soi proposées par ses interlocuteurs noirs et blancs. Bien que les réponses ne se chevauchent pas, dans la mesure où les valeurs de classe, de famille et de solidarité sont partagées, il y a un décalage : les ouvriers noirs expriment un lien plus intime à la solidarité de groupe et à une générosité commune ; leurs homologues blancs, eux, préfèrent mettre l'accent sur l'autonomie et sur l'éthique de travail wébérien. Ni l'un ni l'autre groupe ne rejette les valeurs de la famille ou le sens des responsabilités, mais les Noirs les considèrent comme appartenant au domaine collectif, alors que pour les Blancs ce sont encore une fois des traits avant tout individuels. Lamont en conclut que cette différence de priorités représente une distinction entre le « soi bienveillant » et le « soi discipliné »[23]. Elle maintient que : « [...] l'indépendance, l'oisiveté et le sens des responsabilités occupent un rôle important dans l'encadrement idéologique de la stigmatisation des Noirs de la part des Blancs ». [24]

Ceci fonctionne par l'établissement tant de la paresse que d'une absence de responsabilité comme traits naturels qui constitueraient, en fin de compte, une faille morale. Dans l'esprit des interviewés blancs de Lamont, ces comportements négatifs s'associent aux Noirs[25] :

---

[22] Lamont, *op. cit.*

[23] *ibidem*, pp. 20-21.

[24] *ibidem*, p. 135.

[25] *ibidem*, p. 28.

> [...] pour les ouvriers blancs, les frontières morales et raciales sont inextricables les unes des autres. S'ils mettent l'accent sur l'éthique de travail, un sens des responsabilités, les valeurs traditionnelles de la famille ou du comportement moral, les interviewés changent de sujet sans peine, pour passer de la moralité à la race. Ainsi, ces distinctions s'étendent de façon cohérente pour englober des catégories raciales larges. Ils comprennent ces frontières morales comme légitimes car fondées sur les critères universels d'évaluation qui sont au cœur de leur philosophie de vie plus générale. Ils sont donc capables de formuler une argumentation raciste tout en se croyant des personnes justes, et fondamentalement bonnes. [26]

Les expériences pédagogiques de K. McKinney éclaircissent la façon selon laquelle les Blancs contemporains construisent la justice raciale. Pour accompagner un cours sur la race et l'ethnicité dans lequel elle met l'accent sur la *whiteness*[27], ses étudiants rédigent un journal intime dans lequel ils réfléchissent sur leurs réponses au contenu du cours. L'issue prépondérante de ce processus est un ressentiment exhibé vis-à-vis de leur confrontation de l'identité racialisée blanche, souvent pour la première fois. Un grand nombre des étudiants nient le privilège structurel découlant de la *whiteness*. La première stratégie consiste à affirmer que le niveau de racisme est exagéré, ou bien se réduit à une question de préjugés que l'auteur du journal ne partage pas. Cette démarche représente ce que McKinney qualifie de « règle d'or » : traiter chacun en tant qu'individu plutôt qu'en tant que membre d'un groupe. Or, ailleurs dans les journaux intimes, l'inverse se révèle. Cet aperçu fait écho au travail de Gallagher et de Farough aux États-Unis, et à celui de Phoenix en Grande-Bretagne.[28]

---

[26] *Ibidem*, p. 68.

[27] K. McKinney, *Being White: Stories of Race and Racism*, New-York, Routledge, 2005.

[28] Charles Gallagher, « Playing the White Ethnic Card: Using Ethnic Identity to Deny Contemporary Racism », *in* Doane et Bonilla-Silva (dir.), 2003, pp. 224-46, Phoenix, *op. cit.* ; Farough, *op. cit.*

La seconde stratégie discursive consiste à soutenir que dans les faits la *whiteness* nuit à la qualité de vie des Blancs. Un tel discours a un contexte spécifique : l'*affirmative action.* Les résultats de McKinney laissent voir que les étudiants blancs se font du souci vis-à-vis des quotas et autres manifestations de l'*affirmative action*, qu'ils perçoivent comme décisives dans plusieurs domaines : l'accès à l'université, l'obtention de bourses universitaires, la valeur des bourses, leurs perspectives d'emploi et celles de leurs familles. Les jeunes dans cette étude pensent que tout a recommencé à zéro grâce à la loi sur les droits civiques. Les minorités seraient donc à égalité[29]. Selon cette logique, puisque l'esclavage s'est terminé avant la naissance des étudiants d'aujourd'hui, ceux-ci subissent une injustice en devenant victimes des quotas. À leurs yeux, l'*affirmative action* revient à exercer une discrimination raciale contre les Blancs. L'*affirmative action* fait ainsi l'objet d'une interprétation a-historique : on tiendrait les jeunes Blancs d'aujourd'hui responsables des pratiques collectives du passé[30]. Les configurations historiques de discrimination structurelle sont ainsi omises de l'équation qui, à l'origine, nécessite la mise en place de l'*affirmative action.* Le décalage entre passé et présent émerge comme absolu.

Des hiérarchies sociales plus ou moins fluides

L'idée selon laquelle la racialisation est le moteur des hiérarchies raciales n'est pas nouvelle. De surcroît, les différences racialisées au cœur de ce que les grands penseurs de la race appellent « la race blanche » remontent au XIXe siècle. Gobineau, Morton et Knox, *inter alia*, proposent que l'Anglo-Saxon soit le supérieur du Celte, du Latin et du Perse, par exemple. Pourtant, un nouveau départ est pris dans les années 1990, quand Roediger proclame que des vagues d'immigrés européens aux États-Unis furent obligées de

---

[29] Bonilla-Silva, *op. cit.* ; Tyrone Forman et Amanda Lewis, « Racial Apathy and Hurricane Katrina: The Social Anatomy of Prejudice in the Post-Civil Rights Era », *Du Bois Review*, vol. 3, n° 1, 2006, pp. 175-202.

[30] Harris, *op. cit.*

« devenir » des Blancs[31]. Ce débat, au cœur du domaine de l'histoire du travail américain, est encore vivant : quelques historiens répondent que tous les Européens étaient blancs « à l'arrivée » ; et d'autres soutiennent qu'il s'agit d'une phase provisoire pendant laquelle le statut culturel des Irlandais, des Slaves, des Catholiques et des Juifs fut à la fois moins prestigieux que celui les Blancs de souche, et plus avantageux que celui des Noirs, des Mexicains et des *Native-Americans*. Ce que l'on peut tirer de cette érudition, ce sont les spécificités historiques, ainsi que le fait que les niveaux et les registres discursifs s'opèrent de façon complexe. La *whiteness* ne suppose pas une homogénéité indiscutable : il y des Blancs dominants et des moins dominants, ces derniers originaires pour la plupart du sud et de l'est de l'Europe.

Dans le même temps, les recherches contemporaines sur le terrain auprès des Blancs révèlent la nature changeante des hiérarchies de la vie sociale américaine. Bonilla-Silva conclut que les Blancs, les Asiatiques et les Latinos blancs constitueront la catégorie blanche dominante, alors que les Métis, les Hispaniques s'identifiant comme Noirs, les Noirs, les Indigènes formeront la catégorie non-blanche sujette à des discriminations sociales[32]. De plus, pendant « l'après-droits-civiques » surgissent le racisme "*color-blind*", et « l'indifférence raciale »[33], qui se traduisent dans un discours de « discrimination inverse », point de vue selon lequel la *whiteness* gêne plus qu'elle n'aide, tandis qu'un avantage injuste se gagne du fait du statut de minorité. Et pourtant, comme l'atteste la documentation compilée par Katznelson[34], au cours des siècles

---

[31] David Roediger, *The Wages of Whiteness: Race and the Making of the American Working Class*, Londres, Verso, 1991.

[32] Eduardo Bonilla-Silva, «'New Racism', Color-Blind Racism and the Future of Whiteness in America », *in* Doane et Bonilla-Silva (dir.), 2003, pp. 271-284.

[33] Tyrone Forman, « Color-Blind Racism and Racial Indifference: the Role of Racial Apathy in Facilitating Enduring Inequalities », *in* Maria Krysan et Amanda Lewis (dir.) *The Changing Terrain of Race*, New-York, Russell Sage Foundation, 2004, pp.43-66.

[34] Ira Katznelson, *When Affirmative Action Was White*, New-York, W. W. Norton & Co., 2005.

précédents, la discrimination positive à l'égard des Blancs est la norme. Pour les Blancs contemporains, l'histoire s'arrête en 1968 : le passé est bien un pays étranger qui n'a aucun impact sur le présent.

La complexité des hiérarchies de classe et de genre au sein de la problématique de la "*whiteness*" fait, de plus en plus, l'objet de recherches sociologiques, ethnographiques et anthropologiques. L'ethnographie remarquable de J. Hartigan[35] analyse les interprétations et les expériences de la *whiteness* dans divers quartiers de Détroit, alors que son anthropologie culturelle des Blancs[36] replace ses travaux empiriques dans un contexte historique. Il existe également plusieurs ethnographies d'écoles excellentes qui permettent de voir la construction tant de la *whiteness* que de la *blackness*[37]. Prise dans son ensemble, cette « troisième vague » d'études sur la *whiteness*[38] entraîne l'analyse des articulations de classe, nation, « race » et genre dans un large éventail de contextes microsociaux.

Conclusions : États-Unis

Si une grande partie de ce cadre thématique reste pertinente vis-à-vis du Royaume-Uni, des distinctions nettes apparaissent aussi. Aux États-Unis, l'héritage de l'esclavage, la période de « Reconstruction », les lois « *Jim Crow* », et l'ère des droits civiques constituent un lien établissant les grandes lignes du

---

[35] John Hartigan, *Racial Situations: Class Predicaments of Whiteness in Detroit*, Princeton NJ, Princeton University Press, 1999.

[36] John Hartigan, *Odd Tribes: toward a Cultural Analysis of White People*, Durham, NC., Duke University Press, 2005.

[37] Pamela Perry, *Shades of White: White Kids and Racial Identity in High School*, Durham, NC, Duke University Press, 2002 ; Amanda Lewis, *Race in the Schoolyard: Negotiating the Color Line in Classrooms and Communities*, New Brunswick, NJ, Rutgers University Press, 2003.

[38] Charles Gallagher et France Winddance Twine, « The Future of Whiteness: Reflections on the Theoretical and Empirical Territories of the 'Third Wave' of Whiteness Studies », *Ethnic and Racial Studies*, numéro spécial sur la *whiteness*, à paraître 2008.

processus de racialisation binaire régie par la « *one drop rule*[39] ». De plus, l'un des éléments clefs du discours se concentre sur les prétendues injustices institutionnalisées subies par les Blancs (englobées par le terme de « discrimination inverse ») comme conséquence de l'*affirmative action*, phénomène absent du paysage social britannique. Des niveaux de ségrégation résidentielle, eux aussi, ont eu un plus grand impact sur les conditions de l'interaction interraciale qu'en Grande-Bretagne. Nous allons à présent passer à un commentaire très bref du travail sur la racialisation des identités blanches au Royaume-Uni pour nous permettre d'opérer des comparaisons, avant d'illustrer quelques thèmes repérés dans nos recherches en Angleterre entre 2004 et 2006.

La *whiteness* au Royaume-Uni

S'il n'existe aucun champ d'études de "*whiteness studies*" dans le contexte britannique, il y a, sur un période qui va du début des années 1990 jusqu'à aujourd'hui, un ensemble de recherches de terrain individuelles et ponctuelles au sein desquelles l'identité blanche est problématisée[40]. On y voit les mêmes formulations de la *whiteness* en termes de visibilité-invisibilité, des hiérarchies fluides (plus particulièrement à l'intersection de la classe, du genre et de la « race »), et de formes de capital culturel. Nous utiliserons deux exemples tirés de ce corpus afin d'en saisir les bases.[41]

Le travail britannique sur la *whiteness* s'inscrit essentiellement dans la « troisième vague » : les études sur la

---

[39] Aux États-Unis, la définition de l'appartenance à la « race blanche » consiste, dès la fin du XVIIe siècle, à ne pas avoir la moindre « goutte » de sang noir. Selon la loi, on est classé « noir » si l'on a un seul ancêtre noir (Ian Haney Lopéz, *White by Law: The Legal Construction of Race*, New-York, New York University Press, 1996). La notion de métissage met beaucoup de temps à émerger en dehors de quelques rares milieux spécifiques (voir Virginia Dominguez, *White by Definition: Social Classification in Creole Louisiana*, New Brunswick, NJ, Rutgers University Press, 1986).

[40] Simon Clarke et Steve Garner, *White Identities*, Londres, Pluto, à paraître.

[41] Mobility and Unsettlement: New Identity Construction in Contemporary Britain (ERSC bourse RES-148-25-003).

racialisation quotidienne. Il nous fournit un modèle des rapports sociaux de « race », de classe et de genre qui structurent les expériences des Blancs de toutes les classes, dans les milieux tant ruraux qu'urbains. L'étude menée par Tyler dans un village du Leicestershire (un comté dans le centre-est de l'Angleterre) laisse voir une hiérarchie de classe, au sein de laquelle quelques riches familles issues du sous-continent indien n'ont pas réussi à s'intégrer[42]. Les normes du village comprennent la fréquentation du pub, le travail bénévole, et un comportement visant à ne pas se faire remarquer. Quand l'une des familles indiennes fait une demande de permis de construire pour un temple et son annexe, les autres villageois s'inquiètent ; ils mènent une campagne contre l'obtention du permis car la demande leur semble signifier que le village risque d'être envahi par des amis et des parents bruyants de Leicester (la ville britannique qui connaît la proportion la plus élevée d'habitants d'origine indienne) ; on craint aussi une religiosité criante, et la transformation éventuelle d'une partie de la maison en lieu de travail – bref, un ensemble de « fantasmes » culturels dont les Asiatiques font l'objet. Leur richesse ne compte plus : ces familles sont incapables d'acquérir le capital culturel nécessaire à une intégration réussie dans cette communauté bourgeoise et rurale.

À Londres, les mères interviewées par Byrne parlent des choix d'écoles qu'elles font pour leurs enfants, faisant apparaître plusieurs éléments semblables aux témoignages des femmes dans les recherches de Frankenberg, surtout au niveau des « répertoires discursifs » déployés[43]. Les assomptions classées et racialisées de ces mères, tant à l'égard des minorités ethniques qu'à l'égard de la classe ouvrière blanche du quartier, ont pour résultat l'opérationnalisation de leur privilège de classe : la recherche d'une école primaire où se trouve le « bon mélange » d'enfants. Ce mélange consiste en une proportion suffisante de minorités

---

[42] Katherine Tyler, « The Racialised and Classed Constitution of Village Life », *Ethnos*, vol. 68, n° 3, 2003, pp. 391-412.

[43] Bridget Byrne, *White Lives: the Interplay of "Race", Class and Gender in Everyday Life*, Londres, Routledge, 2006.

ethniques et d'enfants de classe ouvrière pour permettre d'acquérir des compétences sociales « multiculturelles », mais il n'en faut pas trop, car cela menacerait la capacité de l'école d'obtenir un bon classement OFSTED (de la part de l'inspectorat des écoles). Le choix s'exprime par la mobilité : déménager pour vivre dans la zone d'accès prioritaire pour les écoles les plus demandées exige du capital considérable, tout comme le choix d'une école privée.

Les femmes de l'échantillon de Byrne font preuve d'une diversité de niveaux en termes de ce que Twine appelle "*racial literacy*" [44] – la capacité de comprendre le rôle que joue la « race », tant au quotidien qu'au niveau structurel. La majorité d'entre elles mettent en avant, comme valeurs idéales, la tolérance et une volonté de s'intégrer, tandis que, dans les faits, elles prennent des décisions pour leurs enfants fondées sur une interprétation racialisée des risques, qui doit beaucoup à une socialisation parallèle de classe et de « race ». Si elles hésitent parfois entre capital multiculturel et capital culturel comme objectifs dans les carrières scolaires de leurs enfants, il est rare que le premier prenne le dessus dans le choix de l'école primaire.

Nous n'avons présenté ici qu'une partie minimale de la production intellectuelle britannique sur la *whiteness*. Passons à présent aux recherches que nous avons menées dans le sud-ouest de l'Angleterre.

La racialisation n'a jamais affaire aux seules significations sociales de la « race » : elle se déroule toujours dans la complexité des identifications de classe, de nation et de genre. De plus, le régime racial de chaque pays entraîne de la continuité et du changement, dans la mesure où certains processus s'inscrivent dans la durée, alors que les influences internationales peuvent modifier rapidement les enjeux. À l'heure actuelle il existe une combinaison spécifique de facteurs : projet du *New Labour* consistant à revivifier la notion de "*Britishness*" en la transformant en projet de société civile, « guerre contre la terreur » dans la période postérieure aux attentats de Londres et aux conflits en Iraq et en

---

[44] France Winddance Twine, « A White Side of Black Britain: The concept of Racial Literacy », *Ethnic and Racial Studies*, vol. 27, n° 6, 2004, pp. 878-907.

Afghanistan, mise en cause du multiculturalisme depuis les attentats, nouvelle vague d'immigration en provenance d'Europe de l'est, médiatisation et politisation croissante du droit d'asile et de l'immigration. Tous ces facteurs servent de toile de fond aux entretiens menés entre 2004 et 2006 sur deux sites dans le sud-ouest de l'Angleterre. C'est bien la tension et la continuité entre les « répertoires discursifs » personnels et publics qui nous mènent aux conclusions ci-dessous. Nous repérerons trois des thèmes les plus intéressants pour permettre d'avoir un goût du raisonnement qui étaye les propos des interviewés.

Thème I : l'Empire et « l'épistémologie de l'ignorance »

Caroline Knowles fait remarquer que l'on ne s'intéresse plus de façon critique à l'héritage de l'Empire. Il va de soi que l'Empire influe sur les rapports sociaux britanniques contemporains, sans que les chercheurs travaillent cette question[45]. Paul Gilroy soutient que la nostalgie postcoloniale constitue le cœur de la culture britannique[46], mais il y a en effet une pénurie de travail empirique sur ce sujet. L'Empire reste sans doute une caractéristique structurelle clef de la société britannique d'aujourd'hui, car les relations coloniales furent déterminantes dans la mesure où les immigrés de l'après-guerre étaient recrutés dans les anciennes colonies. Elles déterminent également les conditions idéologiques et matérielles dans lesquelles ces immigrés allaient débarquer.

Quelques-uns de nos interlocuteurs tentaient de se positionner vis-à-vis de l'Empire. De telles tentatives traduisent le concept d'« épistémologie de l'ignorance » de Mills. Si un élément crucial de la *whiteness* consiste en une socialisation visant à ne pas voir la nature oppressive des rapports sociaux, ou à les accepter comme normaux, alors prendre une position à l'égard de l'Empire selon laquelle ses éléments de base (l'oppression raciale et l'exploitation des ressources humaines et minérales) ne sont pas pris en compte, ou bien sont minimalisés, en devient une preuve. Certes, à mesure qu'approchait le bicentenaire (en 2007) de

---

[45] Caroline Knowles, *Race and Social Analysis*, Londres, Sage, 2003.

[46] Paul Gilroy, *After Empire: Melancholia or Convivial Culture?*, Londres, Routledge, 2004.

l'abolition de la Traite dans l'Empire britannique, il devenait de plus en plus fréquent de voir cette abolition rajoutée à la liste des exploits les plus précieux de la Grande-Bretagne. En fait, c'est Gordon Brown qui donna le ton contre-attaquant de ce discours. Pendant une visite en Tanzanie en 2006, il fit remarquer qu'il était grand temps d'« arrêter de s'excuser pour l'Empire britannique »[47]. Des interviewés partagent les sentiments du Premier ministre. Une enseignante retraitée explique :

> Je discutais furieusement avec certains sur la question de savoir comment enseigner l'histoire de l'Empire britannique, et je ressentais chez eux un désir de quasiment nier son existence car les gens commençaient à avoir honte de l'oppression d'autres races. Mais on n'a pas pris en compte tous les faits : nous avons généré du commerce, exploré le globe. [...] Il y a dans chaque histoire deux façons de voir les choses. Et oui, nous avons opprimé et exploité les autres, mais nous avons également amélioré leur sort, nous les avons éduqués, nous avons introduit la langue anglaise un peu partout dans le monde....

Plus concis, mais également positif, un ancien cadre supérieur répond :

> Je suis très fier d'être britannique. Je ne fais pas de complexes sur le fait d'être britannique. Je ne fais pas de complexes sur l'Empire, ni sur l'histoire de la Grande-Bretagne. Je fais peu de complexes soit à l'égard de la Grande-Bretagne en général, soit par rapport à l'histoire britannique ou au fait d'être britannique.

Or, un point de vue minoritaire interroge cette attitude provocatrice :

> Vous m'avez demandé au début ce qu'être britannique veut dire. Du côté négatif, il y a le... nous sommes sujets aux délires

[47] Brian Brogan, « It's time to Celebrate the Empire, Says Brown », *Daily Mail,* 15 janvier 2005.

> coloniaux. Nous sommes toujours le grand colonisateur, le grand Empire.

L'épouse d'un homme originaire du sous-continent indien comprend un peu l'héritage du lien colonial, ayant passé du temps dans la famille de son mari :

> Nous n'avons aucune idée de l'impact restant de notre culture sur des pays où l'on « pense britannique », où l'on « parle britannique », et où les gens se sentent liés à notre pays. Nous n'avons aucune idée, ni de leurs affiliations ni de notre histoire partagée.

Thème II : la construction de l'appartenance culturelle

Nous observons qu'il y a au moins deux thèmes autour desquels se construisent les communautés nationales et locales « imaginées » : l'appartenance culturelle et l'appartenance acquise par le droit d'accès à l'assistance sociale. Il s'agit de chemins idéologiques parallèles qui s'entrelacent.

En définissant ces formes d'appartenance, divers critères s'utilisent, allant des liens du quartier et de la famille, jusqu'aux responsabilités réciproques liant les gens et l'État. Nos interviewés avaient du mal à faire consensus sur les véritables conditions requises pour être authentiquement britannique. Certains soulignaient la nécessité d'avoir vécu en Grande-Bretagne pendant des siècles. D'autres mettaient le doigt sur certains groupes d'origine immigrée qui posent des problèmes d'intégration (habituellement les musulmans ou d'autres groupes originaires du sous-continent indien), et finalement un troisième groupe d'interviewés se détournaient d'une britannicité qu'ils ressentaient comme relativement abstraite par rapport à une identité anglaise plus pure et exclusive.

Le multiculturalisme est un acquis que la plupart voient comme un élément positif, du moins en théorie. Dans la pratique il y a deux pôles d'opinion : ceux qui pensent que le contact durable avec une gamme de cultures constitue une forme nécessaire de capital (multi)culturel[48], à condition que ce contact soit maîtrisable[49]. D'autres pensent que les cultures « immigrées » ont un effet malheureux sur la Grande-Bretagne, qu'elles « diluent » ou fragmentent la culture britannique.

La vaste majorité de notre échantillon saisit l'intégration des immigrés comme assimilation plutôt qu'intégration (processus à deux sens qui entraîne la négociation). À partir des entretiens émerge un modèle approximatif de l'image des minorités que se fait le public : des groupes nombreux de personnes mal intégrées, qui ont des compétences linguistiques en anglais peu développées, et qui ne font pas d'efforts ni pour apprendre, ni pour apporter leur propre contribution, ni pour faire des compromis. Par conséquent, certains lieux urbains spécifiques s'associent dans l'esprit des interviewés à une absence de britannicité, à la pauvreté, à une altérité dangereuse. Dans le contexte historique et politique de nos recherches, cette différence menaçante se réfère habituellement à des immigrés extra-européens, et plus particulièrement à des musulmans.

Comment réussir l'intégration réussie ? Nous la comprenons plutôt comme un processus infléchi par de multiples facteurs tant structurels qu'individuels. Nos interlocuteurs faisaient le récit de bonnes intégrations individuelles, contrastant avec des échecs collectifs. À l'instar de la mobilité sociale de classe, l'intégration est donc conceptualisée en termes d'acte personnel, ouvert à tous. Selon cette logique, s'il y a peu d'intégration réussie, c'est parce que les immigrés *choisissent* de ne pas faire les efforts nécessaires. À notre avis, ceci illustre bien le fait d'avoir appris à ne pas voir (ce qui reste pertinent pour les rapports de classe et de genre). La *whiteness* ne voit pas les obstacles qui se dressent devant ceux qui

---

48 Diane Reay, David James et Gill Crozier, (à paraître, 2008) « The White Middle Classes and Multicultural Capital », *Sociology ;* Paul Watt et Kevin Stenson, « The Street: 'It's a Bit Dodgy Around There': Safety, Danger, Ethnicity and Young People's Use of Public space », *in* Tracey Skelton et Gill Valentine (dir.), *Cool Places: Geographies of Youth Cultures*, Londres, Routledge, 1998, pp.249-66.

49 Byrne, *op. cit.*

ne sont pas racialisés comme Blancs. Dans les cas où de tels obstacles sont reconnus, ils seraient toujours surmontables par des individus de bonne foi. Et pourtant, quand les chercheurs font plus attention à la complexité des logiques qui contribuent à des ségrégations urbaines partielles en Angleterre[50], un modèle beaucoup plus nuancé apparaît.

Thème III : la construction de l'appartenance par rapport au droit d'accéder à l'assistance sociale

La « diligence » reste un élément de culture dans laquelle on est censé s'intégrer. Une fois posée la question : « Que pensez-vous de l'immigration ? », on répond quasiment en mantra que ça va si l'immigré contribue à l'économie. Les minorités s'évaluent par le critère prioritaire de la diligence ; il est évident que ceux qui ne paient pas leur part provoquent un mécontentement considérable. Le droit d'accéder à des ressources telles que l'assistance sociale, l'emploi, la culture, etc., s'interprètent à travers le filtre de la classe sociale. Il y a un décalage manifeste entre les façons dont nos interviewés ouvriers et bourgeois parlent de ces droits. Ceci dit, il est bien sûr sous-entendu qu'il faut d'abord contribuer avant de retirer, donner avant de recevoir. Un interlocuteur d'une cité HLM déclare :

> [...] il se pourrait bien que les demandeurs d'asile soient démunis, d'accord, mais il y a beaucoup de gens ici sans abri, et eux aussi ont besoin d'aide. Je crois que nous sommes trop gentils avec les demandeurs d'asile. C'est-à-dire qu'on les loge dès qu'ils arrivent ici. Je connais quelqu'un qui a eu les congés payés, la maison équipée toute neuve... Même ceux qui travaillent ici pendant toute leur vie et qui paient leurs impôts pendant des années n'ont pas ça.

Un retraité vivant dans un quartier recherché problématise différemment la situation :

---

[50] Deborah Phillips, « Parallel Lives? Challenging Discourses of British Muslim Self-Segregation », *Environment and Planning D: Society and Space*, vol. 24, n°1, 2006, pp. 25-40.

> La densité démographique de ce pays n'est inférieure qu'à celle des Pays-Bas... Oui, les demandeurs d'asile authentiques ont besoin d'aide, mais les immigrés économiques non. Nos services hospitaliers sont soumis à trop de pression, nos prestations en matière d'éducation sont soumises à trop de pression, l'assistance sociale est soumise à trop de pression. Je ne vois pas comment on peut les soumettre à une pression croissante simplement par un engagement en faveur d'idées égalitaires.

Quand les Britanniques blancs imaginent les autres en train d'accéder à des ressources, comment savoir leur statut d'immigration ? Des recherches menées en Grande-Bretagne semblent indiquer que les Britanniques confondent immigrés, citoyens et demandeurs d'asile sur la base de la couleur de leur peau : tous ceux qui ne sont pas blancs apparaissent comme de faux demandeurs de ressources[51]. Selon ce raisonnement, l'espace, les ressources et les droits sont reconfigurés autour du statut des demandeurs. La plupart des interviewés pensent que les demandeurs d'asile et les immigrés n'apportent pas de contribution financière, et que ce sont les non-blancs qui occupent les statuts d'assistés. Par extension, même ceux dont seuls les parents ou les grands-parents sont des immigrés se retrouvent classés dans la catégorie de « peu méritants ». De telles interprétations racialisées sont fréquemment non fondées. Dans l'étude des quartiers ouvriers de l'est de Londres pendant les années 1990, on cite les Bangladais comme un groupe qui « ne paie pas sa part »[52]. Il y a pourtant une communauté bangladaise remontant à la fin des années 1960 formée d'ouvriers migrants. Les membres de ce groupe paient leur part depuis trois décennies sans que leurs efforts ne soient pris en compte dans le discours des droits racialisés. Comme l'affirme Feagin, le « cadre d'interprétation blanc » résiste à la logique.[53]

---

[51] Miranda Lewis, *Asylum: Understanding Public Attitudes*, Londres, Institute for Public Policy Research, 2005.

[52] Geoff Dench, Kate Gavron, et Michael Young, *The New East End: Kinship, Race and Conflict*, Londres, Profile Books, 2006.

[53] Joe Feagin, *Systemic Racism*, Londres, Routledge, 2006.

Dans son ensemble, les expressions de ressentiment autour des droits semblent traverser les frontières de classe, même si l'on prend pour objet des domaines différents (le droit à l'espace, la culture et les ressources de l'État chez les classes moyennes, et le droit aux logements sociaux, les emplois chez les ouvriers).

Nos interviewés sont imbriqués dans le discours britannique de racialisation du début de siècle. Si l'idéologie, comme l'avait définie Hall, est à la fois un lieu de résistance et une série de paramètres[54], on voit très peu de gens qui luttent à propos du discours sur l'immigration. La majorité paraît « interpellée » en tant que Britanniques et que Blancs de toutes les classes : elle s'évalue à la lumière de la qualité de vie perçue des Autres (sous-entendu, non-blancs). Au sein du processus qui consiste à dire qui a droit à quoi et pourquoi, les Britanniques se « blanchissent », tout en « dé-blanchissant » les autres, au cours des récits fondateurs du quartier, de la nation, de la culture et de l'histoire.

Afin de saisir ce « blanchiment » des identités sociales, il faut commencer par reconnaître le positionnement privilégié de tous ceux pour qui être britannique signifie un projet exclusif fondé sur la volonté de ne voir ni les obstacles à l'intégration, ni les conséquences néfastes de l'aventure coloniale. Cet acte (ne pas voir) en cache un autre : ne voir que des Autres (étrangers, musulmans, sikhs, basanés) au lieu de compatriotes. Quand il s'agit de s'inquiéter sur la perte de terrain social au cours des dernières décennies, ce sont les immigrés qui saturent le discours de pertes et de blessures. La question devient : comment tenir compte du fait qu'un tel discours se développe, étant donné que les minorités ethniques, qui en sont l'objet, détiennent un minimum de pouvoir politique ou économique, et qu'ils ne participent pas à la prise des décisions macroéconomiques de l'État sur l'allocation des ressources, l'achat ou la vente d'entreprises par des sociétés multinationales, le taux d'intérêt sur les prêts, etc., décisions qui

---

[54] Stuart Hall, « The Rediscovery of 'Ideology': the Return of the Repressed in Media Studies », *in* Michael Gurevitch, Tony Bennett, James Curran et Jane Woollacott (dir.), *Culture, Society and the Media*, Londres, Methuen, 1982, pp. 56-88.

touchent à la vie quotidienne de la majorité de la population britannique.

L'établissement de la racialisation des identités « blanches » comme objet d'analyse, dans toute sa complexité, représente un champ d'études en pleine évolution. Il a le mérite sociologique d'attirer l'attention tant sur les normes dominantes que sur les façons dont elles influencent subrepticement notre compréhension du social.

Les plus noirs des Blancs : revendications identitaires des Irlandais en Angleterre à la fin du XXe siècle

Gráinne O'Keeffe-Vigneron

Introduction

La Grande-Bretagne a été confrontée, après la Seconde Guerre mondiale, à des vagues successives d'immigration provenant du Commonwealth. Pour ces immigrés-là, des contrôles d'immigration vont être introduits qui ne seront pas appliqués aux Irlandais. Ce privilège va placer d'emblée les Irlandais dans une position à part : immigrés mais exclus des contrôles d'immigration, minorité mais non visible. Cette exclusion va donner naissance à la dichotomie « noir/blanc » dans la société britannique, où seulement les personnes « de couleur » vont être considérées comme immigrées : le mythe de l'homogénéité de la population blanche va naître. Par conséquent, les Irlandais vont être exclus des politiques publiques, ainsi que des documents et rapports officiels concernant les immigrés et, par la suite, les minorités ethniques.

Cependant, les Irlandais vont commencer à se mobiliser pour la reconnaissance de leur statut de minorité ethnique dans la société anglaise pendant les années 1980, au même titre que les autres groupes ethniques dits « visibles » ou « de couleur ». Ils vont finalement faire leur apparition dans le recensement national britannique de 2001 sous la catégorie « Groupe ethnique », aux côtés des Antillais et des Pakistanais entre autres. En 2001, les Irlandais ont donc accédé au « label » ethnique.

Cet article propose d'examiner tout d'abord pourquoi les Irlandais furent exclus des discours concernant les immigrés dans la période suivant la Seconde Guerre mondiale et ensuite, pourquoi ils voulurent être reconnus en tant que minorité ethnique en Angleterre. Pour accéder à cette reconnaissance, il fallait réclamer l'existence d'une identité ethnique irlandaise.

Dans la dernière partie de cet article, nous allons analyser comment les Irlandais ont créé cette identité ethnique dans la société anglaise, société en pleine évolution, en train de se transformer en une société multiculturelle où la notion d'ethnicité prenait une place centrale. Nous allons examiner comment ce concept d'ethnicité a pu être instrumentalisé par les Irlandais dans leur combat de reconnaissance en tant que minorité en Angleterre.

La menace de la couleur

C'est à partir de 1948 que se produisit le premier grand mouvement migratoire spontané des Caraïbes vers la Grande-Bretagne. L'arrivée du *SS Empire Windrush* à Tilbury en 1948, qui transportait le premier grand groupe d'immigrés des Caraïbes d'après-guerre, marqua le début des grands flux migratoires d'immigrés noirs et asiatiques en Grande-Bretagne[1]. En effet, cette première vague d'immigrés des Caraïbes fut suivie par une vague d'immigration en provenance du sous-continent indien et par celle en provenance de Hong Kong et de la Malaisie. Deux événements importants eurent un impact considérable sur l'immigration : la partition de l'Inde et la persécution politique des populations originaires d'Asie du Sud. Le sujet de l'immigration allait désormais susciter l'intérêt à la Chambre des communes.

Très vite, dès 1950, un groupe de travail secret du Conseil des ministres fut créé afin de réfléchir, d'une part, à la façon dont on pouvait empêcher les travailleurs « de couleur » de venir au Royaume-Uni et, d'autre part, ce faisant, à la manière dont les notions d'entrée libre et d'unité du Commonwealth pouvaient être sauvegardées[2]. À plusieurs reprises, en 1954 et 1955, la question du contrôle de l'immigration venant du Nouveau Commonwealth[3]

---

[1] Colm O'Cinnéide, « The Politics of Race Relations and Immigration in the UK: an interview with Dr. Shamit Saggar », *Sources, Revue d'études anglophones,* Université d'Orléans, no.13, automne 2002, p.36.

[2] Mary J. Hickman, « Reconstructing Deconstructing 'race' : British Political Discourses about the Irish in Britain », *Ethnic and Racial Studies,* vol. 21, no. 2, 1998, p. 296.

[3] On appelle « *New Commonwealth* », par opposition au « *Old Commonwealth* », parfois dénoncé comme « *White Commonwealth* » (Royaume-Uni, Australie,

fut soulevée. Il est à noter que ces contrôles furent envisagés pour éviter l'entrée, par année, de 3 000 personnes, qui, en leur qualité de citoyens coloniaux et du Commonwealth étaient sujets britanniques. L'immigration irlandaise était, à la même époque, beaucoup plus importante. Entre juillet 1954 et juin 1955, environ 58 700 Irlandais souscrivirent à la sécurité sociale britannique pour la première fois[4]. De surcroît, les Irlandais ne faisaient plus partie du Commonwealth depuis 1949[5]. En l'occurrence, le groupe de travail allait finalement conclure que le nombre de personnes venant du Commonwealth et des colonies était en définitive trop restreint pour justifier l'introduction des contrôles.

Même si le gouvernement abandonna dans l'immédiat une politique d'immigration discriminatoire envers les immigrés du Commonwealth, il persista à considérer ces populations comme sources de problèmes. La présence d'une population immigrée « de couleur » et les débats qui s'ensuivirent conduisirent à une redéfinition et à une reconstruction « raciales » de la citoyenneté britannique et de la notion de *Britishness* (« britannicité ») qui aboutit à exclure « les gens de couleur ». Anthony Eden, Premier ministre à l'époque, nous montre que les discussions concernant les contrôles d'immigration et les immigrés commençaient à aborder la question sous l'aspect de la couleur. Selon lui :

> Quand les individus [...] parlaient de maintenir la façon de vivre anglaise, ils ne se référaient pas simplement à des modèles économiques ou régionaux mais explicitement à la préservation du « caractère racial des Anglais ». Nous avons développé ici un processus [...] fondé sur une construction raciale du sujet « britannique » qui exclut ou inclut les sujets d'après leur « race » ou leur « couleur de peau »[6].

Nouvelle-Zélande, Canada), les pays africains et asiatiques, aux populations « de couleur », qui rejoignirent le Commonwealth au moment de la décolonisation.

[4] Enda Delaney, *Demography, State and Society*, Liverpool, Liverpool University Press, 2000, p. 209.

[5] Joe Lee, *Ireland 1912-1985. Politics and Society*, Cambridge, Cambridge University Press, 1989, p. 300.

[6] Anthony Eden, Hansard, vol. 545, cols. 2005-6, 10 novembre 1955.

En 1955 également, le ministre de l'Intérieur et le secrétaire d'État aux Affaires galloises furent sollicités afin de créer un comité interministériel en vue de préparer un rapport sur les problèmes sociaux et économiques que posait « l'afflux croissant des immigrés coloniaux ».[7]

La question de l'immigration irlandaise suscita beaucoup de discussions au sein du groupe de travail, qui souhaitait la poursuite de l'immigration irlandaise parce qu'il y avait une pénurie de main-d'œuvre dans le pays. De plus, l'immigration irlandaise contribuait à la croissance économique et les jeunes hommes et femmes (blancs ?) venaient accroître la population britannique. Le groupe constatait dans son rapport que les Irlandais ne rencontraient pas les mêmes difficultés que les gens « de couleur » car ils ne constituaient pas une « race » différente de celles des habitants ordinaires de la Grande-Bretagne[8]. Selon les recommandations du rapport soumises au gouvernement britannique, si jamais la population irlandaise ne devait pas être soumise aux contrôles de l'immigration, il fallait utiliser l'argument que les populations des îles britanniques étaient, historiquement et géographiquement, les mêmes et devaient continuer à être considérées comme telles. La population blanche, immigrée ou non, allait être construite, à partir de ce moment-là, comme une population homogène et les problèmes liés à l'immigration allaient être attribués aux personnes « de couleur ».

La fermeture des portes

Les émeutes qualifiées de « raciales » de Nottingham et Notting Hill en 1958, au cours desquelles des personnes « de couleur » furent agressées par des « Blancs », furent instrumentalisées pour montrer la menace que représentait la présence des immigrés sur le sol britannique et contribuèrent à la médiatisation de l'immigration

---

[7] Hickman, *op. cit.* p. 296.

[8] Report of the Committee on the Social and Economic problems arising from the Growing Influx into the United Kingdom of Coloured Workers from other Commonwealth Countries, Appendix 2, draft statement on colonial immigrants, para 3, 3 août 1955, CAB 129/77, p. 297.

et à la fragilisation du consensus politique autour de cette question.[9]

La première réaction fut la condamnation des émeutes. Hugh Gaitskell, au nom du Parti travailliste, les condamna ; des dirigeants de l'Église, des hommes politiques et des éditoriaux dans la presse firent de même. La seconde réaction fut la plus marquante – on expliqua les agressions contre les gens « de couleur » par le fait que les « locaux » nourrissaient un fort ressentiment à l'égard de l'immigration « de couleur ». Ceci fut explicité par George Rogers, député travailliste de North Kensington, circonscription qui incluait Notting Hill. Il s'adressa au journal *The Daily Sketch* en ces termes :

> Le gouvernement doit rapidement introduire une législation afin d'arrêter l'afflux énorme de gens de couleur du Commonwealth [...]. Le surpeuplement a engendré le vice, la drogue, la prostitution et l'usage d'armes blanches. Pendant des années les Blancs se sont montrés tolérants. Maintenant ils sont en colère.[10]

Ce fut pendant cette période que l'immigration commença à être associée dans l'opinion publique au terme « *non-white* » (« non blanc ») et que le terme « immigré » fut assimilé, dans le discours populaire, à « personne de couleur ». Par conséquent on se mit à distinguer la population « blanche » et les gens « de couleur ». Étant donné que les Irlandais étaient pour la plupart blancs, ils ne furent pas considérés, dans les discours officiels et populaires, comme une population différente de la population de souche et commencèrent donc à être construits comme un groupe « invisible » dans les lois et les discours autour de l'immigration.

Les émeutes portèrent le sujet de l'immigration sur la scène nationale à travers les gros titres de plusieurs journaux nationaux. L'hypothèse selon laquelle le public britannique acceptait ou tolérait l'immigration « de couleur » fut remise en question par les

---

[9] Edward Pilkington, « The West Indian Community and the Notting Hill Riots of 1958 », in Panikos Panayi, *Racial Violence in Britain in the 19th and 20th Centuries*, Londres, Leicester University Press, 1996, p. 171.

[10] *Daily Sketch*, 2 septembre 1958.

émeutes et les sondages qui suivirent. Le sujet de l'immigration devint une priorité pour les instances politiques. Plusieurs hommes politiques conservateurs commencèrent à se prononcer, en public comme en privé, en faveur du contrôle de l'immigration.

La nature raciste de l'opposition à l'immigration « noire » se faisait ressentir déjà en décembre 1958 quand Martin Lindsey, conservateur, souligna dans une proposition de loi que c'était l'immigration « de couleur » et non pas l'immigration tout court qui devait être contrôlée :

> Nous savons tous parfaitement bien que le cœur du problème, c'est l'immigration de couleur. Nous devons nous demander dans quelle mesure nous voulons que la Grande-Bretagne devienne une communauté multiraciale […]. Une question qui influe sur l'avenir de notre propre race ne devrait pas être laissée au hasard.[11]

C'est dans un tel climat politique que la loi de 1962 fut votée en réponse à des exigences divergentes et des pressions politiques, brisant ainsi le consensus de la libre circulation des ressortissants du Commonwealth. Cette loi ne s'appliquait pas aux Irlandais et marqua un tournant décisif pour l'État britannique, dans la mesure où le droit d'entrer librement sur le sol britannique devenait tributaire de la couleur de peau. Désormais, dans les discours officiels, un immigré signifiait une personne « de couleur » et par la suite les immigrés avec leurs enfants devenaient des groupes ethniques ou des minorités ethniques. À cause de leur invisibilité au sein de la population blanche dominante, les Irlandais n'allaient pas être pris en compte dans les discours sur les minorités ethniques. Cela fut longtemps considéré comme une preuve de leur intégration au sein de la population de souche.

Une intégration réussie ?

En 1958, dans une lettre confidentielle adressée au ministère des Affaires étrangères irlandais, C.C. Cremin, l'ambassadeur irlandais en Grande-Bretagne, écrivait :

---

[11] Martin Lindsey, Hansard, vol. 596, col. 1579-80, 5 décembre 1958.

> Il est vrai que les Irlandais sont une minorité raciale et religieuse en Grande-Bretagne mais il est également vrai que, racialement parlant, l'Anglais moyen ne nous a jamais considérés comme des « étrangers » au même titre qu'un Français, un Allemand ou un Italien.[12]

Cette citation nous montre que selon l'ambassadeur de l'époque, les Irlandais et les Anglais « font partie de la même famille » et que les Irlandais sont considérés par les Anglais comme appartenant à la même « race ». M Cremin continuait sa lettre en constatant qu'il existait de bons rapports entre les immigrés irlandais et la population anglaise et attribuait ces bons rapports aux liens historiques qui unissaient les deux pays depuis l'Union ainsi qu'à leur langue commune. Semblant vouloir minimiser les difficultés que rencontraient les Irlandais installées en Angleterre, il était pourtant amené à reconnaître que quelques frictions existaient :

> Dans la classe ouvrière, à laquelle la grande majorité des immigrés irlandais appartient, l'acceptation semble très remarquablement facile, même si des frictions peuvent survenir occasionnellement en matière d'habitation dans les quartiers où le manque de logements est le plus flagrant et où l'on a enregistré des commentaires critiques de la part des magistrats et de la police concernant les Irlandais en général.[13]

Il ira jusqu'à nier que les activités de l'*Irish Republican Army* (IRA) aient quelque effet sur les rapports entre les Irlandais et la population anglaise.

Cependant, la vision enjolivée de l'ambassadeur Cremin se heurte aux impressions que nous laisse l'étude des expériences des Irlandais dans leur vie quotidienne en Angleterre, notamment en ce qui concerne la recherche d'un logement ou d'un travail, ainsi que dans la sphère professionnelle. De surcroît, à l'époque où

---

[12] C.C. Cremin, Ambassadeur d'Irlande en Grande-Bretagne, *The Irish in Britain and Some Observations on Anglo-Irish Relations,* Londres, National Archives Dublin, 1958.

[13] *Ibid.*

l'ambassadeur écrivait sa lettre, de nombreux témoins disent avoir vu des pancartes, à côté des offres de travail et de logement, qui mentionnaient : « Pas de gens de couleur, pas d'Irlandais, pas de chiens »[14]. Même si finalement les Irlandais furent exclus des contrôles de l'immigration, cela ne les dispensait pas d'être victimes de stéréotypes et de discriminations, bien qu'ils fissent partie de la population blanche.

Néanmoins, il fallut attendre les années 1980 et 1990 pour que fussent publiés les premiers rapports concernant les Irlandais et les problèmes rencontrés par une partie de cette population. Ces publications montrèrent qu'une partie de cette population était désavantagée au niveau économique. De surcroît, non seulement les Irlandais ne jouissaient pas du même droit d'accès aux services que les autres groupes minoritaires, mais ils souffraient également de certaines discriminations particulières.

Ce fut à cette époque aussi que fut créé le secteur associatif londonien, comme on le connaît aujourd'hui. Il avait pour objectif principal de montrer qu'une population blanche pouvait être elle aussi victime des préjugés et de la discrimination et que les Irlandais possédaient une identité propre et unique, différente de celle de la population de souche anglaise. Gearoid MacGearailt, président de l'association *The Irish in Britain Representation Group* (IBRG), évoquant l'atmosphère qui avait accompagné la création de son association à la fin des années 1980, déclarait :

> L'association a été créée à une époque où dans la société britannique étaient à la mode des termes comme « multi-raciaux », « multi-ethniques » et « multiculturels » – époque où on encourageait d'autres communautés à « trouver leurs racines » et où on nous disait d'oublier les nôtres.[15]

Cette citation nous révèle comment l'expression ouverte d'une identité irlandaise n'a pas été encouragée par le nouveau discours multiculturel. Les personnes « de couleur » étaient définies en tant

---

[14] Mary Lennon, Marie McAdam et Joanne O'Brien, *Across the Water: Irish Women's Lives in Britain*, Londres, Virago Press, 1988, p. 142.
[15] www.mossleybrow.demon.co.uk/1981.html, consulté en 2004.

que minorités ethniques. Par conséquent, seuls ces groupes étaient considérés comme ayant une identité ethnique et étaient encouragés à l'exprimer.

En effet, pendant les années 1980, les minorités ethniques du Nouveau Commonwealth commençaient à s'organiser pour améliorer leur qualité de vie en Angleterre mais surtout à Londres, où une grande majorité d'entre elles habitaient. En réaction aux émeutes de Brixton de 1981, des élus locaux noirs et des groupes noirs s'organisèrent pour attirer l'attention sur l'inégalité « raciale » et la faire figurer aux programmes politiques locaux. Les émeutes de 1981 forcèrent, en effet, plusieurs autorités locales à réagir aux revendications de leurs communautés « de couleur » et à œuvrer contre la discrimination « raciale » dans l'emploi, la prestation de services et le logement. Le manque d'engagement de la part du gouvernement de l'époque face aux revendications demandant des réformes radicales laissait présager que le gouvernement central prendrait peu de mesures pour changer les choses.

En prenant l'exemple des minorités « visibles », le secteur associatif irlandais décida de faire entendre la voix de la population irlandaise qui, d'après les données et les témoignages récoltés, souffrait, elle aussi, d'inégalités sociales. En s'appuyant sur ses statistiques, le secteur associatif réclama une prise en compte des besoins et des problèmes des Irlandais au sein de cette nouvelle société multiculturelle.

Pendant les années 1980 et 1990 de nombreuses études sur le logement montrèrent que la population irlandaise était désavantagée par rapport à la population anglaise de souche. Ainsi, les Irlandais avaient deux fois plus de membres vivant dans des foyers d'accueil que la population de souche[16]. Les Irlandais

---

[16]Voir par exemple M.J. Hickman et S. Morgan, *The Irish in Lewisham*, Lewisham, Lewisham Irish Community Centre, novembre 1997; M. Gaffney, *The Irish in Ealing*, Ealing, London Borough of Ealing, 1998 ; M. Gaffney, *The Irish Community in Southwark - A Needs Assessment*, Southwark, London Borough of Southwark, 1998 ; Public Policy Report to Housing Services Committee - Public Session, *Housing Needs of the Irish Community in Merton*, Merton, London Borough of Merton, 1999.

s'avéraient également très présents parmi les sans domicile fixe. En 1983, le *Greater London Council*[17] (GLC) constata que plus de 28% des gens qui dormaient dans la rue à Londres étaient irlandais[18]. En 1987, plus de 20% des familles sans domicile fixe dans le *borough* de Brent étaient irlandaises[19]. En 1990, les membres des minorités ethniques, plus particulièrement les Noirs, les Asiatiques et les Irlandais étaient sur-représentées parmi les gens sans domicile fixe et plus de 30% des personnes rencontrées dans la rue à Londres à cette époque étaient des Irlandais[20]. En 1991, le plus grand groupe ethnique utilisant les centres d'accueil à Londres, ouverts pendant la période la plus froide de l'année, janvier et février, était d'origine irlandaise.[21]

En ce qui concerne la santé, les statistiques ne sont guère plus positives. Les auteurs des études ont observé que les taux de mortalité pour les Irlandais en Grande-Bretagne étaient plus élevés qu'en Irlande et que la population masculine irlandaise était le seul groupe d'immigrés où la mortalité prématurée était plus élevée en Angleterre et au pays de Galles que dans son pays d'origine[22]. En 1981, R. Cochrane observa que les Irlandais étaient deux fois plus susceptibles de se retrouver en hôpital psychiatrique que la population anglaise de souche[23]. En 1989, il constata que les Irlandais avaient les taux d'admission les plus élevés pour les

---

[17] Le *Greater London Council* (GLC) fut l'organisme gouvernemental responsable de l'échelon supérieur de l'administration des autorités locales dans le Grand Londres de 1963 à 1986.

[18] CARA, *Access to Housing for Irish Single Homeless People (Housing Associations and Local Authority Policy and Practice)*, Londres, CARA, 1991, p.3.

[19] *Ibid.*

[20] *Ibid.*

[21] *Ibid.*

[22] M. Marmot, A. Adelstein et L. Bulusu, *Immigrant Mortality in England and Wales 1970-78*, Londres, HMSO, 1984 ; A. Adelstein, M. Marmot, G. Dean et J. Bradshaw, « Comparison of Mortality of Irish Immigrants in England and Wales with Irish and British Nationals », *Irish Medical Journal*, n° 79, pp.185-89.

[23] Irish in Britain Representation Group, *The Irish and Mental Health*, Londres, IBRG, 1987, p. 2.

diagnostics suivants : dépression, névroses, troubles de la personnalité, alcoolisme et autres psychoses.[24]

Les Irlandais figuraient aussi dans les statistiques relatives au suicide et aux tentatives de suicide. Au cours de ces trois dernières décennies, ces taux restèrent plus élevés pour les Irlandais que pour tous les autres groupes. Entre 1979 et 1983, le pourcentage de suicides chez les Irlandais fut plus élevé, de 30% pour les Irlandaises et de 26% pour les Irlandais, que pour les natifs d'Angleterre ou du pays de Galles[25]. De 1988 à 1992, les décès par suicide dépassaient de 53% ceux de la population de souche et ce chiffre ne semble pas avoir diminué pendant les années qui suivirent.[26]

De plus, les Irlandais ont souffert pendant des années du racisme et de la discrimination dans la société anglaise. La loi sur la prévention du terrorisme (*The Prevention of Terrorism Act),* qui fut introduite suite aux explosions perpétrées par l'IRA dans deux bars à Birmingham en 1974, permettait à la police d'arrêter et de détenir des individus pendant sept jours. Cette loi et les attentats sur le sol britannique commis par l'IRA augmentèrent le niveau de stress de la population irlandaise. Certains Irlandais constatèrent des attaques sur leur lieu de travail et d'autres furent chassés de leur maison.

Une étude menée par la Commission pour l'égalité raciale (CRE), publiée en 1997, sous le titre de « La discrimination et la communauté irlandaise en Grande-Bretagne », révéla l'étendue du problème. En 1994, quand il fut annoncé que la CRE allait financer cette recherche sur la discrimination rencontrée par la communauté irlandaise, le journal *The Sun* réagit par la publication de toute une série de blagues péjoratives sur les Irlandais. La recherche avait pris un bon départ !

---

[24] Paddy Walls, *Researching Irish Mental Health: Issues and Evidence: A Study of the Mental Health of the Irish Community in Haringey,* Londres, Muintearas, Irish Mental Health Group, 1996, p. 8.

[25] Carole Reid-Galloway, *Mental Health of Irish-Born People in Britain,* Londres, MIND, 2001, p. 8

[26] *Ibid.*

Le rapport de la CRE cita des exemples de harcèlement subi par les membres de la communauté irlandaise. Dix-neuf organisations (sur vingt-quatre) du secteur associatif irlandais ayant participé à la recherche constatèrent des actes de harcèlement. Selon ces dernières, les deux sources de harcèlement les plus courantes venaient des voisins et de la police. Le rapport constata également que globalement les Irlandais trouvaient du travail sans trop de difficulté mais que des problèmes pouvaient survenir lorsqu'ils voulaient s'élever sur l'échelle hiérarchique. Le rapport révéla également que la communauté irlandaise n'avait pas toujours accès aux mêmes droits sociaux que les minorités « visibles » car la politique de financement et d'aide mise en place par les services sociaux et les autorités locales visait les minorités ethniques, dont les Irlandais ne faisaient pas officiellement partie. Par exemple, un Irlandais cité dans le rapport de la CRE expliquait que, en réponse à sa demande, un administratif lui avait rétorqué : « Laissez tomber, vous n'avez pas la bonne couleur ».

Afin d'avoir accès au financement de leurs besoins, il était nécessaire que les Irlandais fussent reconnus comme une minorité ethnique et inclus comme une catégorie distincte dans la collecte des données officielles concernant ces groupes. Même si les études et la recherche révélaient les problèmes que pouvaient rencontrer les Irlandais dans la société anglaise, ils ne suscitaient guère d'intérêt dans les discours officiels. Le secteur volontaire irlandais se rendit vite compte que même avec des études qui montraient les difficultés auxquelles devait faire face la communauté irlandaise, les Irlandais n'étaient ni inclus dans les politiques visant les minorités ethniques ni dans la collecte des données sur ces groupes, tout simplement parce qu'ils n'étaient pas reconnus comme groupe ethnique.

Nous voulons être comptés !

La section 71 de la *Race Relations Act 1976* avait déjà instauré une obligation aux autorités locales de promouvoir l'égalité des chances et de travailler à l'élimination de la discrimination

« raciale »[27]. Ce fut également pendant cette époque qu'on commença à évoquer le besoin de collecter des données sur les minorités ethniques afin d'assurer l'efficacité des services et le respect de la diversité ethnique dans chaque autorité locale ainsi que l'application des dispositions de la *Race Relations Act 1976*. L'analyse des données devait permettre aux autorités locales d'appréhender la pertinence d'une politique d'égalité d'accès (égalité d'accès à l'emploi ou aux services offerts). Par exemple, pour le logement, les autorités locales de Hackney et Haringey commencèrent à collecter des données sur l'attribution et la qualité des logements sociaux et à modifier les procédures quand elles prenaient conscience d'une certaine discrimination. De plus, les informations sur les groupes permettaient aux fournisseurs de services de vérifier si ceux-ci répondaient aux besoins de la communauté locale.

Malgré une certaine méfiance de la part des minorités, le comptage ethnique devint quasi courant dans la société anglaise au cours des années 1980. L'inclusion d'une question sur l'ethnicité dans le recensement national britannique de 1991 marqua le point de départ réel de l'institutionnalisation des données ethniques et sa généralisation à tous les domaines du champ social. Néanmoins, on n'incluait dans ce recensement la catégorie ethnique irlandaise, justement parce qu'on ne la reconnaissait pas comme minorité ethnique, et ce malgré la prise en compte des Irlandais par certaines autorités locales de Londres pendant les années 1980.

Il en résulta un déficit de données nationales sur le groupe ethnique irlandais, ce qui n'allait pas aider le secteur associatif dans son *lobbying* auprès des institutions anglaises. Les chiffres peuvent avoir un pouvoir de persuasion, même pour les personnes familiarisées avec les statistiques ; ils constituent une base pour mener les campagnes. De plus, ils représentent un élément clé pour les bureaucraties – comme les autorités locales ou les ministères – dans l'évaluation et la prise de décisions lorsqu'il s'agir de proposer l'attribution de nouveaux moyens ou d'évaluer le succès

[27] Hackney Race Equality Newsletter, *Race Equality and Ethnic Monitoring*, Issue n° 1, décembre 1989, p.5.

des programmes existants. Les minorités elles-mêmes doivent déposer également des données chiffrées exactes pour justifier leurs arguments auprès de leurs conseils municipaux et autres organisations locales afin d'appuyer leurs demandes de ressources et de nouvelles initiatives dans leur autorité locale.

L'argument principal justifiant la collecte de données est que l'invisibilité statistique peut amener à l'invisibilité politique alors que la visibilité statistique peut, au contraire, mettre à « l'ordre du jour » ce qui serait autrement oublié[28]. De cette façon, les données peuvent devenir un moyen potentiel important pour les minorités ethniques. Les Irlandais voulaient mettre fin à leur « invisibilité » statistique et voulaient se voir accorder une catégorie « Irlandais » dans la rubrique ethnique du recensement suivant (2001). Pour ce faire, il fallait d'abord la reconnaissance d'une identité ethnique irlandaise.

Ethnicité et « irlandité » : une cohabitation possible ?

Le terme « ethnicité » ne va réellement s'imposer dans les sciences sociales américaines qu'à partir des années 1970. Dans la logique de recherche d'une terminologie reconnaissant la différence, mais sans connotation évaluative, on assiste à l'émergence d'un nouveau vocabulaire et d'une nouvelle catégorisation d'ordre sociologique.

L'appartenance ethnique émerge comme catégorie adéquate pour penser l'action sociale. Les loyautés et les droits collectifs se sont naturellement nourris de ce nouveau concept. L'idée s'impose, de plus en plus clairement, que le groupe ethnique vient concurrencer la classe comme catégorie fondamentale de la différenciation sociale. Comme l'écrit Paul Brass, « la communauté ethnique est une forme alternative de l'organisation sociale de classe, et l'ethnicité est une forme alternative à la

[28] Maire Ni Bhrolchain, « The Ethnicity Question for the 1991 Census: Background and Issues, *Ethnic and Racial Studies*, vol.13, n° 4, octobre 1990, p. 548.

conscience de classe »[29]. Déjà dans les années 1960, Nathan Glazer et Daniel P. Moynihan suggéraient que les manifestations de renaissance ethnique révélaient l'émergence d'une organisation sociale aussi importante pour le XXe siècle que l'était la théorie des classes sociales pour le XIXe siècle.[30]

En principe, n'importe quelle collectivité sociale peut se réclamer d'une identité, revendiquer des droits en tant que groupe et peut être reconnue également en tant que groupe ethnique. Max Weber insiste sur la dimension subjective de l'appartenance à un groupe ethnique, parlant de

> [...] ces groupes humains qui nourrissent une croyance subjective à une communauté d'origine fondée sur des similitudes d'ordre physique ou de mœurs, ou des deux, ou sur des souvenirs de la colonisation ou de la migration, de sorte que cette croyance devient importante pour la constitution de groupes, peu importe si une communauté de sang existe réellement ou non.[31]

G. de Vos, lui, souligne l'aspect plastique et auto-proclamé de l'ethnicité, qu'il définit comme : « l'usage symboliquement subjectif ou emblématique d'un aspect de la culture (par un groupe), afin de se différencier des autres groupes ».[32]

Néanmoins, le souhait de se différencier des autres groupes, en utilisant un aspect de sa propre culture, n'explique pas l'existence même de l'ethnicité ou la formation de groupes ethniques. On ne peut pas négliger l'aspect pragmatique dans la formation d'identités ethniques. L'ethnicité peut être une ressource mobilisable dans la conquête du pouvoir public et des biens

---

[29] Paul R. Brass, *Ethnicity and Nationalism. Theory and Comparison,* Londres, Sage Publications, 1991, p.19.

[30] Nathan Glazer et Daniel P. Moynihan, *Beyond the Melting Pot,* Cambridge Mass., MIT Press, 1963, pp.12-17.

[31] Max Weber, « Ethnic Groups », in G. Roth et C. Wittich (dir.), *Economy and Society,* vol. 1, Berkeley et Los Angeles, University of California Press, 1978, p. 389.

[32] G. de Vos, « Conflict and Accommodation », in L. Romanucci-Ross (dir), *Ethnic Identity: Cultural Continuities and Change,* Californie, Mayfield Publishing, 1975, p.16.

économiques. Elle apparaît comme une forme de solidarité qui émerge en réponse à la discrimination et à l'inégalité, et les organisations ethniques jouent un rôle clé dans ce processus. Dans la réalité, la mise en valeur de ces différences a permis de lutter contre les discriminations et de s'organiser pour faire représenter ses intérêts. La catégorisation par une identité ethnique peut constituer, simplement, une réponse à la présence ou la revendication d'un groupe jusqu'ici ignoré.

La société anglaise évolua à partir des années 1980 vers une société multiculturelle. Une société multiculturelle a pour principe inconditionnel le « droit à la différence ». Les immigrés de « couleur » et leurs descendants s'organisèrent autour du concept d'ethnicité, qui devint une catégorie pertinente de l'action sociale, leur permettant d'affirmer leur droit à la différence aussi bien dans la sphère publique que privée. C'est ainsi, en suivant leur exemple, qu'une population blanche, les Irlandais, présents en tant qu'immigrés dans la société britannique depuis plusieurs siècles, commencèrent à revendiquer leur identité ethnique pendant les années 1980 et 1990.

Le secteur associatif irlandais à Londres était devenu un « groupe d'intérêt » et jouait un rôle clé dans la création d'une solidarité en réponse à la discrimination et aux inégalités rencontrées par les Irlandais. Ses membres se positionnaient comme des représentants de la communauté irlandaise issue d'une origine culturelle commune et ayant subi les mêmes discriminations. Ce secteur exigeait la reconnaissance des Irlandais en tant que minorité ethnique, au même titre que les minorités « visibles », et l'inclusion d'une catégorie ethnique dans la collecte des données sur l'ethnicité.

Il obtint son premier succès en 1983 auprès du GLC et de son leader Ken Livingstone. Pendant un colloque qui fut organisé pour parler uniquement de la situation des Irlandais à Londres, le GLC fut le premier organisme à reconnaître la discrimination contre les Irlandais. Cet organisme définit le groupe ethnique irlandais de la manière suivante : « des personnes qui sont originaires, ou dont les aïeux sont originaires, d'Irlande et qui se considèrent irlandais »[33]. De plus, le rapport qui fut publié à l'issue du colloque recommanda que les Irlandais fussent explicitement considérés comme une minorité ethnique avec « son héritage culturel unique et identifiable » et fussent inclus dans toutes les initiatives visant à améliorer la qualité de vie des minorités ethniques de Londres[34]. On peut constater que le GLC suggérait une plus large définition d'une identité ethnique fondée sur des critères d'identité nationale ou culturelle et non sur la couleur de la peau, si dominante à cette époque dans toutes les données collectées sur l'ethnicité.

Malgré une conception assez étroite des groupes ethniques dans les autorités locales londoniennes à ce moment-là, le *lobbying* du secteur associatif irlandais et le soutien des dirigeants du GLC provoquèrent des changements dans la façon de concevoir l'ethnicité dans plusieurs d'entre elles. Certaines entreprirent des démarches pour leur communauté irlandaise locale grâce, en partie, à la reconnaissance donnée par le GLC aux Irlandais. Des colloques et des journées d'études furent organisés dans plusieurs de ces autorités locales pendant les années 1980 afin d'établir les revendications et les besoins de la communauté irlandaise.

En 1990, par exemple, un colloque réunissant Irlandais et membres du secteur associatif irlandais fut organisé à Camden. Un thème récurrent dans tous les ateliers fut le souhait des Irlandais d'être considérés comme une minorité ethnique à Camden. Tous les ateliers du colloque formulèrent ce vœu mais aussi suggérèrent de collecter des données sur ce groupe afin que la prestation des services de l'autorité répondît davantage à ses besoins. Cette inclusion supposait plus d'égalité dans la prestation de services. Un paragraphe du rapport écrit et publié par des Irlandais après ce colloque affirmait :

> Pour nous, la question de l'ethnicité irlandaise est un fait accompli. Notre façon d'être irlandaise est notre ethnicité. Notre ethnicité est notre façon d'être irlandaise. En tant que groupe national nous

[33] Greater London Council, *op. cit.*, p. 1.
[34] *Ibid.*

> partageons l'histoire, la religion, les traditions et l'expérience, des valeurs et des normes – sociales et politiques – qui sont uniques et distinctes ; et en Grande-Bretagne et à Camden nous sommes une minorité. [...] En exigeant que Camden inclue « Irlandais » comme une catégorie distincte dans la classification ethnique, nous voulons être pris en compte. [...] Officiellement, aux yeux de l'autorité locale, nous sommes invisibles, mais nous sommes invisibles seulement parce qu'elle ne nous considère pas en tant que groupe distinct. [35]

Cette citation constate que les Irlandais aspiraient à la reconnaissance de leur ethnicité. Il apparaît clairement qu'ils désiraient être « comptés » en tant que groupe ethnique distinct au sein de cette autorité locale car c'était là leur seul moyen de devenir « visibles ». En fondant leur identité ethnique sur plusieurs critères – l'histoire, la religion, les traditions, l'expérience, des valeurs et des normes (sociales et politiques) – qui étaient, selon eux, uniques et distinctes, ils espéraient montrer leur différence par rapport aux Anglais.

Cependant, malgré les progrès réalisés pendant les années 1980, les Irlandais n'étaient toujours pas reconnus par la CRE en tant que minorité ethnique. Pour cette raison, les organismes qui suivaient les recommandations de la CRE sur les minorités qu'il fallait intégrer dans la collecte des données n'incluaient pas les Irlandais. Néanmoins, pendant les années 1990, le secteur associatif persista dans sa détermination d'une reconnaissance officielle de l'identité ethnique irlandaise et dans son *lobbying* auprès des organismes officiels.

Finalement au début des années 1990, la CRE reconnut l'utilité d'une catégorie irlandaise dans sa collecte des données et déclara : « [..] Il est clair que les Irlandais sont défavorisés et des informations statistiques seront utiles afin de considérer ce

---

[35] Camden Irish Conference Planning, *The Voice of the Irish in Camden – Conference Report,* Londres, Camden Irish Conference Planning Group, août 1990, p. 2.

problème [..] »[36]. En 1994, la CRE décida de financer l'étude nationale que nous avons mentionnée plus haut. La publication de ce rapport marqua un tournant décisif dans la reconnaissance nationale en Grande-Bretagne et provoqua des effets variés, comme par exemple l'inclusion d'une dimension irlandaise dans la publication organisée par le *Runnymede Trust* et connue sous le nom de *Rapport Parekh.*[37]

Cette commission décida d'inclure une dimension irlandaise, abordant ainsi les relations « raciales » dans son sens le plus large et non plus seulement sous le paradigme dominant de la couleur. L'inclusion des Irlandais dans ce rapport représentait un progrès important pour ceux-ci dans leur reconnaissance en tant que groupe ayant sa propre identité ethnique. À lui seul, le titre de la publication, *L'Avenir de la Grande-Bretagne multi-ethnique*, montrait que, à l'égard de l'analyse de la situation des Irlandais et de leur inclusion dans le rapport, le concept d'ethnicité et le paradigme de couleur se modifiaient dans la société britannique, pour inclure une minorité blanche. Pour la première fois une population « blanche » était intégrée dans un rapport national et nommée en tant que minorité ethnique. Le rapport constatait :

> [...] étant donné que les Irlandais sont perçus comme blancs, on n'imagine pas facilement qu'ils puissent être victimes de racisme, on les imagine plus comme des propagateurs. Soutenus tacitement par des universitaires et d'autres spécialistes, les décideurs ont adopté et propagé le mythe de l'homogénéité – opinion fausse selon laquelle la population de la Grande-Bretagne serait composée essentiellement d'une grande majorité dominante (des personnes de race blanche) et un groupe constitué de différentes minorités. « Non-blanc » et « ethnique » sont synonymes dans cette image mentale.[38]

---

[36] Lettre de Peter Sanders (*Commission for Racial Equality*) à B.H. Mahon (OPCS) : Inclusion of Irish as a Category in the Ethnic Question, 14 mars 1989.

[37] Bhikhu Parekh, *The Future of Multi-Ethnic Britain: The Parekh Report*, Londres, Profile Books, 2000.

[38] *Ibid*, p.61.

Ce rapport reconnaît qu'une population blanche peut rencontrer du racisme, que cette population peut également posséder sa propre identité ethnique et que ce « label » n'appartient pas exclusivement aux personnes de « couleur ».

La réponse apportée au rapport de la CRE par *The Economic and Social Research Council* (ESRC) était très positive et cet organisme se déclara favorable à la prise en compte des demandes de financement des projets de recherche majeurs sur les Irlandais en Grande-Bretagne ; au-delà, elle acceptait de considérer qu'une dimension irlandaise pourrait être intégrée dans d'autres recherches pertinentes sur la discrimination et l'ethnicité.[39]

Cependant, la réponse la plus significative aux conclusions du rapport fut celle du *Office for National Statistics*. Selon cet organisme, le rapport sur les Irlandais et la reconnaissance par la CRE de cette communauté en tant que minorité ethnique étaient « très utiles dans les années qui précédaient le recensement de 2001 »[40]. Les besoins spécifiques et les problèmes rencontrés par une partie de la population irlandaise, qu'avaient exposés le rapport et la recherche financés par la CRE, s'avérèrent particulièrement convaincants dans les discussions sur l'inclusion des Irlandais dans la catégorie ethnique et conduisirent à leur inclusion en tant que groupe ethnique dans le recensement national de 2001, remettant ainsi en question la dichotomie « noir/blanc ». Les Irlandais avaient finalement réussi à faire reconnaître leur identité ethnique au niveau officiel après des années d'« invisibilité ».

---

[39] Le *Economic and Social Research Council* (ESCR), créé en 1965, est l'agence principale du financement de la recherche et de la formation en Grande-Bretagne, qui traite des préoccupations économiques et sociales. Ses membres sont nommés par le ministre du Commerce et de l'Industrie. Il est indépendant mais financé par les fonds publics. L'ESCR a financé un projet en 2000, sur une période de deux ans, sur la deuxième génération irlandaise, intitulé *The Second Generation Irish a Hidden Population in Multi-Ethnic Britain,* pour la somme de £ 172 000. La plus grande visibilité des Irlandais pendant les années 1990 et le rapport de la CRE ont suscité de l'intérêt pour cette communauté.
http://web.apu.ac.uk/geography/progress/irish2/news1.htm.

[40] CRE and the Irish Community Groups Conference, *Text of talk to be given by Seamus Taylor: Review and reflections on the CRE and Irish Community Groups Initiative 1989-1997,* 3 novembre 1997, p. 4.

Conclusion

Après la Seconde Guerre mondiale, les Irlandais avaient hérité d'un statut de groupe « invisible ». Leurs différences par rapport à la population de souche n'étaient pas reconnues et ils étaient assimilés à une population blanche homogène. Même si leur intégration n'est pas réelle, il faut attendre les années 1980 pour que les revendications de leur différence puissent être entendues et soient fondées sur le concept d'une identité ethnique. L'identité ethnique résulte d'une prise de conscience d'une histoire ou d'une origine commune, réelle ou supposée, mais elle n'existe pas toujours en tant que telle ou elle ne se transmet pas forcément de génération en génération. Loin d'être un donné, elle peut être en construction permanente et engager une multitude d'acteurs sociaux. En effet, l'identité ethnique n'apparaît qu'à partir du moment où il y a contact entre individus de collectivités distinctes.

La mobilisation des Irlandais et du secteur associatif irlandais s'est faite dans le cadre d'une société anglaise en pleine transformation, au sein de laquelle des groupes variés se rencontraient et exigeaient leur « droit à la différence ». Le secteur associatif irlandais a articulé sa revendication à la reconnaissance d'une « identité irlandaise » autour du concept d'ethnicité en phase avec le discours multiculturel en vogue dans les années 1980 et 1990 en Angleterre. Ce secteur s'est fait le porte-parole d'une « communauté » qui se proclamait irlandaise en s'appuyant sur les statistiques et la recherche effectuée sur les Irlandais, qui révélaient les inégalités sociales et la discrimination. Mais nous ne devons pas oublier que cette revendication du secteur associatif ne se limitait pas seulement à une quête identitaire, c'était aussi une négociation politique et financière visant à permettre à ceux qui se réclamaient de ce groupe d'avoir accès aux avantages économiques offerts par cette « étiquette » ethnique.

Femmes britanniques et soldats afro-américains : des liaisons indésirables – gestion des relations interraciales durant la Seconde Guerre mondiale

Sylvie Pomiès-Maréchal

De 1942 à 1945, les troupes américaines furent déployées sur l'ensemble du territoire britannique dans le cadre de l'opération *Bolero*, phase préalable à l'opération *Overlord*. Les Américains répondaient ainsi à la requête en assistance militaire formulée par Churchill. Étant donné leur situation de demandeurs, les Britanniques donnèrent carte blanche aux autorités militaires américaines pour l'organisation interne de leurs unités. De ce fait, le système de ségrégation raciale fut importé sur le sol britannique, du moins dans les installations militaires américaines.

Cette « invasion amicale » se révéla une situation unique pour les Américains comme pour leurs hôtes, particulièrement en ce qui concerne les relations raciales. Du côté britannique, la population fut pour la première fois confrontée à l'arrivée massive de personnes de couleur et à la gestion des relations interraciales. Du côté américain, les Noirs établirent, souvent de manière inédite, des relations d'amitié avec des Blancs, ce qui suscita l'amertume et le ressentiment de nombreux soldats blancs. Les tensions, toujours latentes, devinrent incontrôlables dès lors que les GIs noirs s'affichaient au bras de jeunes femmes blanches. Ces relations furent également à la source de problèmes politiques : la question de savoir s'il fallait imposer une forme de discrimination raciale en Grande-Bretagne. La crainte du métissage, aspect le plus litigieux, fut perçue comme un danger de premier plan et pesa lourdement sur la position officielle du gouvernement, par ailleurs désireux de ménager les susceptibilités de l'allié américain.

Cette étude revient tout d'abord sur le fossé entre les élites dirigeantes et le peuple britannique, l'accueil amical de la population contrastant avec l'embarras et les ambiguïtés d'un gouvernement confronté aux *Jim Crow laws*.

L'« importation » de la haine raciale sur le sol britannique et l'organisation des autorités militaires américaines pour éviter les affrontements font également l'objet d'une étude approfondie.

Ces tensions étant en grande partie attisées par les relations entre femmes britanniques et GIs noirs, cet article traite en dernier lieu des craintes du métissage et de la gestion des « *brown babies* » issus de ces unions interraciales.

Cacophonies gouvernementales et accueil chaleureux de la population britannique

La question de la diversité raciale au sein de l'armée américaine préexistait bien avant l'entrée en guerre des États-Unis. Toutefois, dans l'entre-deux-guerres, l'armée procéda à des changements structurels. Les soldats noirs n'avaient pas vocation à combattre et étaient cantonnés, depuis la guerre de Sécession, dans des rôles purement logistiques et subalternes. Ils ne servirent pas en tant que forces combattantes avant décembre 1944. En 1940, Roosevelt réitéra le principe de 10% de soldats noirs dans l'armée en général, ainsi que dans chaque théâtre d'opération, sans restriction géographique de quelque sorte que ce fût[1]. L'envoi de troupes ségréguées dans un pays où cette pratique n'était pas la norme ne fit l'objet d'aucune discussion[2]. Les objectifs de 10% laissaient entrevoir une population de 100.000 soldats de couleur d'ici avril

---

[1] Le *War Personnel Plan* de 1937 avait fixé le nombre de soldats noirs à environ 9 ou 10% de l'effectif militaire total, proportion censée refléter la population américaine. Les unités demeuraient toutefois ségréguées et les officiers noirs sous-représentés. J. Robert Lilly et J. Michael Thomson, "Executing US soldiers in England, WWII: The Power of Command Influence and Sexual Racism", Northern Kentucky University, 1995. http://www.soci.niu.edu/critcrim/dp/dppapers/lil.exec.us.gis

[2] Janet Baker, "The children they left behind", *Lest we Forget*, vol. 4, n°2, avril 1996.

1943[3]. En 1939, la population noire britannique n'excédait pas 8.000 individus, essentiellement concentrés à Londres, Liverpool, Cardiff et Newcastle[4]. Outre les soucis d'ordre pratique, la crainte principale concernait d'éventuelles frictions raciales. Les autorités britanniques firent donc tout pour empêcher le déploiement de troupes noires. Le prétendu altruisme d'Eden craignant que les soldats noirs ne supportent mal les rigueurs du climat britannique en dit long sur l'hypocrisie du gouvernement[5]. Pour Marshall et Roosevelt, les pressions internes de la communauté noire et le besoin réel en terme de logistique et de services imposaient l'afflux de Noirs.

La politique décidée fut de concentrer les bataillons noirs dans les zones géographiques où la population noire autochtone était implantée, comme les zones portuaires. Néanmoins, en pratique, les tâches effectuées par les GIs de couleur (acheminement des munitions, ravitaillement et construction de campement et de routes) étant amenées à être réalisées sur l'ensemble du territoire, cette décision ne put être appliquée.

Eisenhower se trouva vite sous la pression constante des autorités américaines et des groupes de pression noirs. Car ce furent bien deux armées distinctes réunies sous un même drapeau que les Américains déployèrent sur les différents théâtres d'opération. En terme d'affichage, cette situation était pour le moins paradoxale : l'armée américaine combattait pour la liberté et affichait en son sein même des dissensions raciales et une politique ouvertement raciste.[6]

---

[3] David Reynolds, *Rich Relations – the American Occupation of Britain 1942-1945*, Harper Collins, 1995, p. 217.

[4] Elaine Dubourdieu, « A Question of Colour: Race Relations in Britain during the Second World War », *in* : Bernard Gilbert, *La Société anglaise en guerre : septembre 1939 - août 1945*, Paris, Éditions du Temps, 1996, p. 40.

[5] Norman Longmate, *The GIs: The Americans in Britain 1942-1945*, Londres, Hutchinson, 1975, p. 120.

[6] Le gouvernement américain, conscient de l'incongruité de citoyens noirs de seconde classe combattant un régime totalitaire raciste, s'était un temps interrogé sur l'éventualité d'une armée mixte. Toutefois, cette idée avait été vite abandonnée. Une telle décision risquait de porter atteinte à la bonne préparation pour la défense nationale. Brenda Moore, *To Serve my Country, To Serve my*

Du côté du gouvernement britannique, s'opposer à la discrimination à l'encontre des soldats noirs revenait à s'exposer à des conflits entre GIs et risquait de mettre les Américains dans l'embarras en habituant les Noirs à un régime qu'ils ne retrouveraient pas chez eux. D'un autre côté, la mettre en œuvre signifiait s'aliéner les éléments progressistes américains, la population coloniale et susciter l'opposition de l'opinion publique, en particulier si cela devait être étendu aux soldats du Commonwealth. Tout au long des débats, l'on assista à un véritable bras de fer entre le ministère de la Guerre et le ministère des Affaires coloniales, deux entités aux intérêts antagoniques.

Le débat parlementaire au sujet des soldats noirs fut amorcé lorsque le général de division de la zone de commandement Sud, Arthur Dowler, poussa le gouvernement à l'action avec la rédaction en août 1942 de ses *Notes on Relations with Coloured Troops*. Le ministre de la Guerre, James Grigg, s'était montré désireux de ne rien consigner sur le papier, cette question étant potentiellement préjudiciable sur le plan politique. Dowler décida néanmoins d'informer les officiers de sa zone par le biais de notes écrites sur l'attitude à adopter avec les soldats noirs. Ces notes s'avérèrent d'une importance cruciale car elles devinrent le fondement des discussions ministérielles qui s'ensuivirent[7]. Paternalistes et racistes, elles approuvent ouvertement le principe discriminatoire :

> Bien que de nombreux hommes de couleur se distinguent par leur culture et leurs principes moraux, la plupart sont simples d'esprit. Ils travaillent dur lorsqu'ils n'ont pas d'argent et, lorsqu'ils en ont, préfèrent ne rien faire jusqu'à ce qu'il n'en reste plus. En résumé, ils n'ont pas la capacité de l'homme blanc à réfléchir et à agir selon un plan établi.[8]

Race, The Story of the Only African-American WACS Stationed Overseas During World War II, New-York, New-York University Press, 1996, pp. 28-29.

[7] Graham Smith, *When Jim Crow met John Bull – Black American Soldiers in World War II Britain*, Londres, I.B.Tauris, 1987, pp. 54-56.

[8] Arthur Dowler, « Notes on Relations with Coloured Troops » (not to be published), reproduites dans Ben Bousquet et Colin Douglas, *West Indian Women*

Le conseil principal dispensé par Dowler était d'éviter toute action de nature à contrarier les GIs blancs et se conformer, dans la mesure du possible, aux comportements des citoyens américains blancs. Les soldats de Sa Majesté devaient se montrer bienveillants à l'égard des Noirs tout en gardant à l'esprit leurs qualités mais surtout leurs défauts. Toute fraternisation était réprouvée. Bien que s'adressant aux militaires, ce document préconisait l'information de la population civile, principalement des femmes, précisant que les Noirs ne s'attendaient pas à la compagnie des Anglaises et que ces relations ne pouvaient aboutir qu'à des conflits[9]. Les soldats britanniques réprouvèrent catégoriquement l'alignement servile du gouvernement britannique sur le modèle américain et ne souscrivirent pas à la ligne de conduite instituée par l'État-major. Nombre de « *Tommies* » étaient horrifiés de voir combien ce comportement raciste déteignait sur les officiers anglais[10]. La comparaison des notes de Dowler aux théories nationales-socialistes n'était pas rare. Fin septembre, les députés de l'opposition s'emparèrent de la question à la chambre des Communes pour mettre Churchill en difficulté.

Officiellement, le gouvernement britannique prit ses distances avec le système ségrégationniste. Le 4 septembre 1942, le ministère de l'Intérieur émit une circulaire adressée de manière confidentielle aux chefs régionaux de la police, dégageant sa responsabilité quant à l'application des mesures ségrégationnistes :

> Il n'est pas dans la politique du gouvernement de Sa Majesté que quelque discrimination que ce soit soit exercée par les autorités britanniques à l'égard des militaires noirs. En conséquence, le Secrétaire d'État vous saurait gré de bien vouloir prendre des mesures pour vous assurer que les forces de police n'entreprennent aucune démarche auprès des propriétaires de restaurants, débits de boissons, cinémas ou autres lieux de détente dans le but d'exercer

---

at War: British Racism in World War II, Londres, Lawrence & Wishart, 1991, annexe 4, pp. 162-65.

[9] *Ibid.*

[10] « Black and White », *Time*, lundi 19 octobre 1942 (archives en ligne sur http://www.time.com/time/printout/0,8816,850078,00.html).

> une discrimination à l'encontre des militaires de couleur. Si les autorités militaires américaines décident de consigner certains endroits à leurs soldats de couleur, une telle interdiction ne peut être effectuée que sur ordonnance émise par les autorités américaines idoines, militaires ou navales. La police ne devrait pas se rendre responsable de l'application de tels ordres.[11]

Pourtant en réalité, les autorités s'enfermaient dans l'hypocrisie la plus totale, la coopération britannique s'avérant nécessaire. Même si la ségrégation représentait un coût considérable (il faut doubler à chaque fois les équipements, parfois les construire), les autorités britanniques cédèrent aux exigences américaines, quelquefois même les devancèrent.

Le 13 octobre, la question de l'instruction des troupes refit surface au niveau du Cabinet. Selon Lord Cranborne, ministre délégué aux Affaires coloniales, les troupes devaient être informées des spécificités raciales de la société américaine tout en disposant de leur droit à exercer leur propre jugement concernant ces particularités[12]. Le souci de satisfaire les Américains l'emporta tout au long des débats. À cet effet, Richard Law des Affaires étrangères, déplorant l'absence de distinction raciale de la population et la méconnaissance du système américain, déclara que « les Américains [blancs] ne [devraient] pas retourner chez eux en pensant que [nous sommes] une race innommable et décadente ».[13]

La population au sens large du terme se montra quant à elle très critique : la position ambiguë du gouvernement n'échappa ni à la presse, ni à l'opinion publique. On assista même de manière très nette à un fossé entre les politiques locaux et leurs administrés.

Entre mai 1942 et le débarquement allié en Normandie, la population militaire afro-américaine passa de 7.000 à 130.000

---

[11] Norman Longmate, *op. cit.*, p. 120.

[12] À l'inverse, les autorités américaines devaient être averties de la position britannique. Churchill n'y était pas favorable et lorsque Cranborne cita le cas de l'un de ses officiers de couleur régulièrement expulsé de son restaurant, Churchill déclara : « S'il prend un banjo avec lui, ils penseront qu'il fait partie de l'orchestre. » Graham Smith, *op. cit.*, p. 76.

[13] Dubourdieu, *op.cit.*, p. 42

recrues[14]. Dans la population rurale, beaucoup n'avaient jamais vu de Noir et leur arrivée suscita une curiosité proche de la fascination. La notion même de problème de couleur était alors inconnue en Grande-Bretagne et la discrimination raciale pas même envisagée. La popularité des régiments noirs excédait même largement celle des blancs. Les Noirs se distinguaient par leur politesse, leur élégance et leur gentillesse. Beaucoup redoutaient de travailler et de vivre à proximité des Blancs et étaient *de facto* sur leurs gardes. Ils se montraient plus disciplinés car échaudés par leur expérience des relations interraciales aux États-Unis. Grâce à leur réserve, leur discrétion et leur modestie, une certaine communauté de vues s'établit entre Anglais et Noirs, favorisant la compréhension de l'autre, donc les échanges amicaux. À l'inverse, les Blancs étaient généralement décrits comme étant portés sur la boisson, négligés, arrogants et avançant en terrain conquis[15].

Rapidement, les premiers conflits entre GIs firent apparaître des divisions raciales profondes, attisées par l'accueil amical réservé aux soldats noirs par les Britanniques. Ceux-ci témoignèrent un soutien de plus en plus affiché à mesure que le système discriminatoire se fit jour. Les populations locales étaient consternées de découvrir combien des GIs blancs d'ordinaire bienveillants pouvaient céder aux préjugés raciaux et refuser d'entrer dans un restaurant fréquenté par un compatriote de couleur. Malgré les efforts entrepris pour éviter les interactions entre soldats, les rencontres furent fréquentes, laissant à chaque fois la population locale déconcertée[16]. Certains Britanniques

---

[14] *Ibid.*, p. 38.

[15] La nette préférence des Britanniques pour les Afro-Américains apparaît clairement dans les propos de George Orwell : « Il est difficile de se rendre où que ce soit à Londres sans éprouver le sentiment que la Grande-Bretagne est maintenant devenue un territoire occupé. De l'avis général, il semblerait que les seuls militaires américains à se comporter décemment soient les Noirs. » George Orwell, "As I Please", *The Tribune*, 3 décembre 1943 (reproduit en intégralité sur http://whitewolf.newcastle.edu.au/words/authors/O/OrwellGeorge/essay/tribune/AsIPlease19431203.html).

[16] Les scènes de bar où les GIs blancs brisaient les verres utilisés par des Noirs et dédommageaient les tenanciers d'un shilling devinrent classiques. David Reynolds, *op. cit.*, p. 305.

réagirent à l'injustice par la dérision et des quolibets à l'encontre des Blancs commencèrent à circuler. Un fermier du West Country interrogé au sujet des nouveaux venus déclara : « Je n'ai rien contre les Yankees mais je ne peux pas en dire autant de ces types blancs qu'ils ont amenés avec eux[17] ». Des tenanciers de *pubs* affichèrent à la porte de leur établissement « Réservé aux Britanniques et aux Américains de couleur ». Les contrôleuses de bus encouragèrent les Noirs à ne pas céder leur place aux Blancs en déclarant qu'ils se trouvaient dorénavant en Grande-Bretagne[18].

Les rapports de *Mass-Observation*[19] constituent l'un des baromètres clés nous permettant de juger de cette intégration positive dans la société britannique. Les observateurs font état d'une popularité quasi-unanime et de comportements raciaux particulièrement tolérants de la part des Britanniques. Les liens sont avant tout renforcés par le bas statut dont souffrent les Noirs au sein de l'armée[20]. Contrairement aux Blancs qui dénigrent tout, les Noirs ne se plaignent pas du manque de confort moderne dû au retard économique de la Grande-Bretagne sur les États-Unis. Leur niveau de vie aux États-Unis étant sensiblement le même que celui des Britanniques, les liens d'identification et d'amitié s'en trouvent renforcés[21]. Enfin, l'image stéréotypée du Noir au caractère jovial et festif, véhiculée par le cinéma, joue en leur faveur. Tout en entérinant les clichés paternalistes, cette image simpliste leur assura un capital de sympathie, comme en témoigne la chanson « *Choc'late Soldier from the USA* » (1944).[22]

---

[17] Graham Smith, *op. cit.*, pp. 118-19.

[18] « Black and White », *Ibid.*

[19] "MO" fut fondé par Tom Harrison et Charles Madge en 1937, "A Brief History of Mass-Observation", http://www.massobs.org.uk/introduction.html.

[20] Les pratiques ségrégationnistes altèrent l'image des alliés américains et suscitent un grand ressentiment. Cette attitude en porte à faux avec les idéaux inhérents à la lutte contre le nazisme et les théories raciales de Hitler semble déplacée. George Orwell y voit une raison de l'anti-américanisme. "As I Please", *The Tribune*, 3 décembre 1943.

[21] Juliet Gardener, "*Over Here*": *The G.I.s in Wartime Britain*, Londres, Harper Collins, 1992, p. 152.

[22] Les paroles seraient maintenant jugées insultantes mais se voulaient à l'époque un hommage bienveillant : elles décrivent la transfiguration par le patriotisme

Évidemment, en marge de ce soutien massif, il existait également des éléments hostiles. La question raciale permet de mettre en relief certains clivages de classe. Les Noirs étaient plus appréciés des classes populaires, où le rejet des barrières sociales était marqué. L'attitude des classes aisées vis-à-vis des Noirs, surtout celles issues de l'aristocratie coloniale, était nettement plus tranchée[23]. Par ailleurs, l'influence néfaste exercée par les GIs blancs se fit plus ressentir dans les milieux urbains provinciaux, surtout auprès des femmes des classes moyennes et supérieures. Ainsi, la publication des conseils de la femme du pasteur de Worle (Somerset) à l'intention des paroissiennes dans le *Sunday Pictorial* du 6 septembre 1942 suscita un grand émoi. Il s'agissait d'un code de bonne conduite visant à l'ostracisme des soldats noirs. Mrs May préconisait d'éviter tout contact social, de changer de trottoir à la vue d'un Noir et invitait les commerçantes à refuser de les servir. Au nom de la population outrée, le journaliste conclut par un message à l'intention des soldats noirs :

> Que tout soldat de couleur lisant cet article soit assuré de l'absence de discrimination raciale dans ce pays : il est le bienvenu, au même titre que tout autre soldat allié. Il découvrira que la vaste majorité des Britanniques n'éprouve que répugnance vis-à-vis des préjugés étriqués et ignorants exprimés par l'épouse du pasteur. [24]

Il s'agissait pourtant d'une déclaration optimiste : dans les rangs du Cabinet ou du clergé, ces idées étaient souvent relayées, plus subtilement toutefois. Par rapport au racisme institutionnel développé au niveau ministériel, le sentiment raciste qui pouvait se manifester au niveau de la population fut minime mais il exista. De

---

d'un Noir indolent et insouciant en un valeureux soldat. *Choc'late soldier from the USA*, E. Box, D. Cox & Lewis Ilda, Copyright MCMXLIV, Irwin Dash Music Co.Ltd, Londres, 1944.

[23] Roi Ottley, « Dixie Invades Britain », *Negro Digest*, vol. II, n°1, nov. 1942, article reproduit sur le site http://www.bulldozia.com/jimcrow/jimcrow2.php.

[24] "Vicar's Wife Insults our Allies", *Sunday Pictorial*, 6 sept. 1942, article reproduit sur le site http://www.blackpresence.co.uk/detail.php?recordID=100 dans son intégralité.

même, certains civils dépourvus de préjugés raciaux furent contraints d'adopter les habitudes américaines, en particulier ceux dont la survie financière dépendait de la clientèle américaine. Certains restaurateurs ou hôteliers qui accueillaient les soldats en permission durent refuser les Noirs s'ils ne souhaitaient pas s'exposer à une baisse de fréquentation des soldats blancs, évidemment majoritaires. Si l'arrivée des GIs n'a pas déclenché de comportement raciste, elle l'a du moins renforcé.

Tensions attisées par les liaisons interraciales

Les tensions entre GIs devinrent vite un problème d'ordre militaire et public qu'Américains comme Britanniques s'engagèrent à régler promptement. Très tôt, le contentieux principal, la socialisation des soldats noirs avec les jeunes Anglaises, fut identifié. Les femmes appréciaient les Noirs pour leur caractère attentionné par opposition aux Blancs jugés trop entreprenants. Ainsi qu'Eisenhower le déclare dans une lettre datée de septembre 1942 :

> Nous sommes ici en présence d'un pays densément peuplé et totalement dépourvu de conscience raciale. [...] Pour la plupart des Anglais, villageoises incluses – y compris celles d'une respectabilité exemplaire – le soldat noir n'est qu'un homme comme un autre, plutôt fascinant car inédit dans leur expérience, un brave garçon agréable qui a de l'argent à dépenser. À la vue d'une jeune fille dans la rue avec un Noir, nos propres militaires blancs ressentent fréquemment le besoin de protéger le sexe faible et jugent nécessaire d'intervenir, jusqu'à l'usage de la force, afin de lui faire comprendre ce qu'elle est en train de faire.[25]

Dès août 1942, une réunion interministérielle fut tenue à Whitehall sur la question de la fréquentation des GIs noirs et des femmes blanches. Informer explicitement les populations civiles sur l'attitude à adopter semblait toutefois peu pertinent : une telle ligne de conduite aurait nécessité d'être publique et donc plus ouvertement contestable. Les conseils prodigués aux femmes

---

[25] Cité par David Reynolds, *op. cit.*, p. 218.

civiles devaient nécessairement être plus habiles. Il s'agissait de trouver un moyen de dissuader ces dernières de côtoyer les militaires, notamment en entretenant des rumeurs sur la recrudescence de maladies vénériennes dans les unités noires. Ces idées furent combattues par le ministre des Affaires étrangères, soucieux de ménager les éléments progressistes américains. En sous-main, les campagnes de dénigrement eurent lieu de façon informelle à des degrés plus ou moins forts, notamment en instrumentalisant le *Women's Volunteer Service.*[26]

Aux yeux des Américains blancs, particulièrement les Sudistes, l'idée qu'une femme respectable pût volontairement s'afficher aux bras d'un Noir leur était totalement incompréhensible[27]. Le simple fait de danser avec un soldat noir les exposait à l'ostracisme dans les bals de soldats blancs. Certains GIs dressaient une liste noire des filles dansant avec des Afro-Américains et n'hésitaient pas à la communiquer aux régiments suivants dès leur arrivée. Les jeunes filles qui auraient volontiers dansé avec des soldats de couleur y renoncèrent, de crainte d'être exposées à la vindicte publique ou d'assister à des effusions de sang.

Le *pub* constituait un endroit à part et particulièrement révélateur. Lieu de rencontre par excellence, il était également le terrain le plus propice aux contacts anglo-américains et aux rixes raciales. L'ivresse et la présence féminine formaient en l'occurrence un *cocktail* explosif. Les attaques à l'arme blanche, parfois mortelles, devinrent de plus en plus fréquentes. À Manchester, la vue d'un marin noir embrassant une jeune fille blanche à la gare déclencha une série d'émeutes raciales. Tous les GIs se virent alors consigner l'accès aux lieux de détente durant quinze jours. À Weymouth un soldat noir se fit émasculer pour avoir dansé avec une Blanche.[28]

---

[26] Graham Smith, *op.cit.*, p. 60.

[27] Les jeunes femmes blanches qui les fréquentaient furent systématiquement assimilées à des filles de mauvaise vie incarnant la preuve vivante de la décadence morale britannique.

[28] Juliet Gardener, *op. cit.*, p. 155.

De son côté l'État-major américain semblait tolérer l'éventualité de liaisons interraciales tant que celles-ci n'avaient pas lieu sur leur propre territoire et que la publicité autour de ces relations ne s'exportait jusqu'aux États-Unis. En juillet 1943, des photos de Noirs évoluant dans un *dancing* londonien aux bras de jeunes filles blanches, vraisemblablement issues des beaux quartiers, furent publiées dans *Picture Post* et *Life*. Ces magazines exposaient aux yeux de l'Amérique ségrégationniste la nouvelle liberté affichée de ses citoyens de seconde zone et faisaient leurs gros titres en évoquant le « Harlem de Londres »[29]. Aux yeux des Blancs, la pire façon pour les Noirs d'affirmer leurs droits civiques était d'entretenir des relations avec des femmes blanches. Ces images étant de nature à enflammer les relations raciales aux États-Unis, le ministre de la Guerre américain interdit expressément la publication de photographies impliquant des couples multiraciaux.

Progressivement, l'hostilité des soldats blancs américains envers les Noirs se tourna vers les hôtes britanniques qui persistaient à marquer une nette préférence pour les Noirs. Ainsi que George Orwell l'exprime en mai 1944, l'on pouvait observer un sentiment anti-britannique latent dans les rangs de l'armée américaine[30]. Le ressentiment suscité par les liaisons entre femmes britanniques et soldats noirs s'amplifia à mesure que l'opération *Overlord* se mit en place. Soldats noirs et blancs furent en effet amenés à se côtoyer de plus en plus, et la zone Sud-Est de l'Angleterre se transforma en terrain d'affrontements où se jouait, aux dires de certains, une véritable guerre civile.[31]

Afin de réduire le risque de confrontations, un arsenal de mesures fut pris pour reproduire à l'extérieur et de façon informelle la ségrégation de fait qui existait à l'intérieur. Il s'agissait d'un exercice d'équilibrisme périlleux, les mesures ségrégationnistes

---

[29] Marianne Debouzy, « L'amicale invasion », *in* : François Poirier, *Londres 1939-1945*, Paris, Autrement, 1995, p. 116.

[30] George Orwell, « As I please », *Tribune*, 26 mai 1944.

[31] Selon Roi Ottley : « Il y a ici des individus qui refont la guerre de Sécession, cette fois sur le sol britannique. », *ibid.*

dans les espaces publics étant officiellement rejetées par les autorités britanniques.

Ségrégation et organisation militaire

L'État-major américain s'efforça de mettre en adéquation l'esprit des lois *Jim Crow* avec les conditions particulières de leur présence sur le sol britannique. Idéalement, la cohabitation de soldats noirs et blancs devait être empêchée tout en évitant le recours à l'argument racial. Dans la pratique, cela signifiait que les deux parties devaient pouvoir bénéficier des mêmes prestations sans se côtoyer. Une façon subtile et détournée de mettre en œuvre la ségrégation raciale sans que cela ne transparût revenait à organiser des soirées dansantes selon le régiment, tout en sachant que celui-ci était exclusivement blanc ou noir et en invoquant la « limitation en termes d'espace et de personnel ».[32]

En pratique, la ségrégation s'opéra naturellement. Pour éviter les tensions, l'armée américaine eut de plus en plus recours au « *zoning* », selon lequel certaines zones géographiques ou établissements étaient réservés à un groupe racial bien ciblé. Les grandes villes regorgeaient de lieux de loisirs et purent facilement fournir un réseau réservé aux soldats de couleur, les Blancs s'octroyant généralement les meilleurs endroits[33]. Lorsque les lieux de détente étaient trop restreints pour pouvoir appliquer le « *zoning* », la fréquentation des lieux fut alternée selon les groupes raciaux, ceci afin d'éviter tout conflit.[34]

Ces procédures se mirent en place indépendamment des sentiments de la population qui prit le parti des Noirs, avec lesquels elle avait fraternisé[35]. Néanmoins, pour certains historiens, la popularité originelle des Noirs n'était qu'une réaction à ce qui était

---

[32] David Reynolds, *op. cit.*, p. 222.

[33] Parfois, ce système s'instituait de façon informelle, souvent dicté par les circonstances et les événements locaux. Ceci n'était pas pour déplaire aux autorités policières locales qui devaient régulièrement intervenir à la sortie des *pubs*. Roi Ottley, *Ibid.*

[34] Cette pratique fut baptisée « *Blacks Tuesday, Whites Wednesday* ». Robert Lilly et Michael Thomson, *op. cit.*, p. 14.

[35] Norman Longmate, *op. cit.*, p. 126.

perçu comme une invasion agressive des GIs blancs. Selon le sociologue Kenneth Little, la population locale ne formulait aucune objection à l'encontre des individus de couleur tant qu'ils restaient « à leur place »[36]. Après guerre, la menace qu'ils représenteraient se traduirait en termes d'accès à l'emploi mais durant la guerre, la menace prit un caractère sexuel, en termes de conquête de la femme blanche. En cela, les Britanniques ne se démarquèrent guère des Blancs américains. Selon Little, il existait une nette distinction entre « égalité sociale publique » et « égalité sociale privée », même si la frontière entre ces deux espaces pouvait être floue.[37]

De facto, à partir du milieu de l'année 1943, on assista à un refroidissement relativement marqué des relations entre Britanniques et Afro-Américains. L'une des raisons avancées fut la supériorité numérique des Blancs. D'un point de vue pragmatique, mieux valait s'accommoder des préjugés racistes, voire les faire siens pour la tranquillité des esprits, surtout dans les relations commerciales[38]. Il semblerait qu'à ce stade, la nouveauté ait cédé le pas à la familiarité, sentiment qui peut s'accompagner de mépris et de déception, surtout lorsque l'enjeu sexuel s'affirme. En effet, si la rivalité et la convoitise des femmes blanches étaient généralement à l'origine des affrontements raciaux entre militaires américains, elles furent également responsables des premières rancœurs des hôtes britanniques à l'égard des Afro-Américains. L'adoption progressive du point de vue blanc américain est notamment perceptible dans les rapports de *Mass Observation.*

En 1943, dans *America and Britain*, l'auteur Maurice Colbourne, s'empara de la question des mariages interraciaux pour déclarer que la ségrégation n'était pas dénuée de sens :

> Les Britanniques s'estimant libres de tout préjugé racial tombent aisément dans une dénonciation violente de la discrimination raciale américaine comme une honte et une dénégation de la

---

[36] Kenneth Little, *Negroes in Britain: A Study of Racial Relations in English Society* (1947), Londres, Routledge and Kegan Paul, 1972.
[37] David Reynolds, *op. cit.*, p. 309.
[38] Roi Ottley, *ibid.*

> démocratie. Quand d'aventure je rencontre un Britannique déployant toute son éloquence dans ce sens, je lui demande, de préférence en présence d'autrui : « Aimeriez-vous que votre sœur épouse un Noir ?[39] »

Cette animosité ne fut pas exclusivement dirigée contre les Afro-Américains mais concerna également les femmes qui les fréquentaient. Progressivement, de plus en plus de Britanniques cessèrent d'attribuer les fautes exclusivement aux soldats et envisagèrent la responsabilité féminine. Les fausses accusations de viol impliquant des militaires noirs et le comportement courtois des soldats jouèrent un rôle prépondérant. Nombreux furent ceux qui dénoncèrent une certaine frange de femmes de tous âges de harcèlement et de sollicitations continues vis-à-vis des Noirs. Au printemps 1943, la naissance des premiers « *brown babies* » ne fit que mettre de l'huile sur le feu.

Les *brown babies* et la crainte du métissage

En dépit des pressions publiques et privées, les relations entre GIs et femmes britanniques furent inévitables[40]. L'hostilité marquée à l'égard de ces liaisons devenait quasi-unanime (et présentée comme allant de soi) dès lors qu'elles impliquaient des soldats noirs. Tout au long de la guerre, les relations sexuelles interraciales furent conspuées, à des degrés plus ou moins forts, par des individus de toute classe sociale ou de toute obédience politique. Déjà, avant l'arrivée des premiers soldats américains, une grande angoisse s'était manifestée dans les cercles officiels concernant cette éventualité. Il en allait en effet de la réputation nationale.

Les propos extrémistes du député conservateur de Cornouailles Maurice Petherick en disent long sur la psychose qui pouvait exister parmi certains membres des classes dirigeantes. Les

---

[39] Cité par Graham Smith, *op. cit.*, pp. 94-95.

[40] 80.000 femmes britanniques devinrent des *war brides* et partirent vers les États-Unis dans l'immédiate après-guerre. Cate Haste, *Rules of Desire, Sex in Britain, World War I to the Present*, Londres, Pimlico, 1992, p. 126.

raisons invoquées étaient, symptomatiquement, toutes liées à la dimension sexuelle :

> 1- De toute évidence [les Noirs] ne manqueront pas de frayer avec des Blanches et, quand ils s'en retourneront, ils nous laisseront des métisses en pagaille – une mauvaise chose pour n'importe quel pays.
> 2- Sans savoir que les filles qui les fréquentent représentent le rebut de la gent féminine, cela leur donnera une mauvaise opinion des Anglaises.
> 3- Lorsque cela se produira, les populations locales seront offusquées.
> 4- Cela effraiera les hommes de ces régions partis servir à l'étranger, tout comme il en fut pour les soldats français lors de la dernière guerre.
> 5- Pourquoi ne pas les envoyer dans d'autres endroits où ils seront beaucoup plus à leur place ? – disons les îles Salomon ou l'Egypte.

Et Petherick de conclure : « Qu'ils aillent féconder les Italiennes qui, de toute façon, y sont habituées[41]. »

Des méthodes devaient être trouvées afin de limiter, à défaut d'empêcher, ces relations. La restriction des effectifs de soldats noirs et leur circonscription à certaines zones bien délimitées où le mélange des races serait plus acceptable ne purent se produire. En dernier lieu, les autorités britanniques et américaines envisagèrent de faire venir des contingents féminins noirs afin de pourvoir aux besoins des soldats de couleur. Leur fonction n'était qu'accessoirement militaire dans la mesure où leur mission principale était de « tenir compagnie » à leurs frères de couleur. Il s'agissait donc d'accueillir des membres noirs de la *Women's Army Auxiliary Corps* dans l'espoir que les soldats noirs se détourneraient des femmes blanches. Cette décision correspondait par ailleurs aux attentes des soldats eux-mêmes : beaucoup

---

[41] Cité par Graham Smith, *op. cit.*, p. 189.

déploraient l'absence de femmes de couleur. D'autres y percevaient une preuve de discrimination de la part de l'armée.[42]

L'objectif était ouvertement discuté des deux côtés de l'Atlantique. Eisenhower y était favorable. Toutefois, il semble que le président Roosevelt se soit expressément opposé à l'envoi de troupes noires féminines, soucieux de ménager ses relations avec l'*establishment* noir. La NAACP et le WAAC s'étaient insurgés à l'idée que des femmes militaires fussent envoyées pour la simple gratification sexuelle des soldats[43]. Du côté britannique, certains s'offusquèrent de la mesure, jugeant que l'envoi de ces troupes équivaudrait à une reconnaissance tacite de la ségrégation qui était en train de se mettre en place en Grande-Bretagne. D'autres enfin craignaient que des hommes blancs ne se liassent aux femmes noires.

Il était donc évident que des relations sexuelles entre Noirs et Blanches auraient inévitablement lieu, idée abominable tant pour les Britanniques que les Américains. Cette attitude cachait avant tout une crainte viscérale de l'hybridation, même si celle-ci s'exprimait de façon implicite. Les stéréotypes sur la sexualité prétendument débridée des Noirs furent exploités à satiété et les relations entre Blanches et Noirs généralement abordées de façon problématique, se focalisant par exemple sur les maladies vénériennes ou le viol.

Au début de l'année 1944, les journaux régionaux amorcèrent une véritable campagne de stigmatisation des femmes qui persistaient à fréquenter des Noirs en les faisant apparaître comme des adversaires dans la guerre contre les maladies vénériennes. Dans tous les cas, l'élément racial était clairement mis en avant, apparaissant en gros titres dans les journaux. En janvier 1945, l'article 33b du *Defense of the Realm Act* fut appliqué : il soumettait toute femme soupçonnée de relations sexuelles avec un militaire à un examen médical. Le recours au *Wartime Defence*

---

[42] De fait, on ne dénombrait que 130 infirmières et membres de la Croix Rouge afro-américaines contre 130.000 GIs de couleur. Ce n'est que tardivement, au début de l'année 1945, que près de 800 WAACs noires furent envoyées en poste à Birmingham. Marianne Debouzy, *op. cit.*, p. 116.

[43] Elaine Dubourdieu, *op. cit.*, p. 39.

Regulations fut par ailleurs très courant, en particulier pour les femmes ayant des relations avec des GIs noirs dans des baraquements américains. Les contrevenantes risquaient jusqu'à un mois d'emprisonnement ou trois mois de travaux forcés pour infraction au couvre-feu ou présence illicite dans un camp militaire.[44]

Les relations étaient traitées avec la plus grande sévérité, en témoignent les mises en accusation liées à un délit sexuel. Celles-ci étaient totalement disproportionnées : même s'ils représentaient un dixième des effectifs militaires américains, un tiers des condamnations pour viol impliquant un militaire américain concernaient des soldats noirs. Dans la plupart des cas, la femme s'était montrée consentante précédemment ou n'était pas parvenue à fixer les limites à temps. Lorsqu'il s'agissait de déterminer s'il y avait eu consentement ou coercition, le témoignage d'une femme blanche pesait généralement plus que celui d'un Noir.

Le problème fut mis sur la place publique le 29 avril 1944 lorsqu'une cour martiale américaine prononça une peine capitale à l'encontre de deux soldats noirs accusés d'avoir violé une jeune fille à Bishop's Cleeve (Gloucestershire). Des députés travaillistes s'emparèrent du dossier, mettant dans l'embarras le ministère des Affaires étrangères et le ministère de l'Intérieur. La controverse qui s'ensuivit mit en lumière un certain nombre de divergences juridiques entre le Royaume-Uni et les États-Unis. L'affaire constituait en l'occurrence une anomalie car les individus se trouvaient sous le coup d'une condamnation à mort pour un délit non passible de la peine capitale sur le sol britannique. Ce cas rappelait avec amertume l'amplitude de la marge d'action accordée aux Américains[45]. Il raviva les tensions qui avaient précédé l'adoption du *Visiting Forces Act* de 1942. Cette loi donnait carte blanche à l'armée américaine qui s'était vu accorder une juridiction exclusive sur ses propres troupes. Selon Robert Lilly et Michael

---

[44] David Reynolds, *op. cit.*, pp. 204 et 229.

[45] George Orwell s'insurgeait également contre ces droits « extra-territoriaux » qui stipulaient que les soldats américains ne pouvaient comparaître devant les tribunaux britanniques pour des délits commis à l'encontre de citoyens britanniques. George Orwell, "As I Please", *The Tribune*, 3 décembre 1943.

Thompson, la peine capitale était utilisée comme une extension de la discipline martiale et participait à l'entreprise de dissuasion des liaisons interraciales jugées potentiellement séditieuses. En cela, les exécutions apparaissent en grande partie sélectives car racialement déterminées[46].

Au-delà de ces problématiques, le métissage s'avéra l'aspect le plus sensible, du moins celui qui souleva le plus de passions. En effet, les soldats afro-américains ne risquaient pas d'être oubliés de si tôt après la guerre, en premier lieu à cause des *brown babies*. Dès leur naissance, ces bébés souffrirent d'une double stigmatisation : l'illégitimité n'était en soit qu'une caractéristique banale en temps de guerre mais la couleur de peau donnait une dimension toute particulière au problème. Si les quelque 20.000 bébés illégitimes nés de GIs blancs constituaient un héritage embarrassant de la présence américaine en Grande-Bretagne, leur intégration dans la population britannique ne posait pas de problème majeur[47]. Il en allait autrement pour les métisses, pourtant largement inférieurs numériquement aux bébés de père blanc moins visibles, donc mieux acceptés. Le sort de ces bébés était d'autant plus préoccupant que la plupart des mères étaient des femmes mariées dont les époux combattaient à l'étranger.

Les éventuels mariages qui permettaient de « régulariser » la situation présentaient un autre point d'achoppement. En effet, s'il n'y avait pas d'interdictions formelles de la part des autorités militaires américaines, il est également clair que l'opposition restait très marquée. L'application des réglementations relatives au mariage était à la discrétion des officiers, lesquels exprimaient des

---

[46] Au cours des trois années de présence américaine en Grande-Bretagne, les autorités militaires recoururent à 18 exécutions : 11 concernaient des Afro-Américains et trois autres des soldats d'origine hispanique, tous au bas de la hiérarchie militaire. Les victimes étaient en revanche blanches dans 95 % des cas. 9 des peines sanctionnaient un viol, ce qui souligne combien la donnée sexuelle entrait en ligne de compte. L'instruction des dossiers fut généralement expédiée en une semaine tout au plus et le procès en une journée. J. Robert Lilly et J. Michael Thomson, *ibid.*

[47] Janet Baker, *ibid.*

vues très réprobatrices, aux forts relents eugéniques, à l'encontre des mariages interraciaux :

> Dieu a créé différentes races au sein de l'espèce humaine parce qu'il le voulait ainsi. Il proscrivit expressément les unions interraciales. Notre Seigneur Jésus Christ prêchait le même principe, au motif que de telles unions rendrait le sang de la progéniture impur. C'est un fait historique et biologique que la bâtardisation raciale a pour effet une descendance héritant des mauvaises habitudes des deux côtés et très peu des bons attributs de chaque.[48]

Les instances militaires eurent souvent recours à la mutation du père et les autorités sociales britanniques déconseillèrent fortement aux jeunes femmes de se marier. Par ailleurs, il subsistait un obstacle juridique de taille : les officiers, y compris les plus tolérants, n'avaient de cesse de rappeler que les unions interraciales étaient proscrites dans 30 États sur 48, que le mariage fût contracté à l'étranger ou non. Les contrevenants pouvaient encourir des peines de prison et l'expulsion de l'épouse du territoire américain.[49]

Un fait demeure, les obstacles juridiques aux mariages ne purent empêcher les naissances illégitimes. Il est très difficile de se faire une idée exacte du nombre de *brown babies*. Un article de 1946 publié dans un *tabloïd* américain avança le chiffre insensé de 20.000. L'enquête la plus fiable est celle menée par Sylvia McNeill de la *League of Coloured Peoples* à partir de juillet 1945 auprès des services sociaux et des mères. Cette étude ne saurait être exhaustive car de nombreuses mères ne fréquentèrent pas ces

---

[48] Général Weaver (Chef d'État-major – *Special Operation Squadron*), cité par David Reynolds, *op. cit.*, p. 231. Du côté britannique, un bulletin de l'*Army Bureau of Current Affairs* daté de décembre 1942 précisa : « Dans notre société actuelle, de telles unions ne sont pas souhaitables puisque les enfants qui en sont issus ne sont ni tout à fait une chose, ni tout à fait une autre et partent ainsi avec un handicap de taille dans la lutte pour la vie ». Juliet Gardener, *op. cit.*, p. 156.

[49] Voir le cas des époux Johnson en Virginie en 1947. Graham Smith, *op.cit.*, p.206.

services ou changèrent de résidences. L'étude recensa 553 bébés noirs en Angleterre et au pays de Galles.[50]

Dans l'immédiat, la gestion de ces enfants reposa exclusivement sur la Grande-Bretagne. Le problème était difficilement soluble : les mères célibataires ne pouvaient épouser le père. Pour les femmes mariées, la question ne se posait même pas, d'autant que, dans un effort de réconciliation avec leur époux, les mères laissaient l'enfant à l'adoption : sur les 37 bébés métisses nés dans le Somerset, 27 des mères étaient déjà mariées[51]. Les femmes mariées furent imitées par de nombreuses célibataires qui voyaient leurs chances de mariage sérieusement compromises si elles gardaient l'enfant. Les candidats à l'adoption de bébés noirs furent malheureusement extrêmement peu nombreux. Celles qui choisirent d'élever leur bébé devinrent de véritables parias. Il y eut de nombreux cas de mères qui cachèrent leur enfant ou l'abandonnèrent dans des lieux publics.

À l'automne 1945, l'éventualité de proposer les bébés à l'adoption aux États-Unis fit son chemin. La droite américaine s'y opposa farouchement, en particulier John Rankin du Mississippi qui parla de « la progéniture de la lie des îles britanniques »[52]. Du côté britannique, les parlementaires émirent également des réserves, d'un tout autre genre toutefois. Nombre d'entre eux se montraient embarrassés à l'idée que ces enfants métisses ne pussent trouver leur place alors que la Grande-Bretagne devait réaffirmer son statut impérial. L'envoi de ces enfants aux États-Unis tombait en porte-à-faux avec la politique coloniale du gouvernement. Le ministre de l'Intérieur travailliste, Chuter Ede,

---

[50] Le nombre de mères mariées était sensiblement le même que celui des célibataires. La plus grande concentration de *brown babies* se trouvait dans l'ouest de l'Angleterre (83 dans le Devon) ou dans le Lancashire (70). Le chiffre exact est estimé entre 700 et 1000. *Ibid.*, pp. 208-209.

[51] Janet Baker, *Ibid.*

[52] Au début de la guerre, Rankin s'était déjà illustré en s'opposant à l'intention de la Croix Rouge américaine de supprimer les mentions « noir » et « blanc » sur les paquets de sang réservés aux transfusions. Il y voyait un complot communiste pour « bâtardiser la nation», Graham Smith, *op.cit.*, pp. 210-11.

avait quant à lui des scrupules vis-à-vis de la discrimination américaine à l'égard des Noirs.

En marge des cas de conscience que cela pouvait susciter, il existait des obstacles juridiques majeurs : certains États n'acceptaient que l'adoption de bébés nés sur le territoire américain et en Grande-Bretagne, l'*Adoption Act* de 1939 interdisait l'adoption de bébés à l'étranger sauf si les parents adoptifs étaient de nationalité britannique : les pères qui souhaitaient adopter leurs propres enfants s'en trouvaient ainsi empêchés. Le *Children Act* de 1948 facilita quelque peu l'émigration des enfants qui toutefois étaient trop jeunes pour prendre la décision de retrouver leur père.[53]

Conclusion

Malgré tous les efforts entrepris des deux côtés de l'Atlantique, femmes britanniques et soldats noirs se lièrent avec, pour corollaire, quatre aspects particulièrement difficiles à gérer. Ces liaisons s'avérèrent une source de conflits parfois mortels entre GIs et altérèrent la perception britannique, à l'origine plutôt bienveillante, des Noirs. Elles eurent également des répercussions négatives quant à la perception des Anglaises, en Grande-Bretagne comme aux États-Unis. Enfin, la naissance de centaines de bébés illégitimes métisses resta longtemps une épine dans le pied des deux gouvernements après-guerre.

De manière générale, il convient de souligner la forte dichotomie dans la perception sociale des Noirs. Les Britanniques leur réservèrent un accueil dénué d'animosité, transcendant les clivages alors familiers aux États-Unis. Néanmoins, force est d'ajouter un bémol : si la population manifesta un sens de l'hospitalité et de la justice sociale exemplaire, le sentiment de répulsion inspiré par l'idée d'une quelconque hybridité fut très répandu et révèle un racisme sexuel quasi-unanime. Les Noirs pouvaient être acceptés en tant que frères de guerre mais non en tant que beaux-frères ou gendres. En cela, les Britanniques ne virent aucune contradiction entre leur tolérance et leur crainte de

[53] *Ibid.*, p. 212.

l'hybridation et ne se démarquèrent guère de leurs alliés américains. Si le comportement sexuel des soldats blancs donna matière à préoccuper le gouvernement, c'est avant tout sur l'aspect racial, qui n'engageait qu'une minorité des troupes américaines, que les craintes se cristallisèrent : la stricte séparation des races s'imposa naturellement, entérinant un cadre normatif rassurant.

De l'espoir à l'impatience : l'émancipation et la participation économique des femmes de « race » noire[1] en Afrique du Sud

Ludmila Ommundsen

> « Il ne faudrait jamais oublier qu'il n'est pas de compromis possible sur l'accès au pouvoir des femmes. »
>
> Thabo Mbeki, août 2006[2]

Tentative de déconstruction d'une culture de la violence : enrayer les formes d'inégalités raciales et sexuelles

Après une victoire écrasante aux élections présidentielles de 1994, l'ANC (*African National Congress*) entreprend de démanteler les iniquités du passé. Modèle d'intégration sociale, la nouvelle constitution sud-africaine, signée le 10 décembre 1996, stipule : « La République d'Afrique du Sud est un État souverain et démocratique fondé sur [...] le non-racisme et le non-sexisme »[3].

---

[1] Afin d'éviter toute ambiguïté, les Sud-Africains de « race » noire étant catégorisés comme "*Black African*" ou "*Black*" alors que ce dernier terme inclut parfois les catégories "*African*", "*Indian*" et "*Coloured*", j'utiliserai « noir(e) » pour désigner les "*Black African*".

[2] *Address by The President of the Republic of South Africa Thabo Mbeki at the Opening of the Giriyondo access facilities of the Great Limpopo Transfontier Park South Africa and Mozambique*, 16 août 2006, department of Foreign Affairs. http://www.dfa.gov.za.

[3] Constitution of the Republic of South Africa 1996, Preamble, Chap.1 : Founding Provisions, Chap 2 : Bill of Rights, s.9.1,s 9.3, http://www.info.gov.za.

Sous les présidences de Nelson Mandela et de Thabo Mkebi des lois significatives sont promulguées pour enrayer les formes d'inégalités raciales[4] :

- le *Labour Relations Act* de 1995 et le *Basic Conditions of Employment Act* de 1997 encouragent la concertation sociale dans l'amélioration des conditions de travail (par exemple salaire minimum, horaires, congés) ;

- l'*Employment Equity Act* de 1998 renforce l'égalité des chances et de traitement (par exemple discrimination positive, réduction des écarts de salaires, formation). Une commission pour l'égalité des chances et de traitement établit un rapport annuel à partir de renseignements fournis par les entreprises[5] ;

- le *Promotion of Equality and Prevention of Unfair Discrimination Act* de 2000 construit un cadre juridique pour les cas de discrimination, de harcèlement et d'utilisation de langage sexiste et raciste ;

- le *Broad Based Black Empowerment Act* de 2003 impose une intégration significative, dans la gestion et le contrôle de l'économie du pays, des populations précédemment défavorisées. Au niveau de l'entreprise cela se traduit par l'attribution d'un certain nombre de points selon leur pouvoir décisionnel, leur implication dans la gestion, leur égalité de chances et de traitement, le développement de leurs compétences. Par ailleurs, à travers ses partenariats et ses investissements l'entreprise est invitée à s'inscrire dans un réseau d'entreprises en conformité avec les axes de la BBBEA.

---

[4] Toutes lois mentionnées peuvent être consultées sur le site du ministère du Travail sud-africain. Voir http://www.labour.gov.za.

[5] «L'objectif de cette loi est d'éliminer toute forme de pratiques abusives et discriminatoires ainsi que d'appliquer une discrimination positive. Si nous n'avions pas subi ces regrettables pratiques discriminatoires dans le passé, cette loi n'aurait pas été nécessaire ». Rapport annuel 2006-2007 Commission for Employment Equity, 7th Annual Report 2006-200, Department of Labour, http://www.labour.gov.za, p. 54.

En Afrique du Sud, les femmes ont dû attendre la nouvelle Constitution de 1996 pour obtenir la reconnaissance formelle d'une égalité de statut avec les hommes[6]. Dans le Programme de Reconstruction et Développement (*Reconstruction and Development Programme*, RDP), programme électoral de l'ANC devenu l'axe de réforme du gouvernement élu en 1994, l'émancipation des femmes est définie comme l'une des priorités[7]. Après la ratification en 1995 de la convention sur l'élimination de toutes les formes de discrimination à l'égard des femmes des lois progressistes sont adoptées :

- le *Choice on Termination of Pregnancy Act* de 1996, qui autorise l'avortement, confère un droit de décision en matière de procréation ;
- le *Domestic Violence Act* de 1998 élargit la définition de la violence domestique (par exemple physique, sexuelle, émotionnelle, verbale, psychologique) ;
- le *Recognition of Customary Marriages Act* de 1998 instaure, dans les unions coutumières, une égalité de statut pour les époux.

Un ensemble de bureaux pour les questions de « genre » sont ouverts, dont le fonctionnement global s'inscrit dans le cadre du *National Gender Policy Framework* (2000)[8] :

---

[6] Voir Human Rights Watch. *Violence against Women in South Africa*, HWR, New York, 1995, pp. 28-9, pour un bref aperçu critique du statut des femmes mariées conféré par les lois relatives au mariage, en particulier le *Black Administration Act* de 1927, le *Matrimonial Property Act* de 1984, le *Marriage Matrimonial Property Law Amendment Act* de 1988, le *General Fourth Amendment Act* de 1993.

[7] Voir "Key Programmes", section 1.4.6 *The Reconstruction and Development Programme*, Johannesburg: African national Congress, 1996. http://www.anc.org.za/rdp/rdp2.html#2.3.

[8] South Africa's National Policy Framework for Women's Empowerment and Gender Equality, Office on The Status of Women, South Africa's National Policy Framework for Women's Empowerment and Gender Equality, Office on The Status of Women. Table I : Structure and Components of National Machinery.

Government	→ **Parliament**	**Independent bodies**	**Civil society**
The Presidency □ □ □ □ □ □ Office on the Status of Women □ □ □ □ □ Provincial Offices on the Status of Women □ □ □ □ □ □ Gender Units in line departmens ←—— □ □ Gender units in local governments structures	Portfolio committees (induding the parliamentary joint monitoring committee on the improvement of the quality of life and status of women) □ □ Parliamentary Women's Caucus □ □ Provincial Women's Caucus Group □ □ Women's Empowerment Unit □ □ —➔ Cabinet □ Departments <------------------	Constitutional courts □ The other courts □ □ Commission on Gender Equality □ Public Service Commission □ Human Rights Commission □ SALaw Commission □ Public Protector □ Land Commission □ Truth Commission □ Youth Commission Independent Electoral Commission -------	Non-governmenta l organisations □ □ □ Religious body □ □ □ Contralesa [Congress of traditional leaders of South Africa] □ □ □ SALGA [South African local government association]

Components of National Machinery. Adapted from South Africa's Beijing + 5 report prepared by the Office on the Status of Women, http://www.info.gov.za/otherdocs/2000/gender.pdf .

Une étude de Kersti Yllo (1983) menée sur la violence aux États-Unis indique que la violence envers les femmes atteint son niveau le plus élevé lorsque l'inégalité des sexes est de règle[9]. La reconnaissance officielle de l'égalité entre les hommes et les femmes qui se noue sur fond d'émancipation économique des populations défavorisées témoigne d'une tentative de déconstruction de la culture de la violence qui gangrène la société sud-africaine[10]. « L'inégalité est une forme de violence structurelle », déclare Alberto Godenzi du programme de l'UNESCO en juin 1997 sur les perspectives d'une culture de la paix, « si l'objectif d'une culture de la paix est de résoudre les conflits de façons non-violentes, l'inégalité, par définition, empêche le développement de cette culture », or, dit-il, « l'égalité entre les sexes se définit largement en termes de répartition du pouvoir économique », d'où la nécessité d'« encourager le développement de cultures de gestion intégrant les femmes dans les entreprises et les administrations (y compris celles de l'aide internationale) pour les substituer aux cultures fondées sur la domination masculine ».[11]

Les élections de 1994 s'accompagnent d'une participation spectaculaire des femmes à la scène politique, notamment aux fonctions les plus élevées du gouvernement et dans les postes parlementaires. L'Afrique du Sud se hisse au septième rang mondial pour le nombre de femmes au Parlement : sur les 400 membres de l'Assemblée nationale, 106 sont des femmes. En outre six femmes font partie du cabinet du Premier ministre[12].

---

[9] Kersti Yllo, « Sexual Equality and Violence against Wives in American States », *Journal of Comparative Family Studies*, vol. 14, n°1, pp. 67-86.

[10] Lloyd Vogelman, Gillian Simpson, «Apartheid's Violent Legacy", Centre for the Study of Violence and Reconciliation», 1990. http://www.csvr.org.za/articles/artpart.htm.

[11] Ingeborg Brienes, Robert Connell, Ingrid Eide (dir.), *Rôles masculins, masculinités et violence. Perspectives d'une culture de la paix.*, Cultures de paix, Éditions UNESCO, 2004, pp. 37, 297.

[12] Ministre de la Santé, Nkosazana Zuma ; ministre des Entreprises publiques, Stella Sigcau ; ministre du Logement, Sankie Nkondo ; ministre-adjointe des Arts, de la culture, des science et technologies, Brigitte Labandla ; ministre-adjoint de l'Agriculture Thoko Msane ; ministre-adjointe de la Sécurité sociale (*Welfare*), Geraldine Fraser-Moleketi.

L'attribution de fonctions politiques aux femmes peut révéler à la fois une reconnaissance de la participation des femmes à la lutte contre l'apartheid et une volonté de transformer des relations de pouvoir iniques entre les sexes.

Or, Lisa Vetten du *Centre for the Study of Violence and Reconciliation* (CSVR) montre, dans son étude *Man shoots Wife* (1996) à propos de l'uxoricide dans le Gauteng entre 1986 et 1996, que les attitudes implantées par une législation sexiste ne sont pas forcément éradiquées par la suppression d'un système inégalitaire et la mise en place de réformes[13]. La violence est parfois considérée comme une norme dans les relations entre les sexes. À partir d'entretiens avec des adolescents âgés de seize à vingt-six ans, Katharine Woods et Rachel Jewkes (1998) montrent que la violence envers les femmes est une constante dans les relations sexuelles chez les jeunes, qui, tout en avouant son caractère déplaisant, l'estiment « normale »[14]. Il ne faut pas non plus négliger le poids des coutumes, comme celle de la *lobola*, le transfert de biens de la famille de futur époux à celle de la future épouse, qui légitime l'union contractée. Une coutume qui réduit souvent la femme noire à un bien dans le contrat de mariage, sa valeur ayant fait l'objet de négociation entre les hommes de sa famille et ceux de la belle-famille[15]. Environ 80% des femmes

---

[13] « Un homme considère le départ de son épouse comme la perte d'un bien [...] une perte qui menace son sentiment de bien-être. Les lois et les coutumes – tels que le pouvoir marital et la *lobola* – forcent également cette interprétation. [...] Même si un grand nombre de ces lois ont été abolies, celles-ci ont implanté des attitudes dans le psychisme collectif de la nation, des attitudes qui relèguent les femmes à une citoyenneté de 3ème classe. [...] La seule chose qui les sauve, c'est d'être considérées comme de braves femmes, braves épouses et mères. Sorties de là, elles deviennent des proies idéales ». "Femicide: The New Terror in Women's Lives", *Pretoria News*, 16 janvier 1996.

[14] Katharine Wood, Rachel Jewkes. « "Love is a Dangerous Thing": the Micro-dynamics of Violence in Sexual Relationships of Young People in Umtata », Pretoria, CERSA (Women's Health) Medical Research Council, 1998. http://www.mrc.ac.za.

[15] Anna van der Hoven, « Domestic Violence In South Africa», *Acta Criminologica*, 14 (3), 2001, pp. 13-25. Lloyd Vogelman et Gillian Eagle, «Overcoming Endemic Violence against Women », *Social Justice*, 18(1-2), 1991, pp. 209-29.

interviewées par l'équipe de R.Jewkes en 1999 dans trois provinces sud-africaines admettent que dans leur culture si un homme paie la *lobola,* son épouse lui appartient ; en tant que propriété, objet de valeur ou bien acquis, elles restent donc sous la dépendance des hommes qui possèdent ainsi un pouvoir social et économique qui peut servir de justification à leur violence.[16]

Selon Lisa Vetten, qui critique un net ralentissement des réformes législatives à l'encontre des discriminations sexuelles depuis 1999, l'irréductible violence qui continue de s'exercer sur les femmes démontre la relativité du lien entre la qualité d'une politique d'émancipation féminine et la présence, aussi importante soit-elle, des femmes aux plus hautes fonctions politiques car celles-ci doivent répondre de leurs actes devant leur parti politique et non devant les femmes en général.[17]

Faut-il voir dans cette résistance l'effet du changement de cap amorcé en juin 1996 ? Le bureau du RDP est alors supprimé et une nouvelle politique macroéconomique est adoptée, la GEAR (*Growth, Employment and Redistribution Strategy*),[18] alias « stratégie de croissance, d'emploi et de redistribution »[18]. Une politique qui, selon le gouvernement, n'empêche pas la réalisation des objectifs du RDP. L'année précédente, la *Women's Budget Initiative* (WBI), une initiative gouvernementale, avait été mise en place : un groupe d'experts avait été chargé d'examiner l'impact sur les femmes, en matière de sécurité sociale, d'éducation, de logement et d'emploi, des décisions budgétaires prises par les ministères du Travail, des Finances, du Commerce et de l'Industrie

---

[16] R. Jewkes, L.Penn-Kekana, J.Levin, M.Ratsaka, M.Schreiber, « "He Must Give me Money, he Mustn't Beat me": Violence against Women in Three South African Provinces », Pretoria, CERSA (Women's Health) Medical Research Council, 1999, http://www.mrc.ac.za/gender/violence.pdf.

[17] Lisa Vetten, « Debating Change – having more women in Parliament doesn't necessarily mean that more importance is being placed on women's need », *Mail & Guardian*, 5-11 août 2005, http://www.csvr.org/za/articles artvet17.htm.

[18] La stratégie de la GEAR repose sur une augmentation des exportations, une forte croissance des investissements (étrangers et nationaux) et une réforme du marché de l'emploi vers une plus grande flexibilité. Voir. "Chasing the Rainbow, A Survey of South Africa", *The Economist*, 8 avril 2006.

dans l'application du RDP[19]. Ainsi, dans le 3ème rapport du WBI (1998) Imraan Valodia du *Trade Union Research Project* (TURP, University of Natal) relève, d'une part, une curieuse discrimination dans la composition même de l'équipe chargée de concevoir le GEAR – à une exception près elle ne comprend que des économistes blancs – et, d'autre part, une absence de concertation notoire entre les concepteurs du nouveau plan et les acteurs sociaux, en particulier ceux qui assurent la défense des intérêts féminins :

> Le texte officiel de la GEAR a été conçu et rédigé pour le ministère des Finances par une équipe technique d'économistes. Le texte de la GEAR reconnaît la participation de dix-sept économistes. Parmi ceux-ci un seul n'est pas de race blanche. La GEAR a été élaborée à partir d'un certain nombre de modèles économiques de l'économie sud-africaine, celui de la *African Reserve Bank* étant le modèle dominant. Aucun de ces modèles ne prend en considération le rôle spécifique des femmes dans l'économie sud-africaine. De fait, la stratégie de la GEAR, prise dans son ensemble, n'adopte aucune perspective sur les genres au niveau de la politique économique. Lors de l'élaboration de la GEAR, l'influence exercée par les associations de femmes, les organisations politiques et d'autres groupes d'intérêts collectifs est restée très faible. La nouvelle politique a été publiée sans que l'ANC soit consulté. Lorsque cette nouvelle politique avait été rendue publique, le ministre des Finances a clairement annoncé qu'elle ne se prêterait à aucune forme de négociation.[20]

---

[19] Le WBI est une recherche effectuée par le JSCOF GEP [Joint Standing Committee on Finance Gender and Economic Policy], Case [Community Agency for Social Enquiry], Race and Gender Project at the University of Cape Town and Idasa [Institute for Democracy in South Africa] et plusieurs organisations non-gouvernementales. Voir Debbie Budlender (dir.), *The Women's Budget*, Le Cap, Idasa, 1996.

[20] Imraan Valodia, «Finance, State Expenditure, SA Revenue Service and Central Statistical Service», Debbie Budlender (dir.), *The Third Women's Budget*, Le Cap, Idasa, 1998, pp. 89-116, p.93.

Glen Elder (2003) note également que deux experts étant des économistes de la Banque Mondiale et que les directives de celle-ci n'ayant pas forcément facilité la vie des femmes en Afrique ou dans le monde, les perspectives sont plutôt sombres pour les femmes sud-africaines : « nous pouvons présumer que les coupes proposées dans les dépenses publiques affecteront les femmes plus que les hommes d'Afrique du Sud ».[21]

Émancipation économique et manifestation de violence

« La relation entre l'inégalité et la violence est évidente et fonctionne dans les deux sens. D'abord dans la mesure où l'inégalité promeut et encourage la violence, cette dernière peut être interprétée comme une expression ou une conséquence de l'inégalité et, ensuite, l'inégalité est perpétuée et favorisée par la violence. Ici la violence est le moyen, l'instrument de maintien et de réaffirmation de l'inégalité », déclare Alberto Godenzi[22]. Déconstruire le contrôle des hommes sur le pouvoir économique semble être une condition à l'achèvement de l'égalité des sexes. Dans un article intitulé *Women's Economic Empowerment as the "Magic Potion" of Development?* (2005) Rae Lesser Blumberg établit un rapport de causalité entre le pouvoir économique des femmes et la violence à leur égard. À partir d'informations recueillies auprès de soixante et une sociétés différentes, elle note que, « lorsque les femmes détenaient un pouvoir économique consolidé (de longue date), elles avaient plus de chances de ne pas se faire battre par leur époux ($r = -0,56$), pour ainsi dire, leur poids économique les protégeait considérablement de l'utilisation que les

---

[21] Glen S. Elder, *Hostels, Sexuality and the Apartheid Legacy*, Ohio University Press, 2003. p. 139. Lors de la 5ème Conférence sur la Femme africaine qui s'est tenue à Dakar en novembre 1994, la Banque mondiale et le Fonds monétaire international ont été accusés d'aggraver les disparités économiques entre les hommes et les femmes en Afrique. Voir Colleen Lowe-Morna, « Women: Plus ça change », *Africa Report*, New York, janvier 1995, vol. 40, Iss. 1, p.57.

[22] Alberto Godenzi, « Les déterminants de la culture : les hommes et le pouvoir économique », Ingeborg Brienes, Robert Connell, Ingrid Eide (dir.), *op. cit.*, pp. 37-55, p.41.

hommes pouvaient faire de leur carte maîtresse, la force physique ».[23]

Dans le contexte sud-africain, où la violence envers les femmes reste très élevée[24], la pauvreté constitue un facteur aggravant. D'après Noreen Callaghan, Brandon Hamber et Spiwe Takura (1997)[25], les femmes noires, indéniablement le secteur le plus pauvre de la société sud-africaine, ont dix fois plus de risque de subir des actes de violence que leurs consœurs blanches. Constat que ne dément pas un rapport du *Human Sciences Research Council* (2003) : « Davantage de femmes, dans la catégorie de population à très faible revenu, risquent d'agresser leur partenaire ou d'être agressées elles-mêmes. Deux fois plus de femmes que d'hommes sont agressées. [...] En Afrique du Sud les personnes de race noire/africaine et "*coloured*" ont plus de risques que les autres de se retrouver dans les catégories à faible revenu »[26]. Or, cette pauvreté héritée de l'apartheid[27], persiste dans le creusement des inégalités : l'index GINI est passé, pour la population noire, de 0,62 en 1991 à 0,66 en 1996 pour atteindre 0,72 en 2001.[28]

---

[23] Rae Lesser Blumberg, « Women's Economic Empowerment as the "Magic Potion" of Development? », communication présentée à la 100ème Conférence annuelle de la American Sociological Association, Philadelphie, août 2005. http://www. Portal.unesco.org/shs/en:en/file_download.php.

[24] 54.926 viols en 2005/2006 (soit une augmentation de 1,2% par rapport à 2001/2002). Voir South African Police Force. http://www.saps.gov.za.

[25] Noreen Callaghan, Brandon Hamber, Spiwe Takura, « A Triad of Oppression: Violence, Women and Poverty », *NGO Matters: Poverty Special, South Africa NGO Coalition*, Centre for the Study of Violence and Reconciliation, août 1997, http://www.csvr.org.za/articles/artgend.htm.

[26] « Partner Violence, Attitudes to Child Discipline and Use of Corporal Punishment: A South African Survey », Child, Youth and Family Development, Human Sciences Research Council, Report for Save the Children Sweden (SASAS), Le Cap, 2004, 83 pp., p. 8. http://www.hsrc.ac.za/Research_Publication-4808.phtml.

[27] Catherine Ndinda, Korwa Adar, «The interaction of nationalist and feminist goals with reference to the South African liberation Movement », *Jenda: Journal of Culture and African Women Studies, n°7*, 2006. http://www.jendajournal.com/issue7/ndinda-adar.html.

[28] Craig Schwabe, « Fact Sheet: Poverty in South Africa », Human Sciences Research Council, Regional Southern African Regional Poverty Network, juillet

Pour la période 2001-2006 le *Labour Force Survey* (LFS) de septembre 2006 constate des écarts importants entre les sexes pour préciser ensuite que les femmes noires sont tout particulièrement touchées par le chômage : « à l'exception de la population blanche, le taux de chômage chez les femmes, en particulier chez les femmes noires africaines, est, en règle générale, beaucoup plus élevé que chez leurs homologues masculins »[29]. Selon les estimations, alors que le taux de chômage pour les hommes noirs passe de 31,5% en septembre 2001 à 25,3% en septembre 2006, celui des femmes noires passe de 40,7% à 36,4%. Plus inquiétant, alors que l'étude sur les hommes et femmes d'Afrique du Sud établit qu'en 2001 le taux d'emploi féminin est le plus fort chez les femmes blanches (54%) et le plus faible chez les femmes noires (36%)[30], le LFS de septembre 2006 montre un accroissement de l'écart en faveur des femmes blanches, les pourcentages étant respectivement de 57,2% pour les femmes blanches et de 31,3% pour les femmes noires.[31]

Si entre 2001 et 2006 l'augmentation du nombre de femmes noires dans le secteur formel est incontestable[32], la fédération des

---

2006. http://www.sarpn.org.za. Un coefficient GINI 0 signifie l'égalité absolue tandis qu'un coefficient 1 signifie une concentration absolue des richesses.

[29] *Labour Force Survey,* septembre 2006. Statistics South Africa, Statistical Release P0210, http://www.statssa.gov.za, IV, XVII. En pourcentage de population économiquement active, le taux de chômage selon les sexes est le suivant : hommes (2001 : 25,8 % ; 2002 : 25,9% ; 2003 : 24,7% ; 2004 : 23,1% ; 2005 : 22,6 % ; 2006 : 21,2%) ; femmes (2001 : 33,8 % ; 2002 : 35,9% ; 2003 : 32,0% ; 2004 : 30,2% ; 2005 : 31,7 % ; 2006 : 30,7%) ». *Labour Force Survey,* septembre 2006, *op. cit.*

[30] *Women and men in South Africa: Five years on,* Statistics South Africa, 2002, http://www.statssa.gov.za.

[31] Voir en annexe le tableau 1 : retranscription partielle du tableau 2. 3 « Population en âge de travailler (15-65 ans) par groupe racial, sexe et statut sur le marché de l'emploi (estimations en milliers), 2006 » *Labour Force Survey,* septembre 2006. Statistics South Africa, Statistical Release P0210, http://www.statssa.gov.za.

[32] Voir en annexe le tableau comparatif 2 (retranscriptions partielles) : « Répartition, par race et secteur économique, des femmes et des hommes âgés de 15 à 65 ans qui exercent une activité salariée (en milliers) en 2001 » *Women and Men in South Africa: Five Years on, op. cit.,.* figure 33, et « Personnes exerçant une activité salariée (employés, employeurs et travailleurs indépendants) âgés de

syndicats sud-africains, le COSATU (*Congress of South African Trade Unions*), qui compte presque deux millions de membres, souligne, dans sa déclaration du 9 août 2006 pour la journée nationale des femmes : « Les femmes africaines n'occupent qu'un seul emploi sur cinq dans le secteur formel[33] alors qu'elles constituent la moitié des personnes sans emploi. [...] Pire encore, elles sont encore beaucoup trop nombreuses à subir des abus, parfois des actes de violence, à l'intérieur de leur famille ou dans leur communauté. La situation est d'autant plus grave pour celles qui se trouvent sans emploi, ayant beaucoup de difficulté à quitter un partenaire violent et abusif ».[34]

Le LFS de 2006 note également le pourcentage élevé de femmes (64%) parmi les demandeurs d'emploi découragés (*discouraged work-seekers*) : « En septembre 2006 deux demandeurs d'emploi découragés sur trois (64%) sont des femmes » [35]. Le plus fort pourcentage (34,2%) se trouve dans le groupe des 20-39 ans et la majorité (19,9%) d'entre eux dans la région du Limpopo, 4ème région la plus peuplée d'Afrique du Sud (5.373.000 habitants/47.482.000)[36] avec 13,9% de population noire (5.235.000 habitants/37.646.000) dont 45,7% d'hommes (2.395.000) et 54,2% de femmes (2.836.000). Déjà en 2002 l'étude comparative *Women and Men in South Africa* signalait que les

---

15 à 65 ans, par groupe racial, sexe et secteur, (estimations en milliers), 2006 », *Labour Force Survey*, septembre 2006, *op. cit.*, p.14.

33 Voir *Labour Force Survey*, septembre 2006, *op. cit.*, pp.9, 10, 14. Total des personnes sans emploi : 4. 391.000 / Total des femmes noires sans emploi : 2.167.000. Total des travailleurs dans le secteur formel : 8.990.000 / Total des travailleuses noires dans le secteur formel : 1.863.000.

34 «Statement for National Women's Day Wednesday », *The Weekly Newsletter for COSATU Members and the Public*, 11 août 2006. http://www.cosatu.org.za/news/weekly/20060811.htm.

35 *Labour Force Survey*, septembre 2006, *op. cit.*, p. XXI. La définition officielle du « chercheur d'emploi découragé » est la suivante : « Des personnes qui veulent travailler et sont immédiatement employables mais qui avouent n'avoir pas cherché activement du travail ». En septembre 2006, 3.217.000 personnes sont comptées dans cette catégorie. *Ibid*, pp I, XIX.

36 Après le Kwazulu Natal (8.384.000 Noirs/9.942.000hts), le Gauteng (7.530.000 Noirs/9.559.000hts), l'Eastern Cape (5.987.000 Noirs/6.897.000hts). Statistics South Africa, 2006.

femmes au chômage étaient prédisposées à devenir des chercheurs d'emploi découragés car le temps, l'argent, le transport et d'« autres contraintes » constituaient autant d'entraves à une recherche active d'emploi[37]. Ces contraintes sont-elles liées aux diverses formes de violence ? À la suite des entretiens conduits auprès de femmes âgées de 18 à 49 ans en 1999 dans trois provinces sud-africaines dont le Limpopo (dénommé alors Northern Province) Jewkes, Penn-Kekana, Levin, Ratsaka et Schrieber signalent, pour chaque province et pendant une année, le nombre élevé d'épisodes de traitement et de journées d'arrêt de travail causés par les actes de violence d'un conjoint ou un ex-conjoint, 121.000 pour l'Eastern Cape (EC), 74.594 pour le Mpumalanga (M) et 93.868 pour la Northern Province (NP), ainsi que les nombres respectifs de jours d'arrêts de travail occasionnés dans les secteurs formel et informel, 96. 751 (EC), 178.929 (M) et 197.392 (NP)[38]. C'est justement dans le Limpopo lors de l'ouverture d'une partie du Great Limpopo Transfrontier Park (entre les frontières du Mozambique, du Zimbabwe et de l'Afrique du Sud) que Thabo Mbeki affirme « un engagement inébranlable en faveur de l'émancipation totale des femmes », particulièrement dans le domaine économique avec la promesse de créations d'emplois dans la mise en place d'un plan quinquennal de développement.[39]

Une analyse intitulée *Every Six Hours a Woman is Killed by her Intimate Partner* développée en 2004 par le *Medical Research Council* (MRC) et le *Centre for The Study of Violence and Reconciliation* (CSVR), indique que les femmes tuées par leur conjoint ou ex-conjoint ont, parmi certaines caractéristiques, celle

---

[37] *Women and Men in South Africa: Five Years on, op. cit.*

[38] Voir R.Jewkes, L.Penn-Kekana, J.Levin, M.Ratsaka, M.Schreiber, *"He must Give me Money, he mustn't Beat me": Violence against Women in Three South African Provinces*, Pretoria: CERSA (Women's Health) Medical Research Council, 1999, http://www.mrc.ac.za.

[39] Voir *Address by The President of the Republic of South Africa Thabo Mbeki at the Opening of the Giriyondo access facilities of the Great Limpopo Transfontier Park South Africa and Mozambique*, 16 août 2006. Department of Foreign Affairs, http://www.dfa.gov.za.

de travailler comme domestique. Catherine Ndinda et Korwa Adar (2005) mettent en avant une politique à effets variables :

> Les politiques et les lois progressistes ont certainement profité aux femmes africaines de hautes compétences. Cependant, une grande majorité de femmes africaines, qui possèdent un faible niveau de scolarité et de compétences, occupent toujours le bas de l'échelle sociale, 40% d'entre elles percevant un revenu mensuel qui atteint au plus R 500 (Statistics South Africa, 2000). S'agissant des droits des femmes, il n'est pas suffisant qu'ils soient inscrits dans la constitution.[40]

La construction de l'accès des femmes au pouvoir économique, surtout au niveau de l'encadrement décisionnel, est parfois perçue comme une menace. Menace, qui selon Nthabiseng Motsemme (2002), du *Wits Institute for Social and Economic Research* (WISER), nourrit des stéréotypes familiers. « Sorcière », « prostituée », « lesbienne », images traditionnelles de la déviance féminine attribuées aux femmes noires « trop puissantes ou trop ambitieuses » :

> En cette période post-TRC [*Truth and Reconciliation Commission*], l'impression croissante que les femmes noires s'élèvent sur l'échelle économique aux dépens des hommes noirs aboutit à une radicalisation des conflits entre les hommes et les femmes. Les femmes qui sont perçues comme trop puissantes et/ou trop ambitieuses sont étiquetées sorcières menaçantes, putains fumeuses de cigarettes ou lesbiennes frustrées. En Afrique du Sud, depuis 1994, plusieurs femmes noires ayant un bon niveau d'études ont saisi les occasions économiques qui se présentaient pour monter leur propre entreprise. Un grand nombre d'entre celles qui se sont établies comme consultantes indépendantes se plaignent de la propension avec laquelle certains hommes noirs les considèrent comme des femmes peu farouches aux relations sexuelles. Le fait de rencontrer des femmes noires indépendantes et puissantes va à l'encontre des idées que ces hommes se font de

[40] Catherine Ndinda et Korwa Adar, *op. cit.*

la féminité, et donc, des idées qu'ils se font de leur virilité, la « vraie ».[41]

Dans une étude sur le *management* et le *leadership* en Afrique du Sud, Romie F. Littrell et Stella Nkomo (2005) attirent l'attention sur la spécificité des rôles féminins pendant l'apartheid et le rôle déterminant des différences érigées dans le développement des comportements de *leadership*. Mineures au regard de la loi, les femmes de toutes les « races » devaient d'abord se consacrer au foyer. Lorsqu'elles travaillaient, les femmes blanches s'engageaient obligatoirement dans des professions réservées au féminin (infirmière ou enseignante) tandis que leurs consœurs de couleur ne pouvaient occuper que des emplois non qualifiés : « Il faut peut-être s'attendre à ce que le choc provoqué par cette histoire culturelle singulière suscite des comportements singuliers de la part des dirigeants de race asiatique, noire, « *coloured* » et blanche ».[42]

De fait, « les femmes chefs d'entreprises sont une minorité dans une minorité », conclut le dernier recensement commandé par la *Businesswomen's Association* : le *South African Women in Leadership Census* (2006) montre que les femmes occupent seulement 16,8% des postes de cadre et 11,6% des postes de direction en Afrique du Sud[43]. Dans son rapport annuel (2006-2007), la Commission pour l'égalité des chances et de traitement éprouve des sentiments mitigés : si les résultats sont encourageants pour certains membres des groupes désignés, elle ajoute : « Les femmes blanches sont maintenant sur-représentées à tous les

---

[41] Nthabiseng Motsemme, « Gendered Experiences of Blackness in Post-Apartheid South Africa », *Social Identities*, vol. 8, n°4, 2002, pp.647-73, p. 27. Wits Institute for Social and Economic Research (WISER), en collaboration avec The Interdisciplinary Network on Globalisation (Yale University, USA) & the History and Memory Chair (University of Quebec, Canada), Johannesburg, 7-8 août 2002.

[42] Romie F. Littrell, Stella Nkomo, « Gender and Race Differences in Leader Behaviour Preferences in South Africa », *Women Management Review*, vol. 20. Iss. 7/8. Bradford, 2005. http://proquest.umi./ppqdweb?did : 968130271.

[43] *South African Women in Corporate Leadership Census*, Businesswomen's Association of South Africa. http://www.bwasa.co.za/content.

niveaux de l'encadrement. Cette situation soulève la question de leur maintien dans les groupes désignés ».[44]

En effet, les politiques liées au *Black Economic Empowerment* ont eu un impact plus profond sur le vécu professionnel des femmes blanches, qui représentent 5,5% de la population active et 12% de la population féminine active (LFS septembre 2006), mais qui voient, entre 2000 et 2006, leur participation augmenter non seulement dans les emplois à qualification professionnelle (de 18,3% à 22,1%) mais aussi dans ceux de cadres supérieurs (de 16,7% à 19%) et de dirigeants (de 10,2% à 14,7%)[45]. Pour la même période, la participation des femmes noires, qui représentent 34,5% de la population active et 75,26% de la population féminine active (LFS septembre 2006), en légère augmentation dans les emplois de cadres supérieurs (de 2 à 3,6%) et les dirigeants (de 1,2% à 2,9%), subit une très forte baisse dans les emplois à qualification professionnelle (de 20,5% à 7,2%). En regardant de plus près l'évolution des pourcentages de femmes noires dans ces emplois à qualification professionnelle, emplois qui se trouvent à un niveau-clef d'une promotion vers ceux où s'effectuent les prises de décision et où les rôles s'investissent d'autorité, force est de constater une ligne en dents de scie qui ne caractérise nullement les autres groupes : elle chute de 20,5% (2000) à 4,9% (2002) pour ensuite remonter à 18% (2004) et finalement descendre à 7,2% (2006). Résistance au changement ? Probablement. L'emploi des femmes blanches a été facilité par leur appartenance au groupe désigné par l'*Employment Equity Act* de 1998, sur lequel doit s'appliquer une égalité de traitement. La catégorie du genre aurait ainsi permit de contourner en partie celle de la « race » et donc de limiter la vitesse d'une transformation sociale redoutée : (rite de) passage (psychologiquement) nécessaire pour l'avènement d'une société égalitaire ?

---

[44] Commission for Employment Equity, 7th Annual Report 2006-2007, *op. cit.*, p. 54. « Les groupes désignés sont les populations noires (les Africains, les « *Coloured* » et les Indiens), les femmes et les personnes invalides ». Employment Equity Act, department of Labour. http://www.labour.gov.za.

[45] Commission for Employment Equity, 7th Annual Report 2006-2007, *op. cit.*, pp. 48-53.

Pour expliquer la place – assez réduite – des femmes, en particulier des femmes noires, sur le marché de l'emploi, Shirley Baden, Shireen Hassim et Sheila Meintjes (1999) évoquent des discriminations sexuelles et raciales qui ont pour origine les *Pass Laws* qui réglementaient le déplacement, le travail et le lieu de résidence de la population noire pendant l'apartheid[46]. De toute évidence, les stéréotypes de genre continuent de peser sur la vie professionnelle des femmes. Ici la violence est davantage psychologique. Dans certains cas on estime que les femmes n'ont pas le potentiel de *leadership* des dirigeants traditionnels, qu'elles présentent des comportements qualifiés de distinctifs et supposés préjudiciables à la bonne gestion d'une entreprise : leurs promotions professionnelles sont donc entravées[47]. En outre, les femmes adoptent des stratégies visant à amoindrir ou dissimuler l'importance de leur rôle économique dans leur famille lorsque leur revenu est égal ou supérieur à celui de leur époux[48]. Dans le cas des femmes noires, les préjugés raciaux se conjuguent aux préjugés sexuels.

Un problème de construction sociale d'une nouvelle image ne contribue-t-il pas à freiner une politique de fond d'émancipation des femmes noires ? Entre les années 1970 et 1980, le portrait de la victime opprimée par une certaine forme de capitalisme guidé par l'État a fait pendant à la célébration de l'héroïne qui opposait une résistance farouche à cette oppression[49]. Dans un article consacré aux représentations des races et des sexes dans la publicité, Lene

---

[46] Sally Baden, Shireen Hassim et Sheila Meintjes, *Country Gender Profile: South Africa (Prepared for the Swedish International Development Co-operation Agency (Sida), Republic of South Africa,* 1999. http://womensnet.org.za/links/genderpr.

[47] Voir Babita Mathur-Helm, « Women in Mangement in South Africa », Marilyn J. Davidson, Ronald J. Burke (dir.), *Women in Management Worldwide: Progress and Prospects*, Aldershot, Ashgate, 2004.

[48] Constantina Saffilios-Rothschild, « The Impact of Agrarian Reform on Men's and Women's Incomes in Rural Honduras », Daisy Dwyer, Judith Bruce (dir.), *A Home Divided: Women and Income in The Third World*, Stanford University Press, 1988.

[49] Penelope Hetherington. "Women in South Africa: The Historiography in English", *The International Journal of African Historical Studies*, vol. 26, n°2, 1993, pp.241-69, p. 261.

Øverland (2003) note que malgré l'émergence d'une classe moyenne et d'une petite élite noire, l'industrie publicitaire sud-africaine utilise toujours comme modèle féminin d'émulation les femmes au corps mince, aux cheveux blonds et aux yeux bleus, perpétuant ainsi le mythe de la femme blanche désirée par l'homme noir.[50]

Nul doute, le rôle des médias est incontestable dans la construction des représentations. En effet, ainsi que le démontre Roger Fowler (1979), le langage est utilisé pour manipuler des personnes et les maintenir dans des rôles et des statuts économiques spécifiques[51]. Selon un audit sur la parité effectué en 2006 dans neuf sociétés d'information (où travaillent plus de la moitié des employées des salles de rédaction en Afrique du Sud), audit conduit par le SA *National Editors Forum* (Sanef) et *Gender Links*, il y a maintenant un nombre à peu près égal d'hommes et de femmes dans les salles de rédaction. Néanmoins, les femmes noires, « *coloured* » et asiatiques, qui constituent 46% de la population, ne représentent que 18% des personnes employées dans ces salles alors que les hommes noirs, *coloured* et asiatiques, 45% de la population, représentent 28% de ces employés, un pourcentage identique aux hommes blancs qui constituent 4% de la population. De plus, ces femmes ne sont que 6% à occuper un poste de cadre supérieur ou de dirigeant, poste où se concentre le pouvoir de décision.[52]

---

[50] Lene Øverland, « Another Male Fantasy: Race, Gender and Advertising », Herman Wasserman, Sean Jacobs (dir.), *Shifting Selves. Post-Apartheid Essays on Mass Media, Culture and Identity*. Social Identities South Africa Series, Le Cap , Kwela Books, 2003, pp. 267-82.

[51] Voir Roger Fowler, *Language and Control*, Londres, Routledge and Kegan Paul, 1979, p. 190.

[52] Les sociétés d'informations sont SABC, The Citizen, Kaya FM, Media 24, Primedia, the South African Press Association, the Independent Group of Newspaper, Johncom et le Mail & Guardian. *Glass Ceiling Two: An Audit of Women and Men in South Africa"*, 2007. http://www.genderlinks.org.za.

Une territorialité relative : les frontières de l'émancipation et de la participation économique des femmes de race noire

Dans son rapport annuel 2006-2007 la Commission pour l'égalité des chances et de traitement regrette la lenteur tragique qui caractérise le démantèlement des inégalités raciales et sexuelles héritées de l'apartheid et préconise une action plus radicale :

> L'attribution de pouvoirs économiques, à tous les niveaux de l'économie, aux populations noires [Africains, « *Coloured* » et Indiens], plus particulièrement aux femmes, ne peut se réaliser sans une égalité de chances et de traitement dans l'accès à l'emploi. [...] Le moratoire auquel les employeurs se sont astreints devrait désormais être levé, même si cela implique l'adoption de mesures énergiques .[53]

Ce constat s'oppose aux impressions profanes relevées lors d'une enquête comparative de l'Université des Nations Unies, menée entre janvier 2004 et juin 2006 en Afrique du Sud, en Irlande du Nord et au Liban, qui met en évidence un rapport de causalité entre sécurité économique et insécurité physique. La montée de la violence domestique en Afrique du Sud serait ainsi la conséquence du sentiment de frustration éprouvé par des hommes faussement convaincus que les femmes ont bénéficié globalement plus des mesures mises en place par les pouvoirs publics en termes d'emplois et de droits individuels :

> En Afrique du Sud, un certain nombre d'hommes sont faussement persuadés qu'en matière d'emplois et de droits la transition a largement profité aux femmes, qui se servent désormais de leur pouvoir économique nouvellement acquis pour exclure. Un certain nombre de femmes (et quelques hommes) y voient une justification à l'augmentation de la violence domestique, les hommes défoulant leur frustration de façon violente. Ainsi, nous

[53] Commission for Employment Equity, 7th Annual Report 2006-2007, *op. cit.*, pp 54-55.

> discernons un cycle entre la sécurité et l'insécurité, c'est-à-dire que l'augmentation de la sécurité économique des femmes a conduit à une augmentation de l'insécurité physique. [54]

Il reste également indéniable que dans un pays marqué par un régime de séparation des espaces assignés aux « races » et aux sexes, la notion de mobilité (qu'elle soit géographique ou professionnelle) – et celle, contiguë, de territorialité[55] (donc d'acquisition de pouvoir) – reste particulièrement significative et sensible. Glen Elder (2003) évoque la géographie construite par l'apartheid, qui confinait la femme noire dans l'espace des réserves en zone rurale pour montrer que sa mobilité vers et dans les zones urbaines comportait des dangers :

> La géographie procréationnelle de l'apartheid était telle que certains hommes se voyaient octroyer une mobilité limitée dans les espaces urbains tandis que les femmes [...] étaient confinées dans des réserves rurales. Lorsque des femmes se trouvaient dans les espaces urbains déterminés par l'apartheid, elles effectuaient des tâches à domicile (comme bonnes, par exemple) ou alors elles couraient le risque d'être la cible d'une critique sociale impitoyable.[56]

... une critique-alibi à des actes de violence (*gender violence*).

Helen Moffett de l'*African Gender Institute* (*University of Cape Town*) est convaincue que la violence sexuelle qui frappe les femmes en Afrique du Sud est alimentée par des discours de justification qui plongent leurs racines dans les pratiques de l'apartheid, qui légitimaient la violence du groupe dominant à l'égard du groupe fragilisé non seulement dans le domaine

---

[54] «Re-imagining Women's Security: a Comparative Study of South Africa, Northern Ireland and Lebanon », Key Findings, UUIncore. United Nations University, octobre 2006.
http://www.ony.unu.edu/seminars/2006/womensecurity/index.shtml.

[55]« A primary geographical expression of social power », Robert Sack, *Human Territoriality. Its Theory and History*, Cambridge, Cambridge University Press, 1986.

[56] Glen Elder, *op.cit.*, p. 43.

politique mais, également, de manière très pernicieuse, dans l'enceinte domestique. Si le viol est une façon pour l'homme d'infliger le statut de subordonné à un « Autre » intimement connu – la femme –, dans l'Afrique du Sud post-apartheid, le viol est devenu un programme punitif socialement avalisé, qui permet de maintenir un ordre patriarcal[57]. Elle avance même l'hypothèse selon laquelle la fonction du viol, dans une nation qui n'était pas prête à se doter d'une Constitution aussi favorable aux libertés individuelles, est de maintenir une frontière entre les sphères publique et privée, frontière suffisamment dissuasive pour que les femmes ne cherchent pas à implanter dans la sphère privée l'égalité de statut avec les hommes dont elles bénéficient dans la sphère publique :

> Étant donné qu'une grande partie de l'héritage patriarcal [de l'apartheid] reste intact, on peut suspecter la nouvelle Afrique du Sud démocratique de tenter de circonscrire l'égalité des femmes à des moments précis et dans des espaces déterminés. Ainsi, un marché avec le diable a-t-il été conclu : il est largement convenu que les femmes puissent jouir d'une égalité de statut politique, y compris dans des structures comme le parlement, à condition qu'elles restent en position de subalterne dans le domaine privé et l'enceinte domestique. *Il est tout à fait possible que le viol remplisse, de façon officieuse, la fonction de correctif aux manquements à cette séparation.*[58]

Cette fonction serait d'autant plus motivée par l'élimination de la censure en matière de sexualité mise en place durant l'apartheid, élimination rapide et spectaculaire dans laquelle Deborah Posel (*Wits Institute for Social and Economic Research*, 2005) distingue une politisation de la sexualité, plus particulièrement une érotisation de la libération, dont la signification s'inscrit entre la rupture générationnelle et l'érosion de l'autorité parentale : « Pour

---

[57] Helen Moffett, « 'These Women, They Force us to Rape Them': Rape as Narrative of Social Control in Post-Apartheid South Africa ». *Journal of Southern African Studies*, vol. 32, n°1, mars 2006, pp. 129-144, p. 132.

[58] Helen Moffett, *ibid.*, p. 143.

les jeunes Noirs, en particulier les femmes, le fait d'affirmer une « liberté » sexualisée peut s'interpréter comme une déclaration de rupture entre la génération de l'apartheid et celle de la post-apartheid tout comme le symptôme de l'érosion de l'autorité parentale ».[59]

Dans article publié dans le *Mail and Guardian* du 27 novembre 2006, l'écrivaine Pumla Dineo Gqola interprète la multiplication des violences contre les femmes comme un retrait de pouvoir : « Les indices du retrait de pouvoir sont les viols et les statistiques sur la violence à l'égard des femmes, l'ampleur du harcèlement sexuel, les viols curatifs, l'homophobie féroce et l'utilisation sans scrupules d'images, de métaphores et de paroles misogynes »[60]. Évidemment, malgré les innovations et les politiques qui s'attaquent aux inégalités de « race » et de genre, le gouvernement sud-africain semble peiner à inverser des tendances bien enracinées dans un pays qui a du mal à se détacher d'un long passé de colonisation et de ségrégation. Comme le fait remarquer *Human Rights Watch* (1995), si, pendant le régime colonial et celui de l'apartheid, les femmes ont constitué une force non négligeable de la lutte contre la discrimination raciale, leur combat a souvent été marginalisé (la constitution de l'ANC de 1919 ne leur reconnaissait pas le droit de vote ; il a fallu un amendement en 1943 pour le leur accorder). Catherine Ndinda et Korwa Adar (2005) constatent également que « les femmes qui ont joué des rôles-clefs dans le mouvement de libération ont été reléguées à la périphérie après la réalisation des objectifs nationaux »[61]. Les rôles décisifs ont été revendiqués par les hommes dont le statut post-apartheid devient de plus en plus ambigu, d'autant plus qu'ils perçoivent ses évolutions de façon négative (perte d'un pouvoir économique pour les Blancs et insuffisance de ce pouvoir pour les Noirs) et auxquelles ils réagissent dans une relation de domination avec les femmes (dans un pays où la culture des armes – signe de

---

[59] Deborah Posel, « Sex, Death and the Fate of the Nation: Reflections on the Politicization of Sexuality in Post-Apartheid South Africa », *Africa*, vol. 75, Iss 2., Édimbourg, 2005, pp125-53, p.132.

[60] Pumla Dineo Gqola, « The Hype of Women's Empowerment », *Mail and Guardian on Line*, 27 novembre 2006. http:////www.mg.co.za.

[61] Catherine Ndinda and Korwa Adar, *op.cit.*

masculinité – reste très forte[62]). « Les mouvements racistes, ethno-nationalistes et extrémistes sont souvent l'expression d'une « exigence de domination » centrée sur la figure de l'homme, la femme jouant alors le rôle de soutien et de mères de guerriers. La pression psychologique qui oblige à jouer au guerrier ou au chasseur peut être intense »[63] et perturbe l'installation dans une société d'après-guerre : « En Irlande du Nord et en Afrique du Sud les femmes s'inquiétaient de ce que [...] les crimes contre les femmes avaient augmenté en partie (seulement, et non pas exclusivement) à cause de la démobilisation des anciens combattants »[64].

En fin de compte, les actions menées dans le cadre de la politique sud-africaine du *Black Economic Empowerment* ont eu un effet, même limité, sur le vécu professionnel des populations précédemment défavorisées. Une classe moyenne noire a émergé, même si elle ne représente que 7% de la population noire (bien qu'ayant augmenté de 30% de la fin 2005 à 2007)[65]. La position de la femme s'est améliorée : de 1995 à 2002 la population active s'est fortement féminisée avec un taux de croissance annuel de 7% (le double de celui des hommes)[66]. Un si vaste projet d'ingénierie

---

[62] Promulgué en 2000, le *Firearm Control Act* est seulement appliqué en 2004 (avec un amendement en 2006). Il oblige tous les détenteurs d'armes – entre 2,6 et 3 millions selon la *South Africa Central Firearm Registry* (SAPS) – à les enregistrer à nouveau. Les avis sur les effets de cette loi sont partagés (BBC et UNISA).

[63] « Rapport de la réunion du Groupe d'experts » (extraits), Ingeborg Brienes, Robert Connell, Ingrid Eide (dir.), *op. cit.*, pp. 287-99, p. 292.

[64]. « Re-imagining Women's Security: a Comparative Study of South Africa, Northern Ireland and Lebanon». Key Findings, octobre 2006. UUIncore. United Nations University.

[65] Selon *Black Diamonds 2007: On the Move*, une étude de Unilever Institute of Strategic Marketing (University of Cape Town) et TNS Research Survey sur la classe moyenne noire montre que celle-ci a augmenté de 30% en un an passant de 2 millions à 2,6 millions d'individus (échantillon de 4.500 individus). Par ailleurs, elle indique également qu'en 2007 47% d'entre eux vivent dans des quartiers résidentiels tandis que fin 2005 ils étaient encore 77% (1,55 millions) à vivre dans les *townships*. Voir http://www.southafrica.info.

[66] Voir Rulof Burger et Ingrid Woolard, «The State of The Labour Market in South Africa after the First Decade of Democracy », Centre for Social Science

sociale peut-il se réaliser en une seule décennie ? Des évolutions sont en cours. À la suite de l'enquête *Gender: The New Struggle* (2004), Sarah Bovim, consultante pour le *Unilever Institute of Strategic Marketing* (UCT) insiste sur le progrès fulgurant accompli en quelques années en terme d'opportunités économiques pour la population féminine noire : « Il y encore quelque temps les jeunes Africaines se trouvaient probablement dans le bas de l'échelle si l'on considère le nombre d'occasions qui se présentaient à elles. [...] La situation s'est complètement inversée et elles occupent aujourd'hui le haut de l'échelle, [...] elles ont accompli en un tour de main ce que les occidentales ont mis quarante ans à accomplir »[67]. Avec le temps les réformes amorcées finiront vraisemblablement par avoir un effet sur le système de valeurs de la société sud-africaine. N'oublions pas que 32% de la population sud-africaine (34% de la population noire) a moins de quinze ans. Comme le soutient Oupa Makhalemele à la fin de son enquête *Race and Identity in Schools* (2005) les jeunes sud-africains contribueront assurément à une meilleure compréhension mutuelle car ils évoluent dans une société dont ils n'ont pas façonné le passé tragique et où les différences raciales ne sont plus des barrières :

> La transition effectuée par l'Afrique du Sud vers une société fondée sur l'éthique des droits humains est un processus qui exige une réflexion continuelle. Selon la façon dont ils abordent leur monde, les jeunes sud-africains qui évoluent dans une société débarrassée des lois de l'apartheid ouvrent la possibilité de voir se développer un mode particulier de gestion de l'héritage de l'apartheid. Il y a deux raisons à cela. D'une part, les occasions qu'ils rencontrent de communiquer avec des personnes de races anciennement ségréguées sont beaucoup plus nombreuses. D'autre part, parce ce qu'ils n'ont personnellement assumé aucune

---

Research, Centre for the Study of Violence and Reconciliation, Working paper n°133, University of Cape Town, 2005, p.5. http://www.cssr.org.za.

[67] Voir « We've Come a Long Way Sisters: Research Confirms the Emergence of a New Breed of South African Woman », *Sunday Times*. http://www.unileverinstitute.co.za.press_long_way_sisters.htm.

> responsabilité dans le passé honteux de leur pays, il est vraisemblable qu'ils se montreront plus compréhensifs les uns envers les autres.[68].

Les résultats obtenus par Unilever (UCT) laissent supposer que le raisonnement s'appliquerait dans le domaine des relations entre les sexes.

Malgré leurs critiques sur l'accès limité au pouvoir économique des femmes sud-africaines, Catherine Ndinda et K. Adar signalent que contrairement à l'Irlande et à l'Inde, l'Afrique du Sud n'a pas écarté les questions liées aux spécificités de la condition des femmes après la conquête de la démocratie :

> En Irlande et en Afrique du Sud, les questions relatives aux femmes restaient subordonnées à la réalisation des objectifs nationaux. Dans ces pays, ainsi que dans d'autres pays en voie de développement, l'avènement de la libération nationale devait automatiquement mener à la réalisation des objectifs féministes. Les événements en Irlande et en Inde ont montré que les questions relatives aux femmes ont été oubliées dans la période post-révolutionnaire. En Afrique du Sud, après la transition vers la démocratie, plusieurs lois et politiques liées aux besoins spécifiques des femmes ont été adoptées[69].

En effet, la combinaison d'une constitution exemplaire en matière de droits humains et des politiques de *Black Economic Empowerment* est un risque en même temps qu'un beau pari sur l'avenir, surtout en matière d'émancipation des femmes, en particulier des femmes noires, premières victimes du colonialisme et de l'apartheid. Selon l'étude *Gender Gap 2006* du Forum économique mondial qui mesure l'écart entre les genres dans 115 pays (90% de la population mondiale) en matière de participation

---

[68] Voir Oupa Makhalemele, « Race and Identity in Schools: Young South Africans Engaging with a Changing Environment», *Race and Citizenship in Transition Series*, Centre for the Study of Violence and Reconciliation, Johannesburg, 2005. http://www.csvr.org.za.

[69] Catherine Ndinda, Korwa Adar, *op. cit.*

économique, d'éducation, de pouvoir politique et de santé, l'Afrique du Sud occupe le 18ème rang avec un taux de parité global de 71%[70]. Toutefois, comme le souligne le dernier rapport de la Commission pour l'égalité des chances et de traitement, les réformes engagées doivent être accélérées.

Ces réformes doivent peut-être s'ouvrir à une autre logique, celle du besoin d'émancipation des hommes : « Toute cette campagne médiatique sur « l'émancipation des femmes », c'est de la poudre aux yeux, les femmes seraient ainsi les seules personnes à avoir besoin de s'émanciper », écrit Pumla Dineo Gqola[71]. Dès 1997 Robert Morrell (2004) remarquait que le changement de régime politique en Afrique du Sud se caractérisait par le transfert du pouvoir d'une élite blanche, masculine et parlant l'afrikaans vers une élite africaine masculine et mettait l'accent sur l'importance d'un programme gouvernemental traitant ouvertement des questions de masculinité[72]... Les réformes mises en place ne peuvent fonctionner que dans un cadre socio-culturel plus large qui implique une autre façon de penser et de représenter les sexes et, surtout, les relations entre les sexes.

---

[70] Pris séparément, l'écart dans chaque champ place l'Afrique du Sud dans le rang suivant : 79ème pour la participation économique, 42ème pour l'éducation, 8ème pour le pouvoir politique et 59ème pour la santé.
Voir http://www.weforum.org/pdf/gendergap/rankings.xls.

[71] Pumla Dineo Gqola, *op. cit.*

[72] R. Morrell, « Les hommes sud-africains dans l'ère post-apartheid : réactions, dangers et possibilités », Ingeborg Brienes, Robert Connell, Ingrid Eide (dir.), *op. cit.*, pp. 113-22.

Annexe

Tableau 1

	Femmes N (1 000)	
		Économiquement actives (EA)
	Total EA+ Non EA	Qui exercent une activité salariée
Tous les groupes confondus	16473	5480
Noir Africain	12068	3781
"*Coloured*"	1432	642
Indien/Asiatique	420	169
Blanc	1518	869

Tableau 2

	Secteur formel 2001	Total 2001	Secteur formel 2006	Total 2006
Noirs Africains	4111	7925	5470	8.883
Hommes	2965	4086	3607	5101
Femmes	1446	3839	1863	3781
Coloured	1083	1342	1172	1412
Hommes	612	709	641	770
Femmes	471	633	531	642
Indiens/Asiatiques	340	402	404	452
Hommes	211	247	249	283
Femmes	129	155	154	169
Blancs	1857	1994	1902	2007
Hommes	1067	1132	1075	1138
Femmes	790	862	826	869

Les guerriers zoulous et la bataille d'Isandhlwana (1879) : Henry Rider Haggard ou l'ambivalence d'un mythe victorien

Gilles Teulié

L'Angleterre de la fin des années 1870 est au faîte de sa domination du monde, mais semble également sclérosée par des peurs sociales tenaces issues des difficultés inhérentes aux changements socio-économiques provoqués par la Révolution industrielle. En quête d'assurance sur la « normalité » de leur peuple, les victoriens éduqués se sont passionnés pour les débats opposant évolutionnistes et créationnistes, sur la recherche du chaînon manquant permettant de définir la place de l'homme dans la nature d'un point de vue scientifique, et sur l'origine des espèces grâce aux développements de la paléontologie. Les partisans du darwinisme social et de l'eugénisme ont alors codifié le concept de « race » et ont essayé de hiérarchiser les êtres afin d'établir un classement pseudo-scientifique des humains. La colonisation est devenue un corollaire de ces idées ; elle s'est appuyée sur les expériences du « terrain » impérial afin de valider la justesse de ces théories et pour justifier le processus expansionniste. Ainsi peut-on lire sans surprise les propos d'un officier britannique qui racontait sa version de la guerre anglo-zouloue de 1879 :

> C'est la civilisation que les Européens vont apporter à la place de la barbarie qui existe dans ces contrées ; il faut se rappeler qu'ils ne sont que les exécuteurs aveugles des lois de la nature qui

> condamnent forcément les races inférieures à disparaître devant les races plus civilisées.[1]

Mais si les victoriens avaient une vision dévalorisante de l'Africain, le Zoulou tenait une place à part dans le panthéon des peuples que les victoriens souhaitaient « civiliser ». C'est l'ambivalence des représentations à l'égard de ce peuple, en particulier chez l'écrivain populaire Henry Rider Haggard, que cet article souhaite aborder.

La vision donnée par Henry Rider Haggard des Noirs sud-africains qu'il a côtoyés est, semble t-il, dénuée des stéréotypes qui prévalent à son époque. Il trouve que, contrairement à l'idée reçue, ils ne sont pas des êtres « inférieurs » mais ressemblent à l'homme blanc, partageant les mêmes qualités physiques et intellectuelles tout en étant « en tant que race, plus vifs d'esprit, plus honnêtes et plus courageux que les hommes blancs ordinaires ». Il n'hésite pas aussi à fustiger l'idéologie impérialiste dominante : « Je ne peux croire que le Tout Puissant, qui a créé les Blancs et les Noirs, a octroyé à l'une des races le droit (ou la mission) d'exterminer, ou même de voler et maltraiter l'autre au nom du progrès de la civilisation »[2]. Haggard, voyageur et auteur, a écrit des choses aussi diverses que des essais politiques et des traités agricoles, mais il est surtout célèbre pour ses romans « populaires » participant à la codification d'un genre : « Au cours de leur long voyage, ils avaient eu de nombreuses aventures, de celles que rencontraient fréquemment les voyageurs en Afrique avant l'apparition du chemin de fer ; des aventures avec des bêtes sauvages et des tribus indigènes [...] »[3]. Cette image « populaire » influença les voyageurs, comme le montrent les propos d'Eleanore

---

[1] « Un officier britannique » (anonyme), *Histoire complète de la guerre des Anglais contre les Zoulous*, Paris, Librairie Universelle d'Alfred Duquesne, 1879, p.316.

[2] Henry Rider Haggard, *Cettiwayo and his White Neighbours, or Remarks on Recent Events in Zululand, Natal and the Transvaal*, (1882), Kessinger Publishing, s.d., p.175. Traduit par mes soins.

[3] H. Rider Haggard, *Benita, an African Romance* (1914), Londres, New Orchard Edition, 1986, p.239. Traduit par mes soins.

Tyrell évoquant le début de la guerre anglo-zouloue et du désastre d'Isandhlwana : « Quel enthousiasme ! Je n'avais nullement peur ! Je frissonnais à l'idée que je vivais des moments historiques ! Voilà qui était excitant ! Voilà qui était dangereux ! Voilà qui me permettait d'être au cœur de la vie, et de la mort ! ».[4]

Henry Rider Haggard (1856-1925) était le huitième enfant d'une fratrie de dix, fils d'un avocat et d'une mère poétesse. Il partit en Afrique du Sud en 1875, car son père déçu par ses progrès scolaires l'avait placé auprès du Lieutenant-gouverneur du Natal, *Sir* Henry Bulwer. Puis il fut nommé à la haute cours du Transvaal en 1878. Pendant la guerre anglo-zouloue (1879) il s'engagea dans l'armée, mais ne participa pas directement à la guerre, son régiment étant resté cantonné à Pretoria. C'est pendant cette période qu'il se familiarisa avec l'Afrique du Sud, les Boers et les Zoulous. Après la défaite britannique de Majuba Hill en 1881, le Transvaal obtint son indépendance perdue en 1877. Haggard, qui s'était marié, retourna en famille en Angleterre, où le désir de partager son expérience sud-africaine le poussa à publier *Cettiwayo and his White Neighbours* en 1882. Plus tard, suite à un pari avec l'un de ses frères qui avait affirmé qu'il ne pourrait égaler le succès rencontré par le roman de R.L. Stevenson, *L'Île au trésor* (1882), Henry écrivit en 1885 *Les Mines du roi Salomon* en six semaines dit-on et gagna le pari. Son livre se vendit à 31 000 exemplaires en 1885 et à près d'un million du vivant de l'auteur. Il ne cessa pas de publier, devenant l'un des apologistes de la masculinité « virile » des victoriens[5]. Ses succès ont marqué nombre de ses jeunes lecteurs, comme Graham Greene, qui écrivait dans *The Lost Childhood* (1951) que, sans *Les Mines du Roi Salomon,* il ne serait

---

[4] Eleanor Tyrrell citée par Ludmila Omundsen, "*'Living in the Making of History!'*, Two Victorian Female Travellers' Representations of the 1879 Anglo-Zulu War" *in* Gilles Teulié (dir.), "Victorian Representations of War", *Les Cahiers victoriens et édouardiens*, n°66, Montpellier, Presses Universitaires de la Méditerranée, octobre 2007, p.181. Traduit par mes soins.

[5] Voir Nathalie Saudo, « "Man is Born to Kill": énergie et barbarie dans les *Imperial Male Romances* de Rider Haggard », *in* Gilles Teulié (dir.) *Science & Race, Les Carnets du Cerpac*, n° 5, Montpellier, Presses Universitaires de la Méditerranée, 2007, pp.283 à 310.

jamais allé en Afrique[6], ou W.K.L. Dickson, l'un des premiers cinéastes de l'Afrique, qui raconta, en arrivant pour la première fois en Afrique du Sud en 1899 : « Les descriptions de l'Afrique du Sud de Rider Haggard m'apparaissaient avec force, et je me délectais de tout ce que je voyais et entendais »[7]. La vision que donnait Haggard de l'Afrique était celle d'un paradis perdu, non spolié par la civilisation : « C'était comme se retrouver face à face avec la Grande Nature des Origines, non pas la nature telle que nous, les gens civilisés, la connaissons : les champs enchanteurs, les bois bien ordonnés, mais telle qu'elle était à l'aube de la création »[8]. Cette remarque est intéressante, car Haggard était un conservateur très anti-libéral ; pour lui, le libéralisme dépeuplait les belles campagnes anglaises au profit de villes surpeuplées, ce qui avait une influence néfaste sur la « race ». Il transposa sa vision de l'Angleterre en Afrique du Sud, en montrant que les Boers des villes avaient perdu les qualités de leur « race », alors que ceux des campagnes les avaient conservées, ce qui faisait de ces derniers de valeureux combattants. Nous verrons qu'il en va de même des Zoulous dans les ouvrages les plus connus de sa saga sud-africaine, *Cettiwayo and his White Neighbours* (1882), *King Solomon's Mines* (1885), *Allan Quatermain* (1887), *Nada the Lily* (1892), *Marie* (1912), *Children of the Storm* (1913), *All Adventure: Finished* (1917).

L'empire de Chaka au XIXe siècle

Les Zoulous sont entrés dans l'histoire à partir des années 1820, lorsque Chaka a décidé d'unir les tribus Nguni autour de lui. Il perfectionna un système militaire unique mis en place par

---

[6] Cité par Wendy R. Katz, *Rider Haggard and the Fiction of Empire*, Cambridge, New York, Port Chester, Melbourne, Sydney, Cambridge University Press, 1987, p.1.

[7] W.K.L. Dickson, *The Biography in Battle. Its Story in the South African War Related with Personal Experiences* (1900), Facsimile Reprint Edition, Madison, Teaneck, Fairleigh Dickinson University Press, 1995, p.46. Traduit par mes soins.

[8] H. Rider Haggard, 'A Zulu War Dance', *Gentlemen's Magazine*, 1877. Cité par Wendy R. Katz, *op. cit.* p.8. Traduit par mes soins.

Dingiswayo. Chaque homme de moins de quarante ans était incorporé à un régiment que l'on distinguait par la couleur de son bouclier, régiment fondé sur trois classes d'âge et non établi selon l'origine tribale. À partir de sa tribu les Amazulus, il lança une série de conquêtes-assimilations célèbres pour leur aspect sanguinaire, période connue sous le nom de *Mfecane* (l'écrasement ou guerre totale), et qui fit du Kwazulu l'un des États africains les plus puissants du XIXe siècle. Bâtie sur une structure militaire efficace, l'œuvre mythique de Chaka fut poursuivie par les rois zoulous jusqu'à la chute de l'empire en 1879 (Dingane, Mpande et Cettiwayo)[9]. Cettiwayo fut le vainqueur de la bataille d'Isandhlwana, le 22 janvier 1879, contre les Britanniques. Cette bataille est un élément important de notre analyse : 1 200 soldats gallois du 24ème régiment des « *South Wales Borderers* » furent tués par une *impi* (armée) de plusieurs milliers de guerriers lors de la première confrontation entre Zoulous et Britanniques, quelques heures à peine après l'invasion du Zululand par l'armée britannique. Trop sûrs de leur supériorité, les Britanniques ne prirent pas la peine de protéger le camp en mettant les chariots en cercle. Leurs armes à feu firent de nombreuses victimes parmi les assaillants, mais ils furent défaits par l'attaque zouloue.

Le traumatisme provoqué en Angleterre par cette défaite, fut en partie responsable de la chute de Benjamin Disraeli. On prête à ce dernier les paroles suivantes : « Qui sont ces Zoulous, qui sont ces gens qui ont vaincu nos généraux, converti nos évêques et qui ce jour-là ont mis fin à une grande dynastie »[10]. Il faisait référence au général (*Lord*) Chelmsford, dont l'un des officiers (le lieutenant-colonel H.B. Pulleine) fut défait à Isandhlwana, à l'évêque du Natal Colenso, qui soutint les Zoulous et au Prince Impérial Louis-Napoléon Bonaparte, fils de Napoléon III, tué au Zululand alors qu'il servait dans l'armée britannique. Si cette

---

[9] Voir, Jean Sévry, *Chaka, Empereur des Zoulous. Histoire, Mythes et Légendes*, Paris, L'Harmattan, 1991.

[10] Cité par R. N. Currey, *Winnicombe's Trek Son of Natal Stepson of Transvaal 1854 – 1932*, Pietermaritzburg, University of Natal Press, 1989, p.64. Traduit par mes soins.

défaite n'eut pas de conséquences fâcheuses pour les Blancs lors de la suite de la campagne militaire, elle eut toutefois un retentissement énorme et provoqua une onde de choc qui se répandit dans tout l'Empire britannique. La conviction profonde de la supériorité technologique (réelle) d'une armée de type européen, face à des peuplades « indigènes », ne pouvait qu'exclure la possibilité d'une défaite. La promenade de santé que devait représenter la campagne britannique d'annexion du Zululand tourna au cauchemar dès ses prémices : « *Sir* Battle Frere croyait n'avoir qu'à se montrer pour châtier quelques rebelles, et voilà qu'il trouvait devant lui des ennemis redoutables »[11]. C'est aussi cela qu'exprime Paul Deleage, qui couvrit la guerre anglo-zouloue pour le *Figaro*, en montrant que l'image du Zoulou avait changé en Angleterre après la bataille :

> Mais aux premiers pas sur la frontière du Zululand le désastre d'Insalwana (*sic*) montra immédiatement que l'on n'avait déjà que trop tardé ; il ne s'agissait plus d'une poignée de sauvages à châtier promptement, on se trouvait en présence de toute une nation armée et aguerrie, prête à tout événement et qui montrait sa force brutale à la première violation de son territoire.[12]

Les autorités militaires britanniques furent donc tenues de justifier cette défaite inattendue. Dans pareil cas, l'une des options consiste à valoriser l'adversaire afin d'expliquer sa supériorité. On découvrit les qualités guerrières et esthétiques des Zoulous, qui contrastèrent avec l'image du barbare cruel et démoniaque que véhiculait l'idéologie impérialiste victorienne. Ainsi la littérature britannique trouva dans ce peuple un important élément cathartique des angoisses de Blancs confrontés à leur « mission » dans le monde. L'idée que l'homme a besoin d'un adversaire formidable, exutoire à ses angoisses, a été examinée chez les victoriens par

---

[11] « Un officier britannique », *op. cit.*, p.235.

[12] Paul Deléage, *Trois mois chez les Zoulous et les derniers jours du Prince Impérial*, Paris, E. Dentu, 1880, p.36.

Roland Marx en la personne de Jack l'Éventreur[13] et chez les Sud-Africains par J.M. Coetzee avec sa fameuse main noire qui sort de sous le lit pour attraper la cheville du Blanc[14]. Ainsi c'est au plan du mythe que le « grand méchant Zoulou » a trouvé sa place dans l'imaginaire britannique.

La vague déferlante zouloue contre la « mince ligne rouge »

Traditionnellement, l'imagerie martiale des peuples dits « civilisés » oppose les armées disciplinées à des hordes barbares qui chargent en désordre et en hurlant, reste du traumatisme des invasions du même nom qui transformèrent l'Europe au Ve siècle. Les soldats britanniques exprimèrent leur étonnement et soulignèrent l'ampleur du danger auquel ils ne s'attendaient pas, comme Charles E. Commeline, officier des *Royal Engineers*, qui raconta la charge des Zoulous à Isandhlwana :

> Ils continuaient d'avancer comme des fourmis. Lorsqu'un homme tombait, un autre prenait sa place dans le plus parfait silence. Ils se présentaient par vagues de cinq lignes dans le plus parfait style européen moderne. À la fin, ils étaient tous allongés à cause du feu nourri qui les avait tous fauchés par rangées entières.[15]

Ce qui visiblement impressionne l'auteur ici, c'est le silence des guerriers, qui ne vocifèrent pas, et surtout la discipline toute « européenne » dont ils font preuve. Haggard exprima la même idée dans son ouvrage de géopolitique sur l'Afrique du Sud : « Le système militaire zoulou était le même système que le service

---

13 Roland Marx, *Jack L'Éventreur ou les fantasmes victoriens*, Bruxelles, Éditions Complexe, 1987.

14 J.M. Coetzee, *En attendant les barbares*, traduction de l'anglais par Sophie Mayoux, Paris, Éditions du Seuil, 1987.

15 Cité par Franck Emery, *Marching over Africa, Letters from Victorian Soldiers*, Londres, Sydney, Auckland, Toronto, Hodder & Stoughton, 1986, p.29. Traduit par mes soins.

universel de l'Allemagne, mais poussé à la perfection absolue, obtenue en subordonnant tous les liens et les devoirs sociaux à des fins militaires »[16]. Il reprend ce thème dans ses œuvres de fiction comme *Nada the Lily* (1892) : « L'organisation militaire zouloue, peut-être la plus merveilleuse que le monde ait jamais vue [...] »[17]. L'impression provoquée par l'apparition de cette masse considérable de guerriers est apparemment la scène qui a marqué le plus les soldats de la reine Victoria, ainsi que le décrit le sergent A. Booth après la bataille de la rivière Intombi : « J'ai regardé par l'ouverture du wagon, et je n'oublierai jamais le spectacle que je vis. Le jour était en train de se lever, et il y avait environ 5 000 Zoulous de l'autre côté. Ils étaient proches des tentes et poussaient leur cri de guerre « Zu Zu » (Usuthu)[18]. Lors de la même bataille, le soldat Edmund Fowler, du 90ème régiment d'infanterie légère, décrit ses ennemis comme une entité unique dans laquelle se fondent les guerriers, ce qui donne l'image d'un rouleau compresseur que rien ne peut arrêter : « Le jour suivant ils s'approchèrent, quelque 30 000 d'entre eux, noircissant l'atmosphère à cause de la poussière qu'ils soulevaient en s'approchant du camp [...]. Ils arrivaient toujours comme une grande vague déferlant de tous les côtés sur nous »[19]. Pour les Britanniques, la métaphore de la vague déferlante que nous trouvons chez ce soldat semble le mieux décrire l'impression provoquée par la charge zouloue. On la retrouve en effet fréquemment chez les auteurs britanniques, comme F.S. Brereton qui, dans un de ses romans d'aventure, met en scène la fin des soldats de la reine Victoria à Isandhlwana : « Inlassablement Donald vit une vague noire se précipiter contre un groupe isolé ; une fois passée, elle ne laissait aucun manteau rouge debout »[20]. Les ingrédients sont réunis ici pour justifier la défaite britannique :

---

16 H. Rider Haggard, *Cettiwayo and his White Neighbours*, *op. cit.*, p.21

17 H. Rider Haggard, (1892), *Nada the Lily*, Aegypan Press, s.d. , p.9.

18 *Ibid.*, p.73.

19 Cité par Franck Emery, p.78.

20 F.S. Brereton, *With Shield and Assegai, a Tale of the Zulu War*, Blackie and Son, Londres, Glasgow et Bombay, 1899, pp.135-36. Traduit par mes soins.

la vague déferlante noire, rapide et efficace, submerge les soldats impuissants. Le rouge (des uniformes britanniques) ne peut résister au noir (de la peau des guerriers zoulous). Cette image, très graphique, est utilisée afin que l'évocation fasse rêver plus d'un (jeune) lecteur sensibilisé à cette version victorienne du « rouge et du noir ». De même chez Haggard, au début du roman *Allan Quatermain* (1887), le personnage éponyme, narrateur homodiégétique de l'histoire, ne supporte plus la vie policée de la société victorienne ; il veut retourner en Afrique du Sud car il lui manque quelque chose : « La soif des grands espaces sauvages me tenaillait »[21]. Il renchérit en disant qu'aucun homme ayant comme lui vécu quarante ans dans les contrées sauvages de l'Afrique ne peut rester loin de ces lieux, sinon il se morfond : « il commence à se languir, oh comme il se languit de l'air particulier du désert ; il rêve de la vision des *impis* zoulous se brisant sur leurs ennemis comme des vagues sur des rochers, et son cœur se rebelle contre le carcan de la vie civilisée »[22]. L'image d'un tsunami humain fait du guerrier zoulou un élément métonymique d'une entité quasi invincible dont l'esthétique est digne d'être vue selon Haggard. Cette citation souligne que la vague zouloue est l'antithèse du conservatisme puritain victorien : elle est l'explosion de la vie, l'aventure, l'accomplissement de soi. Haggard affectionne cette image qu'il reprend dans le dernier volet de sa trilogie conclusive de la saga zouloue *All Adventure: Finished* (1916) :

> Le spectacle de ces Zoulous qui chargeaient en tenue de combat avec leurs plumes et leurs boucliers, poussant leur cri de guerre et brandissant leurs lances, était impressionnant [...]. D'autres groupes de soldats formèrent des carrés approximatifs, sur lesquels les guerriers sauvages se brisèrent comme de l'eau sur des rochers.[23]

---

[21] H. Rider Haggard, *Allan Quatermain* (1887), Londres, Target Book, 1986, p.9. Traduit par mes soins.

[22] *Ibid.*, p.9.

[23] Henry Rider Haggard, *All Adventure: Finished* (1916), The Essential Library (USA), 2001, pp. 300-01. Traduit par mes soins.

À l'instar du garçon victorien qui, tel un démiurge, domine ses petits soldats de plombs, le lecteur peut couvrir tout le champ de bataille d'un simple coup d'œil. On peut ainsi mieux apprécier la beauté de la « vague déferlante ». Un témoin de ce phénomène utilise lui aussi cette métaphore marine : « Le flot monte toujours ; les Zoulous dessinent un croissant épais et noir [...] »[24], image qu'il poursuit plus avant lorsqu'il décrit la charge dans les rangs zoulous d'un régiment de cavalerie britannique qui descend d'une montagne : « Hommes et chevaux plongèrent plutôt qu'ils ne tombèrent dans les masses profondes des sauvages »[25]. Ainsi la vision globale du champ de bataille a pour conséquence de fondre les individus en une masse uniforme. Visiblement Henry Rider Haggard est marqué par le spectacle viril de la multitude de guerriers en tenue de combat. Ce qui semble le fasciner, c'est l'obéissance dont font preuve ces combattants qui peuvent attendre les ordres sans montrer la moindre impatience avant de libérer leur puissance destructrice :

> Ces hommes étaient immobiles alors que nous passions devant eux. Il est impossible de décrire la grandeur du spectacle qu'ils donnaient, avec leurs grandes plumes, leurs lances scintillantes et leurs boucliers en peau de bœuf.[26]

Une fois de plus l'auteur insiste sur la beauté du spectacle, mais surtout sur l'ordre et la rigueur militaire qui font que cette nation est grande et conquérante et qu'elle a pu battre la meilleure armée européenne, une partie du succès initial du roman (1885) reposant probablement sur ce fantasme. Le spectacle de milliers d'hommes qui s'affrontent et que le lecteur observe en étant « au-dessus de la mêlée » est une image atemporelle, comme le montrent les films hollywoodiens qui mettent en scène des batailles célèbres (*Troie*) ou imaginaires (*Le Seigneur des anneaux*). Mais comme Homère,

---

[24] « Un officier britannique », *op. cit.*, p.193.

[25] *Ibid.*, p.222.

[26] Henry Rider Haggard, *King Solomon's Mines* (1885), Airmont Publishing, New York, 1967, p.101. Traduit par mes soins.

H. Rider Haggard avait compris que le lecteur a besoin de s'identifier à un individu et non à un ensemble. Il dissocie donc le guerrier de la masse des *impis* pour le présenter individuellement, afin de rehausser son prestige :

> Nous sommes arrivés devant la première compagnie et quel ne fut pas notre étonnement d'être en face du plus magnifique groupe d'hommes qu'il m'ait jamais été donné de voir. C'étaient tous des hommes mûrs, des vétérans de quarante ans. Aucun d'eux ne faisait moins d'un mètre quatre-vingts, et certains faisaient même un mètre quatre-vingt-dix et plus.[27]

Ce plan rapproché, qui permet d'avoir une vision plus proche de l'« action », plus graphique, met en scène une dualité omniprésente chez les victoriens : l'individu et sa relation au groupe.

De l'antique guerrier au preux chevalier : le sacrifice du héros

Au XIXe siècle, rares sont les circonstances qui mettent en scène un héros africain. Chez H. Rider Haggard, le Noir peut être l'égal du Blanc mais dans certaines conditions. Il faut qu'il soit beau physiquement, qu'il soit un guerrier (que des cicatrices le prouvent), qu'il ait de la dignité, qu'il soit de sang royal afin de pouvoir régner grâce aux Blancs et qu'il puisse éventuellement se sacrifier pour les sauver. Les deux personnages emblématiques de l'œuvre de Haggard qui répondent à ces critères sont Ignosi et Umslopogaas. La description du personnage d'Umslopogaas par exemple, le compagnon d'Allan Quatermain[28], est caractéristique de l'esthétique haggardienne : « un visage zoulou à l'expression impressionnante » (p.20), « je suis un guerrier parmi les guerriers ; regarde mes cicatrices » (p.23), « une main délicate et aristocratique » (p.20), « je suis de haute lignée, je suis du même

---

27 *Ibid.*, p.92.

28 H. Rider Haggard, *Allan Quatermain*, *op.cit.*

sang que Chaka, le grand roi, je suis un chef et capitaine du régiment des *Nkomobakosi*[29] » (p.15). Ces descriptions positives ont, à l'évidence, marqué W.K.L. Dickson, qui, lorsqu'il arrive à Durban avec son équipe, prend un pousse-pousse tiré par un Zoulou : « Nous avons choisi un vrai Umslopogaas, digne de celui de Rider Haggard, nous nous sommes assis et l'avons observé, ainsi que les autres, en admirant les proportions et la symétrie parfaite de ces magnifiques spécimens d'humanité – une race attrayante, propre de corps et aux manières policées, un peuple avec des valeurs et à l'esprit pur »[30]. Il est intéressant de noter que c'est un Swazi du nom de M'hlopekazi, fils du roi du Swaziland, et non un Zoulou, qui servit d'inspiration à R. Haggard. Toutefois, les Swazis, les Zoulous, les Xhosas et les Ndebelés sont tous de la même famille Nguni, et Haggard fut donc autant impressionné par la finesse et la noblesse de ce guerrier qu'il l'aurait été d'un Zoulou[31]. Lorsque après bien des aventures, les héros doivent murer une porte afin d'échapper à leurs ennemis, Umslopogaas se bat afin de permettre à ses compagnons de finir l'ouvrage, sacrifiant par là même sa vie. Ayant vaincu ses ennemis et sauvé ses amis, Umslopogaas, mortellement blessé, décide que personne d'autre que lui ne possèdera son arme favorite, sa hache de guerre et il décide de la briser sur un rocher[32]. La mort homérique d'Umslopogaas, avec sa hache nommée Inkosi-Kaas, évoque irrémédiablement la chanson de geste de Roland et sa glorieuse mort à Roncevaux, notamment l'épisode où celui-ci veut briser son épée, Durandal, sur un rocher, afin qu'elle ne tombe pas aux mains des païens. Il semble que Haggard ait voulu donner à son héros une aura mythique issue de la tradition chevaleresque du Moyen-Âge,

---

[29] Le régiment des *Nkomabakosis* était un régiment d'élite de l'armée zouloue fondé par Chaka, qui s'est battu à Isandhlwana. On comprend ainsi qu'Umslopogaas est un grand guerrier, puisqu'il est chef d'un régiment d'élite, ce qui est confirmé plus tard lorsqu'il dit avoir tué plus d'une centaine d'ennemis et que son surnom est le « massacreur » (p.22).

[30] W.K.L. Dickson, *op.cit.*, p.34.

[31] Voir Stephen Coan, "H. Rider Haggard's Hero Umslopogaas. Where is he Buried?" http://www.violetbooks.com/umslopogaas.html.

[32] *Ibid.*, p.249.

faisant d'Umslopogaas un « preux », à l'instar des guerriers farouches dont l'arme est identifiée à une compagne fidèle, comme c'est le cas pour Roland et Durandal, Beowulf et Hrunting, Arthur et Excalibur.

L'intérêt suscité au XVIIIe siècle par l'histoire et son développement en tant que science humaine a eu un impact indéniable sur l'esprit des Lumières, notamment dans l'analyse du monde de l'époque. Si au siècle précédent on se posait encore la question de la supériorité des Anciens et des Modernes, le siècle des Lumières place le développement technologique au premier plan de l'évolution et tranche donc nettement en faveur des « Modernes ». C'est à ce moment qu'on se tourne vers l'histoire afin de comparer les sociétés primitives que l'on rencontre avec celles de l'Antiquité européenne, dans le but d'expliquer les différences. Divers courants évoquent ces images classiques que les jeunes écoliers britanniques connaissent pour les avoir étudiées en classe. Un officier britannique dit des Zoulous : « Ces Spartiates noirs, si supérieurs à leurs voisins pour l'énergie et la moralité, semblent appelés à un grand avenir »[33]. Haggard lui aussi utilise implicitement ces références, comme lorsqu'il évoque des régiments de guerriers : « Il y eut une pause, puis soudain on entendit un murmure provenant des lignes de la phalange, comme le lointain bruissement de la mer provoqué par le bruit des manches de six mille lances qui tapaient légèrement contre les boucliers »[34]. Ces unités de combats kukuanas (nom inventé par Haggard, mais qui correspond en tous points aux Zoulous) renvoient à la phalange antique, structure militaire des hoplites grecs qui permit aux troupes d'Alexandre de conquérir la Perse. Même si techniquement ce n'est pas la même chose, l'image d'une masse de guerriers kukuanas avançant côte à côte, formant un mur de boucliers face à l'ennemi, ressemble effectivement à une phalange grecque ou macédonienne. Dans le même ordre d'idée, lors de la grande bataille de la fin du roman *Les Mines du roi Salomon*, un épisode rappelle le sacrifice de trois cents guerriers

---

[33] « Un officier britannique », *op.cit.*, p.112.

[34] H. Rider Haggard, *King Solomon's Mines*, p.152.

spartiates et de leur roi Léonidas au défilé des Thermopyles en 480 avant J.C, afin de ralentir l'avance de l'immense armée perse du roi Xerxès, à laquelle ils causèrent d'importantes pertes avant de succomber. La résistance d'un petit nombre de guerriers lacédémoniens face à un nombre impressionnant d'ennemis fut possible parce que, le défilé étant étroit, les régiments perses ne purent se présenter qu'un par un devant les Grecs. C'est le même schéma que l'on retrouve dans *Les Mines du roi Salomon*, lorsque Ignosi expose à ses partisans son plan de bataille qui consiste à faire avancer l'un de ses régiments dans un endroit appelé la « langue verte » : « lorsqu'il le verra, Twala lancera ses forces contre lui. Mais l'endroit est étroit, et ses régiments seront détruits les uns après les autres [...] »[35]. Les membres du régiment d'élite distingué par la couleur grise du bouclier des guerriers, qui vont recevoir le choc frontal de l'ennemi, savent qu'il y a peu de chances qu'ils en ressortent vivants. Ils acceptent leur destin avec philosophie et calme, ce qui force l'admiration du personnage narrateur Allan Quatermain. Le titre du chapitre XIV dans lequel se trouve cette citation, « Le Dernier Combat des Gris », ne laisse pas de place au doute quant au sort des Kukuanas-Spartiates. Le dernier combat « sacrificiel » (*the Last Stand*) est un *topos* victorien qui met en avant le courage et la cohésion du groupe. La peinture militaire de l'époque met en scène cet ultime instant où la poignée de braves soldats britanniques va succomber à la vague déferlante de l'ennemi. À l'instar du roi Leonidas et de ses Spartiates, le 24ème régiment d'infanterie meurt jusqu'au dernier à Isandhlwana (Charles Fripp : *The Last Stand at Isandhula*, 1885), tout comme le Commandant Wilson et ses hommes lors de la campagne qui conduisit à la création de la Rhodésie (Allan Stewart, *The Last Stand of Major Wilson on the Shangani River*, 1893), alors que le sort du Dr Jameson, qui tenta de renverser le gouvernement du Président Kruger, est moins funeste (Richard Caton Woodville, *Jameson's Last Stand*, 1896). Dans le même registre des modèles anciens, les victoriens apprécient les comparaisons avec l'Empire romain, comme le roi Ignosi, qui est

---

35 *Ibid.*, p.149.

salué par ses guerriers et qui doit être fier : « car aucun empereur romain n'avait jamais reçu un tel salut de la part de « ceux qui vont mourir »[36]. L'exemple militaire latin est une analogie que Haggard voulait omniprésente : « Le célèbre régiment des "Gris", la fierté de l'armée Kukuana, était prêt à tenir le passage contre leurs forces, comme les trois Romains qui autrefois défendirent le pont contre une multitude »[37]. C'est ainsi que les valeurs individuelles sont mises au service du groupe. Les trois Romains qui défendent un pont contre une multitude font écho aux actes de bravoure individuelle que les artistes veulent glorifier : la mort du prince impérial face aux Zoulous (Paul Joseph Jamin, *Mort du Prince impérial*, 1879) ou celle des lieutenants Melvill et Coghill (Charles Fripp, *Dying to Save the Queen's Colours*, 1882). Avec Umslopogaas, Haggard met donc en scène un Africain en le plaçant dans la lignée des valeureux hoplites grecs ou légionnaires romains, des preux chevaliers, ou des courageux soldats britanniques.

Noblesse oblige

La rigueur et l'organisation militaire font des Zoulous des êtres proches des Blancs, d'après les critères réévalués après le conflit anglo-zoulou. Il est intéressant de noter également que leur beauté physique les distingue dans la hiérarchie humaine, c'est-à-dire qu'ils sont, dans ce domaine aussi, près des Blancs, contrairement aux Hottentots et aux Bushmen, qui sont placés au bas de l'échelle humaine. David Livingstone dit à ce sujet :

> [...] les habitants [Caffres et Zoulous] sont grands, musclés et bien bâtis ; habiles, énergiques et courageux. Ils méritent bien le surnom que leur ont donné les autorités militaires de « Magnifiques sauvages ». Leur physique exceptionnel et la forme de leur crâne prouvent, si l'on met à part leur peau noire et

---

[36] *Ibid.*, p.153.
[37] *Ibid.*, p.154.

> leurs cheveux crépus, qu'ils pourraient être les égaux des plus beaux Européens.[38]

De même, lors de la rencontre avec Ignosi, Quatermain lui demande s'ils se sont déjà vus : « Oui, l'Inkoosi (chef) a déjà vu mon visage à la Petite Main (Isandhlwana) le jour précédent la bataille »[39]. Ainsi celui qui deviendra un des héros noirs du roman possède l'aura que lui confère le nom auquel il est associé : Isandhlwana. A. Quatermain, d'ailleurs, ne tarit pas d'éloges devant Ignosi :

> C'était vraiment un homme magnifique ; je n'avais jamais vu un aussi bel indigène d'1 m 90, large d'épaules et très bien proportionné. Sous cette lumière aussi, sa peau était à peine noire, mis à part à quelques endroits là où des cicatrices noires et profondes indiquaient d'anciennes blessures de sagaie.[40]

Un traitement particulier est réservé à la représentation des rois zoulous, Chaka en particulier, généralement décrits comme des sauvages sanguinaires :

> Charka (*sic*) était excessif en tout : c'était un sauvage sanguinaire et cruel, pour qui la vie de ses semblables n'avait aucune valeur. Tout son règne ne fut que massacres et violences abominables. Son trône et son armée étaient tenus d'une main de fer, et la peur d'une mort immédiate maintenait une parfaite discipline.[41]

Pour cet auteur la puissance zouloue vient de la terreur que le roi inspire à ses troupes. Si Machiavel en son temps a préconisé la peur comme élément garantissant la soumission d'un peuple à son prince, les victoriens entretiennent la vision romantique d'une

---

38 David Livingstone, *Missionary Travels and Researches in South Africa*, Londres, John Murray, 1912, p.72. Traduit par mes soins.

39 Henry Rider Haggard, *King Solomon's Mines*, *op.cit.*, p.40.

40 *Ibid.*, p.41.

41 F.S. Brereton, p.96.

reine aimée de son peuple, qui est prêt à se surpasser et se sacrifier pour elle. Ainsi les valeurs martiales des Zoulous sont aux antipodes de celles des victoriens. C'est ce que souligne le célèbre historien G.M. Theal, dans son ouvrage sur l'histoire de l'Afrique du Sud : « Avec cette arme en main, le guerrier zoulou, surentraîné, fier de sa renommée, et conscient que la mort était la sentence pour lâcheté ou désobéissance, était vraiment invincible »[42]. L'historien et le romancier sont d'accord sur la raison de cette invincibilité : « Tshaka (*sic*) était un homme d'une grande force physique et mentale, mais il était aussi sans pitié »[43]. L'ambivalence de Haggard envers les Africains se manifeste ici. S'il fait parfois de l'Africain l'*alter* ego du héros blanc[44], sa vision du roi Chaka est conforme à l'idée de son temps (c'est un « Attila africain »[45]), mais également un homme hors du commun : « Chaka, le grand oncle de Cetywayo, fut le premier roi zoulou, et sans nul doute l'un des hommes les plus remarquables qui occupa jamais un trône depuis l'époque des Pharaons »[46]. Ceci contraste avec l'éditeur de *Nada the Lily* qui rajoute en note que Chaka était « le Napoléon zoulou, l'un des plus grand génies et l'un des hommes les plus malveillants qui aient existé »[47]. Dans ce roman, pourtant, le narrateur noir évoque Chaka et Dingaan :

> Il y a des grands noms dans mon histoire. Beaucoup ont entendu ces noms : lorsque les *impis* les criaient en chargeant pendant la bataille, j'ai senti les montagnes et l'eau trembler à ces cris. Mais

---

[42] G.M. Theal, *South Africa*, Londres, T. Fisher Unwin, 1900 (5ème édition), p.164. Traduit par mes soins.

[43] *Ibid.*, p.163.

[44] Voir Gilles Teulié, « Le sauvage blanc dans la littérature juvénile victorienne : l'eugénisme de H. Rider Haggard » in *Nudité et sauvagerie, Fantasmes coloniaux dans les littératures coloniales*, M. Naumann (dir.), *Les Cahiers du SIELEC* n° 2, Éditions Kailash, 2004, pp. 99 à 111.

[45] H. Rider Haggard, *Cettiwayo and his White Neighbours*, *op. cit.*, p.9.

[46] *Ibid.*, p.9.

[47] H. Rider Haggard, *Nada the Lily*, *op. cit.*, p.17.

> où sont-ils à présent ? C'est le silence qui les possède, et l'homme blanc parle d'eux dans ses livres.[48]

Il y a la nostalgie d'un état quasi édénique chez Haggard ; pour lui les Zoulous sont des êtres proches de la nature puisque leurs cris font trembler les montagnes et l'eau, et qu'ils sont eux-mêmes un élément naturel (ici un fleuve) :

> Il y a une clameur, un tonnerre de bruit de pieds, les lances se mettent à scintiller au soleil, les plumes s'abaissent, et, comme une rivière qui sort de son lit, comme des nuages orageux avant que la grêle ne tombe, nous glissons sur nos ennemis. Ils se regroupent pour nous rencontrer; le courant est passé [...]. [49]

Haggard est toutefois aussi un homme de son époque, qui véhicule des préjugés communément répandus et n'est pas exempt de remarques que nous qualifierions aujourd'hui de racistes : Umslopogaas est parfois décrit comme un animal (cheval ou félin), tout comme Gagool, la prêtresse hideuse et cruelle qui est associée au serpent et au singe ; un Portugais est bassement vénal, un méchant Blanc, amoral et cruel, est désigné comme « le sale Juif ! Le fourbe »[50], et il pense que, si un homme civilisé peut devenir un sauvage, le contraire n'est pas possible[51], etc. Le guerrier zoulou, digne des modèles antiques des occidentaux, est l'une des faces du « Janus » zoulou tel que le conçoit H. Rider Haggard. Il présente en fait une vision manichéenne : un Zoulou peut également incarner ce que l'humanité fait de pire en la matière. Pour lui l'esthétisme canonisé par les Grecs s'applique aussi aux Africains : « statues de bronze », « Apollon noir » ou « les athlètes noirs »[52]. Il est ainsi un trait caractéristique de la littérature coloniale

---

[48] *Ibid.*, p.18.

[49] *Ibid.*, p.42.

[50] *Ibid.*, p.310.

[51] H. Rider Haggard, *The Last Boer War*, Londres, Kegan Paul, Trench, Trübner & Co, (1899), Elibron Classics Replica Facsimile, 2005, p.209.

[52] « Un officier britannique », *op. cit.*, p.194.

britannique, que le beau soit associé au bien et le laid au mal ou à l'infériorité. Ainsi les héros sont beaux (Ignosi) et les bons Kukuanas le sont également. En revanche les personnages machiavéliques sont stéréotypés et leur laideur les stigmatise comme étant foncièrement mauvais. Twala, l'usurpateur sadique qui sacrifie son peuple selon son bon vouloir, est décrit comme un monstre, et son apparition est

> un spectacle vraiment effrayant. C'était un homme énorme d'une apparence la plus totalement répugnante que nous ayons jamais vue. Ses lèvres étaient aussi épaisses que celles d'un nègre, le nez empâté, il n'avait qu'un seul œil brillant (car à la place de l'autre il n'y avait qu'un trou béant), et toute son expression était cruelle et perverse.[53]

Le contraste est intéressant, si l'on compare la description du nez et de la bouche du roi, qui sont bien définis comme étant négroïdes, et les traits des femmes kukuanas, qui ne le sont pas : « Les traits sont généralement aquilins, et leurs lèvres sont minces à souhait, contrairement à la plupart des races africaines »[54]. Le roi est donc présenté d'emblée comme un Africain de type négroïde, alors que ses sujets sont moins typés et ont la noblesse des traits qui les rendent beaux comme chez Ignosi (qui pourtant est de la même famille que son oncle le roi). La description du roi Twala est accompagnée d'un vocabulaire négatif : « un spectacle effrayant », « dégoûtant » et « cruel », le lecteur en conclut que, à l'instar du portrait de Dorian Gray, la laideur négroïde de Twala est un reflet de son âme noire, version victorienne de la *mimesis* platonicienne. C'est ainsi que la laideur physique et morale des despotes noirs est mise en avant afin de créer un mouvement de répulsion de la part du lecteur. L'amalgame entre la laideur et la couleur noire est donc un fait établi qui devient l'apanage de l'Africain, que ces deux éléments caractérisent dans la littérature populaire victorienne.

---

[53] H. Rider Haggard, *King Solomon's Mines, op. cit.*, p.101.

[54] *Ibid.*, p.94.

Le Zoulou est ainsi, grâce à son histoire et ses exploits, un objet d'admiration et de crainte. Pour Haggard, il représente l'image du bon sauvage qui vit dans une société « naturelle », régie par des lois simples et, surtout, qui se trouve aux antipodes d'une société victorienne trop rigide. Ses romans semblent un exutoire aux difficultés de la vie dans une société en pleine mutation, qui cherche à s'échapper vers un ailleurs dans lequel la rencontre avec l'Autre (en l'occurrence ici le Zoulou) n'est pas forcément rédhibitoire, et peut même s'avérer salvatrice. L'ennemi est tout désigné chez Haggard : ce n'est pas l'état primitif qui est corrompu, ce sont certains aspects de la civilisation qui sont gangrenés et qu'il faut soigner ; ceci l'amènera à désapprouver les syndicats, à rejeter le bolchevisme et à se demander s'il ne faudrait pas un Mussolini pour la Grande-Bretagne. Le guerrier noir a donc une fonction cathartique de rédemption du Blanc qui, à l'instar des héros de ses romans, retrouvent les « vraies » valeurs de l'homme auprès des Zoulous et d'une Afrique du Sud fantasmée, mais ô combien séduisante. [55]

---

[55] Voir Laïli Dor, « Rider Haggard : fantasme érotique et fantasme colonial dans *King Solomon's Mines, She, Allan Quatermain* » in Michel Naumann (dir.) « Nudité et sauvagerie, fantasmes coloniaux dans les littératures coloniales », *Les Cahiers du SIELEC* n° 2, Éditions Kailash, 2004, pp.85-98.

La reconnaissance du droit coutumier aborigène en Australie

Xavier Pons

« La justice forme la borne du droit de chaque peuple »
Alexis de Tocqueville
De la Démocratie en Amérique (1835)

Lorsqu'un pays est envahi par une population qui a décidé de le coloniser et qui réussit dans son entreprise, ses habitants perdent leur souveraineté, leur terre, leur langue et, ce qui n'est pas moins important, leurs institutions et leurs lois. L'imposition de lois étrangères scelle la fin de l'indépendance dans laquelle ils vivaient. C'est ce qui arriva aux Aborigènes australiens à partir de 1788.

En imposant leurs institutions, les colonisateurs britanniques n'avaient pas le sentiment de remplacer un ensemble de lois par un autre, tant ils étaient convaincus que les Aborigènes ne possédaient tout simplement pas de lois, et vivaient dans un état d'anarchie animale où chaque individu faisait ce qu'il jugeait bon. Ce point de vue, et l'idée qui le sous-tendait, à savoir que les Aborigènes étaient trop primitifs pour comprendre qu'une société a besoin de lois pour survivre et prospérer, calomniait gravement la culture aborigène et préparait le terrain pour la grande offensive blanche dont le but ultime était la destruction de cette culture, ainsi que des hommes et des femmes qui la représentaient.

Les Aborigènes possédaient bel et bien des règles et des lois[1] – unifiées sous l'appellation de « la Loi » – qui étaient complexes

[1] Voir les propos de Garriwin, « ancien » de la tribu Yolngu : « Certains Australiens pensent que nous n'avons ni monde ni culture – mais je crois que peu à peu les gens commencent à se rendre compte que nous avons bel et bien une culture, une loi, une vie. J'ai un peu appris le monde occidental : nous sommes comme vous, nous avons un système de lois » (cité par Nicholas Rothwell,

et rigoureuses, et s'appliquaient à tous les aspects de la vie sociale et spirituelle. Elles avaient été transmises oralement de génération en génération depuis que les Ancêtres du Temps du Rêve les avaient énoncées, et devaient se perpétuer tant que le monde lui-même durerait. L'observation de la loi garantissait la bonne marche du monde et de tout ce qu'il contient – c'est à elle que les plantes étaient redevables de leur croissance, les animaux de leur fertilité et les humains de leur prospérité. Inversement, toute infraction à la loi menaçait l'harmonie du monde et devait donc être punie.

Dans les sociétés industrielles contemporaines, le châtiment prend pour l'essentiel la forme d'une peine de prison et/ou d'une amende. Nous avons tendance à oublier nos pratiques plus anciennes, qui inscrivaient la punition directement sur le corps du transgresseur, que ce soit par la corde, le fouet, le fer rouge ou la roue, mais nous savons que bien des cultures utilisent toujours ce type de pratique – qu'il s'agisse par exemple des injections létales américaines, des pendaisons irakiennes ou des mutilations infligées aux voleurs en Arabie Saoudite. Je les évoque simplement pour rappeler que toutes les cultures sont ethnocentriques : elles ont tendance à perdre de vue ce que leurs propres pratiques ont de plus critiquable, et préfèrent se focaliser sur ce qu'elles considèrent comme exotiquement barbare dans les autres cultures.

Dans la société aborigène, le seul châtiment susceptible d'être infligé aux transgresseurs, à l'exception du bannissement ou de l'humiliation (« *shaming* »), prenait la forme d'une atteinte physique – un coup de javelot (généralement dans la cuisse) ou une bastonnade. À la fin du XXe siècle et au début du XXIe, alors que nous autres Occidentaux proclamons volontiers notre horreur des châtiments corporels, ce type de justice tend à passer pour de la barbarie.

Les violences infligées aux femmes étaient une autre caractéristique de la culture aborigène qui horrifiait particulièrement les observateurs blancs. Les premiers colons britanniques se disaient choqués par la brutalité des Aborigènes

---

"Aboriginal Portraits" in Peter Craven (dir.), *The Best Australian Essays 2003*, Melbourne, Black Inc., 2003, p.83.

envers leurs femmes. Au moindre prétexte, ou sans prétexte aucun (pour autant que sachent les colons, qui ne connaissaient pas grand-chose à la culture aborigène), ils frappaient leurs épouses avec une grande violence, provoquant de graves blessures, même quand celles-ci étaient enceintes. Par surcroît, dans la société aborigène, les femmes semblaient chargées de tous les travaux pénibles tandis que les hommes prenaient du bon temps. En d'autres termes, la société aborigène traditionnelle paraissait profondément sexiste. Voici quelques observations formulées par des colons au XIXe siècle : « Le gouvernement des Aborigènes est strictement patriarcal » ; « les femmes connaissent une situation de profond avilissement » ; [...] « Les femmes [...] sont en général des êtres pitoyables et misérables, sur qui les hommes exercent une tyrannie cruelle » ; « quant aux femmes, elles sont tenues de servir docilement leur maître en toutes circonstances..... ».[2]

La sensibilité d'individus qui ne trouvaient rien à redire au fait qu'un enfant de neuf ans soit condamné à la déportation ou qu'un enfant de douze ans soit condamné à être pendu doit bien entendu être considérée avec certaines précautions. Mais il ne fait guère de doute que les lois et traditions aborigènes s'accordaient – et s'accordent – plutôt mal avec nos conceptions des droits de la femme.

Le nœud de l'affaire, en effet, se trouve dans les profondes différences qui séparent les conceptions aborigènes des conceptions occidentales en matière de loi. Il a fallu du temps pour que les colons comprennent qu'il existait bel et bien une loi aborigène. Cela faisait litière des accusations d'animalité ou d'anarchie, mais ne rendait pas la loi aborigène plus respectable ou plus acceptable pour autant.

Pour situer le débat dans une perspective globale, il convient de souligner que le problème, en ce qui concerne les Aborigènes, est que leur différence faisait, et continue de faire, scandale. Ils

---

[2] P. Grimshaw & A May, "'Inducement to the Strong to be Cruel to the Weak': Authoritative Male Voices and the Construction of Gender in Koori Society", *in* Norma Grieves & Ailsa Burns (dir.), *Australian Women – Contemporary Feminist Thought*, Melbourne, OUP, 1994, p. 101.

étaient censément devenus sujets britanniques au XVIIIe siècle et, du point de vue juridique, ne se distinguaient donc pas des autres sujets britanniques (si l'on veut bien oublier que, pendant des décennies, ils furent jugés incapables de témoigner devant une cour de justice, car témoigner impliquait de prêter serment sur la Bible, laquelle n'avait aucune autorité à leurs yeux). Toute affirmation de leur différence, toute tentative pour faire reconnaître leur différence, était perçue, notamment par les conservateurs, comme une menace pour la stabilité et le bien-être de la nation australienne. Ainsi, lorsque la Commission des Aborigènes et Insulaires du Détroit de Torres (ATSIC) fut créée par le gouvernement Hawke en 1989, la Coalition conservatrice s'y opposa d'emblée, y voyant un « parlement noir » dont ils contestaient le principe au nom de l'unité nationale. Après avoir diabolisé cette Commission pendant des années, le gouvernement conservateur de John Howard a fini par l'abolir en mars 2005. Dans le cadre du processus de réconciliation lancé par Bob Hawke en 1991, certains dirigeants aborigènes réclamaient la signature d'un traité entre l'Australie blanche et l'Australie noire. Ici encore, Howard rejeta l'idée, en prétextant qu'une nation ne pouvait signer de traité avec elle-même (ce qui revenait à fermer les yeux sur l'exemple d'autres anciennes colonies britanniques comme le Canada et la Nouvelle-Zélande, qui ont pour leur part signé des traités avec leurs populations indigènes).

Le climat politique conservateur qui prévaut en Australie depuis une dizaine d'années ne facilite pas la revendication de leur différence par les Aborigènes. La tendance est à nouveau à l'assimilation et au paternalisme, ainsi que l'expliquait le ministre de la Santé Tony Abbott[3]. Le message implicite (et parfois explicite) adressé par Howard aux Aborigènes était : « si vous voulez vivre aussi bien (et aussi longtemps) que nous, il vous faut adopter nos principes et nos types de comportement – il faut vous assimiler à notre culture ». Ce message apparaît par exemple dans un rapport de mai 2006 où il est recommandé que les écoles

[3] Voir Mark Metherell & Stephanie Peatling, "Reclaim Control of Blacks' Destiny", *Sydney Morning Herald*, 21 juin 2006.

cessent d'enseigner la culture aborigène aux élèves aborigènes : « Trop souvent, les éducateurs continuent de déférer à la culture aborigène sans se rendre compte que c'est cette culture qui fait problème. Une culture qui ne connaît ni l'écriture ni le calcul peut-elle survivre dans un système éducatif qui a pour but d'alphabétiser les élèves et de leur apprendre le calcul ? »[4] Ce type d'approche revient à dénigrer la culture aborigène, traitée comme si elle n'avait plus aucune pertinence dans le monde moderne (à l'exception, bien entendu, de l'art aborigène, qui est source de profit pour les marchands blancs et qui rehausse de façon bien pratique l'image de l'Australie). Les Aborigènes se voient ainsi sommés d'abandonner leurs traditions et pratiques ancestrales, ou du moins de les réduire à une sorte de folklore – didgeridoos, boomerangs et corroborees – qui apporte à l'Australie une note culturelle spécifique et exotique, et de ce fait la valorise.

On explique la plupart des problèmes dont souffrent les communautés aborigènes par la persistance de traditions culturelles primitives qu'il faut éradiquer pour espérer que s'améliore la condition aborigène. De façon plus précise, on prétend souvent que la loi aborigène tolère ou même encourage des types de comportement que les normes européennes considèrent comme criminels et qui contribuent massivement à la situation désolante des communautés. Celles-ci fonctionneraient mal parce qu'elles persistent à suivre leurs traditions. Le fait que les autorités blanches tiennent parfois compte de la loi aborigène rend impossible un juste châtiment des criminels noirs parce que les avocats de ces derniers trouvent toujours quelque justification dans la loi traditionnelle – c'est la prétendue « défense culturelle ». Tel est en tout cas l'argument mis en avant par ceux qui s'opposent à toute reconnaissance de la loi traditionnelle.

Un autre argument, plus général, consiste à affirmer que la loi doit être la même pour tous, Noirs ou Blancs. S'écarter de ce principe constitue une menace sérieuse pour la démocratie, comme le soutenait la journaliste conservatrice Janet Albrechtsen en observant que l'Australie devenait « une nation où la tolérance à

---

[4] Voir "Stop Aboriginal Culture Lessons", *The Age*, 30/05/2006.

l'égard de cultures différentes se transforme en lois différentes pour des personnes différentes ».[5]

Le problème de la légitimité de la culture aborigène, et par conséquent de sa loi, a fait les gros titres des journaux lorsque, en mai 2006, le procureur d'Alice Springs, Nanette Rogers, révéla que les violences sexuelles atteignaient des niveaux inimaginables dans certaines communautés. Elle cita en particulier l'exemple d'un « renifleur d'essence »[6] âgé de dix-huit ans qui noya une petite fille de six ans dans un trou d'eau isolé pendant qu'il la sodomisait. Cet exemple rappelait un cas plus ancien dans le Territoire du Nord, celui d'un individu de 55 ans qui avait battu et violé une jeune fille de 14 ans, laquelle lui avait été promise en mariage lorsqu'elle avait quatre ans, selon la coutume aborigène, mais se jugeait encore trop jeune pour avoir des relations sexuelles. Le coupable fut condamné à une peine légère – quatre semaines de prison – car le magistrat « déclara après l'audience, qui s'était déroulée en plein air, au sein de la communauté, à 400 kilomètres de la ville de Katherine, qu'il avait pris en compte les arguments de la défense, selon laquelle l'individu était persuadé que son comportement était légitime aux yeux de la loi traditionnelle aborigène »[7]. Les réactions indignées que suscita cette décision aboutirent à une peine nettement plus sévère en appel, mais cela n'empêcha pas certains d'exiger la suppression des coutumes indigènes considérées comme contraires à l'intérêt des femmes et des enfants.

La politisation du débat ne fit que brouiller les cartes. Les conservateurs dénoncèrent la loi aborigène comme si celle-ci tolérait les viols d'enfants et l'usage de drogues, et se trouvait donc responsable de leur prévalence. Ainsi que le rapporta le journal de Melbourne *The Age*, « le ministre des Affaires indigènes Mal Brough a proposé d'amender la loi afin que le droit coutumier ne

---

[5] J. Albrechtsen, "Stop Tolerating Tribal Punishment", *The Australian*, 1er décembre 2004.

[6] Les vapeurs d'essence, parce que l'essence se trouve facilement et reste relativement bon marché, sont la drogue la plus répandue chez les Aborigènes.

[7] L. Murdoch, "Anger at Elder's Penalty for Teen Sex", *The Age*, 18 août 2005.

soit plus pris en compte par les juges lorsqu'ils condamnent quelqu'un pour crime, y compris les agressions sexuelles »[8], tandis que des juristes soutenaient que « changer la loi pour empêcher les juges de prendre en compte le droit coutumier aborigène était raciste et discriminatoire ».[9]

Tout ceci n'était en fait que la résurgence d'un débat bien plus ancien qui oppose généralement des politiciens conservateurs aux communautés aborigènes et aux juristes libéraux. Comme le rappelait la Commission de réforme juridique (*Law Reform Commission*), « en 1928, J.W. Bleakley, Protecteur en Chef des Aborigènes, fit remarquer l'injustice qu'il y avait à appliquer les lois britanniques à des crimes qui avaient à voir avec la loi tribale, et proposa qu'une sorte de tribunal tribal juge les affaires concernant des Aborigènes. Le rapport de Bleakley n'était qu'une parmi d'autres enquêtes gouvernementales menées dans les années 1920 et 1930 où il était question de reconnaître les lois coutumières. Il est intéressant de noter que, à la fin des années 30 et en 1940, plusieurs États ont institué des tribunaux indigènes pour juger des affaires entre Aborigènes, ou entre l'administration et des Aborigènes. Néanmoins, le mouvement qui tendait à mettre sur pied des tribunaux spécifiquement aborigènes perdit ensuite sa dynamique ».[10]

En 1986, la Commission proposa que le droit australien tienne compte du droit coutumier et des traditions, sans pour autant que ces derniers se substituent à lui[11]. Mais les gouvernements – gouvernement fédéral aussi bien que gouvernements d'État – refusèrent de suivre cette recommandation. Divers débats à ce sujet ne donnèrent aucun résultat. En 1997, le leader aborigène

---

[8] Nassim Kadem, "Ban on Customary Law Labelled Racist", *The Age*, 25 mai 2006.

[9] *Ibid.*

[10] Law Reform Commission, NSW, *Report 96 (2000): Sentencing – Aboriginal Offenders* – http://www.lawlink.nsw.gov.au/lrc.nsf/pages/r96chp3 (consulté le 16/07/2006).

[11] Dennis Schultz, "Customary Law often Fails Troubled Youth", *The Age*, 19 février 2000.

Gallarwuy Yunupingu, Président du Conseil Foncier (*Land Council*) du Territoire du Nord et « ancien » de la communauté yolngu, en Terre d'Arnhem, se livra à des voies de fait sur un journaliste qui, malgré les avertissements, prenait en photo des enfants aborigènes nus, et il détruisit sa pellicule. Traîné en justice, il fit valoir qu'il avait la responsabilité, en tant qu'« ancien » de la tribu, de protéger les enfants de la communauté contre une exploitation pédophile éventuelle. En février 1998 le tribunal l'acquitta, et cette décision provoqua de sérieux remous. Le *Sydney Morning Herald* rendit compte de l'affaire dans les termes suivants :

> Le Ministre Principal [titre du chef de l'exécutif dans le Territoire], M. Stone, a rejeté hier la loi aborigène, en particulier le système rétributif [« *payback* »], et l'a qualifiée de « barbare et inacceptable ». Il a déclaré que le Gouvernement envisageait de légiférer pour clarifier le statut juridique de la loi aborigène, à supposer qu'elle en ait un.
>
> « Les gens sont particulièrement indignés, déclara M. Stone. Ils ont le très vif sentiment que cela montre bien qu'il existe deux lois, une pour les Aborigènes et l'autre pour les autres habitants du Territoire ».
>
> Il a accusé M. Yunupingu de jeter de l'huile sur le feu en proclamant que la loi aborigène et la loi du Territoire étaient désormais sur un pied d'égalité, et a déclaré que M. Yunupingu encourageait les Aborigènes à commettre des délits puis à utiliser la loi aborigène comme défense.
>
> Mais le président de l'Association des Pénalistes du Territoire du Nord, M. Jon Tippett, a condamné le projet de M. Stone, qu'il jugeait excessif et basé sur un « racisme populiste ». Il a déclaré que la communauté des juristes s'opposerait à toute tentative d'abolir le statut de la loi aborigène.[12]

---

[12] Chris Ryan, "NT Plan to Nullify 'Barbaric' Tribal Law", *Sydney Morning Herald*, 23 février 1998.

Les termes du débat n'ont pratiquement pas changé depuis lors. Beaucoup d'Aborigènes continuent d'affirmer que c'est en premier lieu à leur propre culture et à leur propre loi qu'ils doivent fidélité. Comme l'écrivait Stuart MacMillan, du Service des ressources et du développement aborigènes du Territoire,

> Dans les communautés traditionnelles, les gens se considèrent comme membres d'une nation-clan, aux lois de laquelle ils consentent, plutôt que comme membres d'une nation australienne qui les régit sans leur accord. Ils ne voient pas pourquoi il leur faudrait se soucier de la loi australienne.[13]

Par ailleurs, bien des Blancs continuent de considérer la loi aborigène comme « barbare », comme facteur de division, et par suite inacceptable, surtout dans la mesure où l'Australie possède un ensemble national de lois (plusieurs ensembles d'ailleurs, la loi pouvant varier sensiblement d'un État à l'autre)[14] applicables à tous, ce qui ne laisse aucune place au droit coutumier. Les deux points de vue sont évidemment très difficiles à concilier, même après qu'on a dissipé les principaux malentendus.

Comment le droit coutumier opère-t-il en pratique ? Il faut admettre qu'il est difficile de cerner sa réalité. Comme l'écrit la Commission :

> Il n'existe pas de définition universellement acceptée de ce qui constitue le droit coutumier aborigène, notamment du fait qu'il est pratiquement impossible de le décrire de façon générale. Bien des lois ont quelque chose de secret, et certaines « sont sacrées, et ne doivent être révélées à quiconque », sauf aux membres de la communauté dont il s'agit. Les lois tribales diffèrent d'une communauté à l'autre. Les renseignements tirés d'une tribu

---

[13] Cité *in* "Common Ground Rare as Laws of the Land Collide", *The Age*, 31 décembre 2002.

[14] La Constitution australienne définit les pouvoirs respectifs des États et du Commonwealth, laissant aux premiers l'essentiel du système juridique, ce qui entraîne des différences sensibles d'un État à l'autre.

aborigène ne disent rien des lois d'une autre tribu, dont il n'est pas légitime de parler. On ne peut formuler de définition universelle en généralisant à partir d'un exemple particulier.[15]

Le droit coutumier, en tant qu'ensemble de règles, de valeurs et de traditions qui définissent normes et procédures à observer et préserver, est un instrument de contrôle social. Il sert à réguler la société indigène en distinguant les formes de comportements acceptables (ou parfois obligatoires) – par exemple pour ce qui est de choisir un partenaire en mariage – des formes inacceptables, qui donnent lieu à sanction. Ces prescriptions non-écrites restent souvent invisibles aux yeux de l'observateur blanc non-averti – et parfois même à ceux de l'observateur averti. Ainsi, un anthropologue s'étonnait qu'un informateur indigène refuse de répondre à ses questions concernant une vieille femme – jusqu'à ce qu'il se rende compte qu'il s'agissait de la belle-mère de l'informateur, et qu'en tant que telle elle faisait l'objet de règles d'évitement qui empêchaient l'informateur de parler d'elle. La complexité de ces règles, et leur manque de pertinence ou de justification pour l'Australien moyen, ont pour conséquence que très peu de Blancs leur attachent la moindre importance, surtout lorsqu'il ne s'agit pas de questions relevant du pénal. Elles peuvent concerner les règles de mariage et de vie de famille, les droits de propriété, les droits de pêche, de chasse et de cueillette, etc.[16] – domaines civils sans grand intérêt pour les Blancs. Mais elles s'appliquent également à ce qui relève du pénal et les tribunaux australiens, particulièrement dans les régions où la tradition aborigène reste forte, les prennent parfois en compte quand cela leur semble juste. C'est le cas notamment lorsqu'un individu aborigène a transgressé tout à la fois la loi aborigène et la loi australienne, et qu'il est par suite susceptible d'être puni par les deux lois à la fois, et d'être ainsi soumis à une double peine, ce qui est en principe contraire à l'esprit du droit australien. Pour un

---

[15] Law Reform Commission, *ibid.*

[16] cf. http://www.austlii.edu.au/au/special/rsjproject/rsjlibrary/atsic/ntsj1/52.html (consulté le 16/07/2006).

tribunal, prendre en compte la loi aborigène en pareilles circonstances revient à imposer des sanctions plus légères que celles que recevrait un accusé non-indigène parce que l'accusé aborigène recevra (ou a déjà reçu) un châtiment supplémentaire des mains de la tribu. C'est ce qui se produisit en 2002 quand un jeune Aborigène causa la mort de son meilleur ami alors qu'ils étaient ivres tous les deux. Il reçut douze coups de javelot comme châtiment, ce qui incita le tribunal à ne lui infliger qu'une condamnation relativement légère[17]. Parfois, la prise en compte du droit coutumier signifie que le tribunal accorde du poids à des notions que la plupart des Européens considéreraient comme de la simple superstition, comme dans l'affaire ci-dessous :

> Hier, la Cour Suprême du Territoire du Nord a innové en matière de reconnaissance de la justice rétributive et des croyances tribales en libérant sous caution un inculpé qui redoutait que la magie aborigène ne le tue pendant qu'il serait en prison.
> Clifford Ebantarinja, 39 ans, accusé d'avoir causé la mort de sa concubine, a été remis en liberté par le Juge Dean Mildren après que ses avocats eurent plaidé qu'il vivait dans l'angoisse que les chefs de sa tribu ne le mettent à mort en faisant entrer dans sa poitrine un serpent invisible qui lui dévorerait le cœur pendant qu'il attendrait son procès en prison.
> Ebantarinja préférait que la tribu lui inflige un châtiment traditionnel, tel qu'un coup de javelot dans la cuisse, pendant qu'il était libre sous caution.
> Il craignait aussi, s'il ne se présentait pas pour subir ce châtiment avant son procès, que des parents de la victime punissent ses propres parents, en accord avec la tradition.[18]

On ne peut nier que cela signifie qu'un accusé aborigène a été traité par le tribunal avec plus d'indulgence que ne l'aurait été un accusé non-aborigène. En d'autres termes, le tribunal a

---

[17] Voir Liza Kappelle, "Man Jailed despite Tribal Action", *The Age*, 1er mai 2002.

[18] B.Lagan, "Man Granted Bail to Allow Tribal Justice", *Sydney Morning Herald*, 5 mai 2000.

appliqué, sinon une loi différente, du moins une interprétation différente de la loi en fonction de la personnalité et de l'identité ethnique de l'accusé, ce que les conservateurs trouvent inadmissible et qui constitue apparemment une violation flagrante des principes démocratiques. Nous reviendrons sur ce point, mais il faut auparavant s'attarder sur certains aspects du problème.

On peut trouver barbare une loi qui prescrit des blessures physiques en guise de châtiment – mais n'oublions pas que les Aborigènes eux-mêmes trouvaient la justice européenne, telle qu'elle était pratiquée à l'époque des forçats, c'est-à-dire par le fouet et par la corde, profondément répugnante et dégradante pour tous. Aujourd'hui encore, ils auraient beau jeu de dénoncer certains aspects barbares de cette même justice – qu'il s'agisse de l'absence de texte constitutionnel garantissant les droits fondamentaux du citoyen (« *Bill of Rights* ») ; la possibilité légale de maintenir les sans-papiers derrière les barreaux jusqu'à la fin de leurs jours s'il ne se trouve aucun pays pour les accueillir (comme en a jugé la Haute-Cour)[19], ou encore la façon dont John Howard a abandonné pendant cinq ans David Hicks à la merci de la justice militaire américaine à Guantanamo en affirmant que cette justice lui assurerait un jugement équitable (jusqu'à ce que la Cour Suprême américaine lui inflige un démenti brutal). Il ne faudrait pas oublier non plus la question des peines automatiques (« *mandatory sentencing* »), introduites en Australie Occidentale comme dans le Territoire du Nord pour « cibler » les délinquants aborigènes – ce qui n'était jamais déclaré explicitement, bien entendu, mais qui correspondait bien à la réalité de l'application de ces peines. Cette loi a eu par exemple pour effet d'envoyer en prison pour quinze jours un adolescent aborigène coupable d'avoir volé quelques canettes de bière, sans parler de l'adolescent condamné à un an pour le vol d'un paquet de biscuits d'une valeur de 3,50 dollars. Beaucoup de Blancs trouvent la justice aborigène cruelle, mais la paille qu'ils voient dans l'œil du voisin n'est peut-être rien à côté de la poutre qu'ils ont dans le leur.

---

[19] Voir Michael Head, "High Court Sanctions Indefinite Detention of Asylum Seekers", http://www.austlii.edu.au/au/journals/UWSLRev/2004/7.html.

Au vu des affirmations selon lesquelles le droit coutumier tolère les violences sexuelles faites aux enfants,[20] on ne saurait trop souligner que pareilles accusations sont dénuées de fondement. Aucune société qui trouve acceptable les viols d'enfants (à supposer qu'une telle société existe) ne pourrait survivre comme la société aborigène a survécu. Mark Leibler, avocat et co-président de *Reconciliation Australia*, s'est exprimé sans ambages sur ce point : « L'idée que les violences à l'encontre d'enfants font en un sens partie de la culture indigène est extrêmement troublante, a-t-il déclaré au *Sydney Institute*. Laisser entendre que les viols et la pédophilie font partie de la culture aborigène, c'est de la diffamation. Que les coupables s'en servent comme excuse, ou que des Australiens non aborigènes y trouvent une échappatoire pour éviter d'affronter leurs propres responsabilités, c'est de la calomnie, c'est faux ».[21]

Quant à l'accusation selon laquelle le droit coutumier est injuste à l'égard des femmes indigènes, qui ne sont pas autorisées à choisir leur mari et qui n'ont aucun recours contre les violences masculines, la Commission de réforme juridique a noté, lorsqu'elle a examiné le problème, que « le point de vue dominant qui lui a été exposé, en particulier par des femmes aborigènes, était favorable à la prise en compte, sous une forme appropriée, du droit coutumier aborigène »[22].

La Commission a également fait observer que, sur diverses questions d'une grande importance culturelle et sociale pour les Aborigènes, le droit coutumier constitue le seul recours contre les contrevenants.

Il existe de nombreux délits qui ne sont pas reconnus par le droit non-aborigène, tels qu'insulter un « ancien », chanter des

---

[20] Voir la référence aux « Blancs "durs" qui prétendent depuis des années que la loi coutumière aborigène encourage la violence domestique et les agressions sexuelles en laissant les Noirs s'en tirer à bon compte » (David Marr, "Customary Law Brushed aside in Howard's Rushed Attack", *Sydney Morning Herald*, 22 juin 2007.

[21] Nassim Khadem, 'Abuse Claims Defamatory', *The Age*, 30 mai 2006.

[22] http://www.lawlink.nsw.gov.au/lrc.nsf/pages/r96chp3.

chants sacrés en public, montrer aux femmes des objets sacrés ou négliger ses obligations familiales. Lorsque quelqu'un a commis pareils délits, la communauté ne peut se tourner vers la loi non-aborigène pour punir le coupable ou dédommager la victime. Soit le coupable est puni aux termes du droit coutumier aborigène, soit il n'est pas puni du tout. Si la punition de ces délits donne lieu à un délit aux termes du droit pénal de Nouvelle-Galles du Sud, comme des coups et blessures, le droit coutumier aborigène entrera en conflit direct avec la justice pénale.[23]

Il convient aussi de souligner que le champ d'application du droit coutumier ne se limite pas à mitiger les condamnations infligées par les tribunaux blancs à des inculpés noirs. Il est beaucoup plus vaste. Parce qu'il existe effectivement un nombre préoccupant de délinquants indigènes, et que ces derniers finissent souvent en prison, où beaucoup meurent et d'où les survivants sortent sans aucune réinsertion, nombre d' « anciens » ont tenté de mettre sur pied un meilleur système judiciaire, en prise directe avec la culture traditionnelle aborigène. En juillet 1999 un magistrat d'Australie Méridionale décida d'instaurer un tribunal aborigène, connu sous le nom de tribunal Nunga,[24] qui se passait des rituels intimidants de la justice blanche pour donner aux Aborigènes une meilleure chance de s'exprimer librement[25]. L'expérience connut

---

[23] Law Reform Commission, NSW, *Report 96 (2000): Sentencing – Aboriginal Offenders* - http://www.lawlink.nsw.gov.au/lrc.nsf/pages/r96chp3.

[24] Les termes « Nunga », comme plus loin « Koori » et « Murri », désignent les peuples aborigènes des régions concernées.

[25] Voir Penelope Debelle, "White Fella's Justice Gets a New Hearing", *The Age*, 29 juillet 2000. Cette procédure judiciaire informelle est pratiquée tous les quinze jours à Port-Adélaïde dans un tribunal aborigène original, créé et présidé par Chris Vass. Avant de devenir magistrat, Vass a travaillé en Papouasie-Nouvelle Guinée pendant quinze ans. Cela a nourri ses réflexions sur les interactions entre le droit et la culture occidentales et leurs équivalents indigènes. De façon typique, les Aborigènes sont sur-représentés devant les tribunaux de Port-Adélaïde, et il avait le sentiment qu'il n'y avait pas de meilleur endroit pour commencer à innover.
Depuis ses débuts en juillet l'an dernier, les autres régions s'intéressent de plus en plus au tribunal Nunga – nom aborigène qui lui a été donné par la communauté aborigène locale. L'Australie Occidentale a entrepris une étude de faisabilité et le Victoria, qui s'était engagé à examiner l'idée dans son « Accord pour la Justice

suffisamment de succès – le but était d'éviter l'incarcération systématique des délinquants aborigènes ainsi que la récidive – pour attirer l'attention d'autres États, tels que l'Australie Occidentale, le Victoria, la Nouvelle-Galles du Sud et même le Queensland, qui décidèrent de créer leurs propres tribunaux indigènes.[26]

Aborigène » publié en mai, songe sérieusement à instituer un tribunal aborigène sur les mêmes principes.

Vass s'est donné beaucoup de mal pour adapter son tribunal parce que les règles de procédure en matière de droit coutumier sont très strictes. Mais c'est une tradition, et non pas une règle, qui fait que le magistrat est assis en position dominante dans le tribunal. Dans le tribunal Nunga, Vass est assis à la table, ou devant elle, et tout le monde s'assied en rond. « Tout le monde est au même niveau, ce qui est moins intimidant », dit-il.

Personne n'est obligé de se lever pour parler, et on se dispense de faire une courbette au magistrat lorsqu'il entre ou sort pendant l'audience. Les Aborigènes se lèvent rarement pour parler, dit Vass ; leur façon de faire consiste à rester assis.

Mais la différence la plus importante dans la procédure suivie, c'est que tout le monde a le droit de parler sur n'importe quel sujet. Les accusés peuvent discuter de leur passé ou de leur avenir ou expliquer les raisons de leurs actes. Les familles donnent leur point de vue, et les membres de la communauté peuvent intervenir.

Ce que les Aborigènes trouvent le plus frustrant, dit Vass, c'est que pour eux les tribunaux sont un lieu où ils vont pour se faire enfermer, pas pour se faire écouter. Les avocats peuvent dire des choses que l'accusé aurait préféré ne pas dire, et laisser de côté des éléments qui sont au cœur du problème.

« Ils disent des choses du genre : "Je ne me suis pas fait prendre, mais j'ai déjà fait de vilaines choses" , dit Vass. Ou encore ils peuvent déclarer : "Oui, je fume du shit tous les soirs". Un avocat ne me dira jamais ça ».

Ces contextes influent sur les condamnations prononcées. Quand il le peut, Vass envoie les accusés suivre des programmes anti-drogues ou des thérapies plutôt que de les incarcérer.

[26] Voir Kristen Smith, "Elders to Have a Hand in Justice", *Courier-Mail*, 11 juin 2002 : « Un tribunal spécial va être créé à Brisbane pour s'occuper des délinquants indigènes.

Il ressemblera aux tribunaux qui fonctionnent avec succès dans d'autres États et dans des communautés aborigènes ou insulaires reculées. Des « anciens » des tribus participeraient à la procédure pour conseiller les magistrats sur la question des peines en ce qui concerne les considérations culturelles. Le « Tribunal Murri » traiterait du problème de la sur-représentation des Aborigènes dans le système judiciaire. Il aurait aussi pour objectif de remédier à l'injustice qu'il y a à ce que les délinquants soient punis deux fois pour le même délit : par le tribunal, puis par

Une autre application du droit coutumier consiste à recourir aux « jugements en rond » (« *circle sentencing* » – expression traduite au Canada par « cercle de détermination de peine »). Ce processus est décrit de la façon suivante par le *Herald* :

> Les anciens des tribus vont prendre part à un programme pilote pour prononcer des condamnations à l'encontre de jeunes délinquants aborigènes, a déclaré hier le Premier Ministre de Nouvelle-Galles du Sud Bob Carr.
> Ce programme pilote, qui doit durer deux ans, a pour but de déterminer une peine à l'encontre d'Aborigènes reconnus coupables d'un délit sans violence, en dehors de l'enceinte d'un tribunal ordinaire.
> M. Carr a dit que le coupable serait assis en rond avec le juge, les policiers, le procureur, les membres de la famille et des anciens pour parvenir à une peine appropriée.
> « Le concept des "jugements en rond" a été développé dans le Territoire du Yukon, au Canada en 1992 et a été par la suite adopté aux États-Unis, » a-t-il déclaré lors de la conférence rurale annuelle du Parti travailliste à Sanctuary Point, près de Nowra. « Il a permis de faire baisser les récidives dans les réserves indiennes.

---

la loi traditionnelle. L'idée de ce tribunal vient du Conseil consultatif aborigène auprès du Gouvernement de l'État.
Il s'inspirerait du Tribunal Koori du Victoria et du Tribunal Nunga d'Australie Méridionale, et il a reçu le soutien sans réserve du Magistrat en chef, Di Fingleton.
[...] Le modèle victorien ne concerne que les accusés qui plaident coupable. Une peine appropriée est prononcée après consultation des « anciens » présents à l'audience sur le contexte culturel.
Le ministre de la Justice, Rod Welford, s'est réjoui de cette proposition, et a déclaré qu'elle coïncidait avec une tendance, dans tout l'État, à impliquer davantage les Aborigènes dans le fonctionnement des tribunaux. « Nous nous rapprochons d'une situation où les Aborigènes de la région seront en mesure d'assumer de plus grandes responsabilités dans leurs communautés en matière judiciaire », a déclaré M. Welford. Il a dit que dans plusieurs communautés du Cap York, des Juges de Paix indigènes donnaient déjà des conseils aux magistrats en matière de peines ».

Le jugement en rond s'en prend aux causes du crime et donne la parole aux victimes ».[27]

Une évaluation des « jugements en rond », douze mois après leur introduction en 2002 en Nouvelle-Galles du Sud, les a trouvés très méritoires et a signalé, parmi leurs effets positifs, qu'ils

- réduisent les barrières qui séparent actuellement les tribunaux et les Aborigènes ;
- permettent un soutien accru aux délinquants aborigènes ;
- font une place au soutien aux victimes et favorisent l'apaisement et la réconciliation ;
- accroissent la confiance des membres aborigènes de la communauté et leur donnent le sentiment d'être respectés ;
- proposent des options de condamnation plus pertinentes et plus significatives pour les délinquants aborigènes ;
- contribuent à briser le cycle de la récidive.

Les peines imposées par le tribunal en rond ne sont pas moins sévères que celles qu'imposent les tribunaux ordinaires pour des délits similaires. Toutefois, comme la procédure est moins formelle, le coupable est plus enclin à se sentir concerné et à apprécier le tort qu'il a causé à la victime. À cet égard, on constate généralement que les délinquants assument leur responsabilité et présentent des excuses pour leur comportement –c'est le sous-bassement sur lequel on peut construire une ré-éducation.

Les membres de la communauté participent, non seulement parce qu'ils sont impliqués dans le choix de la punition, mais aussi par le fait qu'ils sont prêts à aider les délinquants à se montrer fiers de leur culture et à prendre confiance en eux-mêmes bien après qu'ils sont sortis du rond.

Une étude des principaux participants (délinquants, victimes, avocats, représentants de la communauté et personnel d'assistance) a révélé que les tribunaux en rond donnent beaucoup de satisfaction. En fin de compte, on tient là le moyen de modifier les

[27] Alex Mitchell, "Aboriginal Elders to have a Say in Youth Sentencing", *Sydney Morning Herald*, 27 mai 2001.

> comportements délinquants et de remettre dans le droit chemin des gens qui, sans cela, seraient voués à une existence de repris de justice.[28]

Étant donnée la situation dysfonctionnelle de nombreuses communautés indigènes, il semblerait que le droit coutumier n'est plus à même de réguler les comportements et de prévenir ou de supprimer la délinquance. Aux yeux de certains Blancs, c'est une raison suffisante pour ne plus le prendre en compte. En réalité, si le droit coutumier est partiellement en déclin, c'est parce que les ravages de la colonisation ont mis à mal l'autorité des anciens, de qui dépend l'application de ce droit. Il serait plus efficace de contribuer à restaurer cette autorité, au lieu de l'affaiblir plus encore en déclarant le droit coutumier répugnant et dépassé.

Même si certains avocats ont poussé trop loin la notion de défense culturelle, et obtenu des condamnations plus légères pour des délinquants indigènes en arguant que leur violence d'ivrognes découlait d'impératifs culturels plus ou moins fallacieux, il ne faudrait pas pour autant jeter le bébé avec l'eau du bain.

Pour ce qui est de l'argument selon lequel la loi doit être la même pour tous, la Commission de réforme juridique a fait remarquer que le problème « n'est pas de savoir s'il devrait y avoir des lois différentes pour les Aborigènes, mais si le droit coutumier aborigène devrait être pris en compte dans le cadre général de la loi »[29]. De fait, les tribunaux australiens sont tenus de prendre en compte les circonstances individuelles des accusés afin de déterminer leur degré de responsabilité, et les obligations qui découlent de l'autorité du droit coutumier entrent tout à fait dans ce cadre.

Un argument supplémentaire consiste à demander pourquoi, si le droit aborigène est pris en compte en Australie, le pays ne prendrait-il pas également en compte les droits coutumiers des

---

[28] Ivan Potas *et al.*, *Circle Sentencing in New South Wales – a Review and Evaluation*, Sydney, Judicial Commission of New South Wales, 2003, p. IV.

[29] Law reform Commission, *op. cit.*

diverses communautés issues de l'immigration. La Commission de réforme juridique a rejeté l'argument en ces termes :

> La réponse simple est que les Aborigènes sont les premiers habitants de l'Australie, et que leurs lois et coutumes ont régulé leur société pendant des milliers d'années. Bien que le droit britannique leur ait été imposé à la suite de la colonisation, ces lois et coutumes n'ont pas disparu pour autant. Elles ont en fait continué d'évoluer parallèlement au système juridique général. Les immigrants qui se sont installés en Australie depuis 1788 savaient qu'ils seraient soumis à la loi, à l'administration et à la juridiction du pays, et ils acceptaient ce fait. Par ailleurs, s'il faut d'autres arguments, les conséquences d'une non-reconnaissance du droit coutumier aborigène sont manifestement plus importantes que dans le cas des minorités immigrées.[30]

Il ne s'agit pas de suggérer qu'il est simple et facile de tenir compte de la loi aborigène. Les difficultés sont réelles, tant au plan théorique qu'au plan pratique. Mais il ne saurait y avoir de réconciliation durable sans pareille reconnaissance de l'identité aborigène.

Reconnaître le droit coutumier, c'est reconnaître que les Aborigènes conservent une souveraineté résiduelle, ce qui est totalement inacceptable aux yeux de certains Blancs : en tant que précédents propriétaires de l'Australie, les Aborigènes ont été, par le biais de la conquête ou de la colonisation, soumis à l'emprise de la légalité européenne, et il n'y a pas à revenir là-dessus – leur reconnaître une forme quelconque de souveraineté reviendrait à mettre en péril les fondements mêmes de l'Australie moderne. Si l'auto-détermination ou l'autonomie des Aborigènes constituaient les maîtres-mots des années 1970 et 80, l'essentiel de l'opinion blanche en est depuis revenu au paternalisme et à l'assimilation, malgré la déclaration des Nations-Unies sur les droits des peuples indigènes, laquelle affirme que « les peuples indigènes ont le droit de promouvoir, de développer et de maintenir leurs structures

---

[30] Law Reform Commission, *op. cit.*

institutionnelles ainsi que les coutumes, traditions et procédures juridiques qui les caractérisent, en accord avec la conception internationalement reconnue des droits de l'homme »[31]. Fin 2006, le gouvernement de John Howard a fait voter une loi qui interdit aux magistrats, dans les affaires qui relèvent du pouvoir fédéral, de prendre en compte le droit coutumier comme circonstance atténuante dans la détermination de la peine, bien que le Parti travailliste se soit opposé à ce texte, et que même des juristes conservateurs l'aient critiqué[32]. La culture aborigène se trouvera affaiblie plus encore par cet ostracisme juridique. Le droit aborigène, comme la culture aborigène en général, et notamment sa spiritualité,[33] continuera d'être considéré comme un mélange de barbarie et de superstition qui n'a pas sa place dans une société civilisée – ce qui signifie en réalité que les Aborigènes eux-mêmes, en tant qu'Aborigènes, n'ont pas leur place dans l'Australie blanche.

Comme tant d'autres problèmes qui concernent les Aborigènes, celui-ci devra sans doute attendre, tandis que sur le terrain la situation des premiers Australiens continuera à se dégrader. Certes, en juin 2007, John Howard a décidé de mener une offensive sans précédent contre les violences et les drogues (y compris l'alcool) qui ravagent bien des communautés. Mais cette offensive, menée principalement par la police et par l'armée, ne prendra guère en compte le point de vue des Aborigènes eux-mêmes, qui vont une fois encore rester spectateurs impuissants de leur propre histoire.

---

[31] "Draft Declaration as Agreed upon by the Members of the Working Group on Indigenous Populations at its Eleventh Session", Article 33. http://www.unhchr.ch/huridocda/huridoca.nsf/(Symbol)/E.CN.4.SUB.2.RES.1994.45.En?OpenDocument.

[32] Voir D.Marr, "Customary Law Brushed aside in Howard's Rushed Attack", *Sydney Morning Herald*, 22 juin 2007.

[33] Voir Ken Gelder et Jane M. Jacobs, *Uncanny Australia – Sacredness and Identity in a Postcolonial Nation*, Melbourne, MUP, 1998.

Sport féminin : amélioration ou détérioration de la « race » dans l'Angleterre du début du XXe siècle

Florence Binard

Kathleen E.McCrone[1] nous rappelle qu'à la fin du XVIIIe siècle déjà des voix s'élevaient en faveur d'exercices physiques pour préserver la santé des femmes des classes supérieures. Parmi les penseurs mentionnés nous retiendrons : Erasmus Darwin (1731-1802), médecin, botaniste, poète, grand-père de Charles Darwin et de Francis Galton, « *A Plan for the Conduct of Female Education in Boarding Schools* » (Londres, 1797) et Mary Wollstonecraft, *A Vindication of the Rights of Woman* (1792). À l'époque, pour ces auteurs, il ne s'agit pas tant de développer les capacités corporelles des filles et des femmes que de remédier à leur faiblesse physique dues selon eux aux exigences sociales de l'idéal de la féminité qui visent à les rendre gracieuses.

À partir du milieu du XIXe siècle, les discours évoluent. Les défenseurs de l'activité physique des filles et des femmes se concentrent désormais sur la nécessité de renforcer la constitution des futures mères de la nation. Ainsi, dans *Essays on Education* (1861), Herbert Spencer (1820-1903), philosophe, père du darwinisme social, estime que priver les filles d'exercices est contraire à la loi de Dieu mais, surtout, il argumente en faveur d'activités corporelles pour les filles afin de renforcer leur santé de sorte que leurs progénitures soient robustes, le dessein suprême de la Nature étant d'assurer la santé physique des générations à venir. Il est à noter que si les capacités physiques lui paraissent fondamentales, il considère que les capacités intellectuelles des filles et des femmes sont secondaires. Il pense même que

[1] Kathleen E. McCrone, « Play Up! Play Up! And Play the Game! Sport at the late Victorian Girls' Public School », *The Journal of British Studies*, vol.23, n°2, printemps 1984, pp.106-134. http://www.jstor.org/

l'éducation intellectuelle pour une femme est nuisible, d'une part à sa santé personnelle et d'autre part à l'avenir de la nation.

Des propos similaires seront à nouveau développés, quinze ans plus tard, par le célèbre psychiatre, Henry Maudsley (1835-1918), dans un article intitulé « *Sex in Mind and Education* », publié en 1874 dans *The Fortnightly Review*. Comme Spencer, Maudsley déplore le manque d'éducation physique des filles mais surtout, il s'inscrit en faux contre leur éducation intellectuelle qui détériore leur capacité à enfanter des bébés robustes et se fait donc « au prix d'une race affaiblie ».

Karl Pearson (1857-1936), fondateur des statistiques modernes et ardent promoteur de l'eugénisme, a estimé pendant un temps que l'assujettissement des femmes était le prix à payer pour l'avenir de la « race » : « Si les femmes qui portent un enfant doivent être intellectuellement handicapées, alors le prix à payer pour la prédominance de la race est la soumission des femmes »[2]. Hormis le fait que l'éducation des femmes avait pour incidence une baisse volontaire de leur taux de fécondité, peut être avait-il à l'esprit les théories développées par Edward Clarke, Henry Maudsley, Granville Stanley Hall ou encore James Crichton Browne, selon lesquelles l'utérus était en concurrence avec le cerveau pour l'apport de sang et qu'en conséquence le développement intellectuel des femmes se faisait au détriment de leur fertilité notamment au moment de la puberté.

Heureusement, tous les penseurs de l'époque ne partagent pas ce point de vue. Selon le Dr. Elizabeth Garrett Anderson[3] l'expérience contredit les propos de Henry Maudsley. Elle estime qu'en période de règles, les filles ne sont pas diminuées et que dans la mesure du raisonnable elles sont même tout à fait aptes à accomplir des tâches physiques et mentales. Si elle concède que la pression due à des travaux intellectuels trop intensifs est dommageable à la santé des jeunes filles, elle pense qu'une activité physique excessive l'est davantage encore. Elle ajoute toutefois

---

[2] Karl Pearson, « The Woman's question » (1885), *The Ethic of Freethought*, Londres, T. Fisher & Unwin, 1888.

[3] Elizabeth Garrett-Anderson (1836-1917) fut la première femme médecin en Angleterre. Elle créa *The London School of Medicine for Women* en 1874.

que, contrairement à ce qu'affirme Henry Maudsley, l'éducation physique des filles est depuis longtemps une priorité des réformateurs, que durant les deux dernières décennies (1850-70) le frein au développement de leur éducation physique est surtout le fait des conservateurs. Comme les féministes de son époque, Elizabeth Garrett Anderson ne remet pas en cause le rôle primordial des femmes comme mères de la nation.

À la fin du XVIIIe siècle les voix qui s'élèvent en faveur d'activités physiques pour les femmes s'inscrivent dans une critique des normes de beauté imposées aux femmes des classes privilégiées. L'activité physique est perçue comme un moyen d'améliorer la santé des femmes et leur qualité de vie en tant qu'individus. Avec le développement des théories évolutionnistes, les arguments en faveur d'activités physiques pour les femmes prennent de l'ampleur et sont justifiés par la nécessité pour celles-ci d'être en bonne santé physique pour être de bonnes procréatrices. À la fin du XIXe siècle, la nécessité d'exercices physiques pour les filles et femmes de toutes classes confondues fait consensus. Cela ne signifie pas pour autant que les femmes ont accès à tous les sports, loin s'en faut. Les résistances sont très fortes, comme l'illustrent par exemple les nombreux débats autour du cyclisme féminin. Dans un article de 1896 intitulé « *A Medical View of Cycling for Ladies* »[4], le Dr. W.H. Feston estime que la question n'est plus de savoir si les femmes doivent ou ne doivent pas faire de la bicyclette mais dans quelle mesure cette pratique est préjudiciable ou non à leur santé. S'il ironise sur les mises en garde des médecins à la barbe grisonnante qui prédisaient de graves conséquences pour celles qui s'adonneraient à cette activité, il estime néanmoins que les femmes ne doivent pas faire de courses ni chercher à battre des records, ce qui constitue « un crime physiologique » ! Il conclut que si les femmes font de la bicyclette avec modération cela est bénéfique pour leur santé et qu'à terme les préjugés disparaîtront.

[4] W.H. Feston, "A Medical View of Cycling for Ladies" in *Littell's Living Age*, n°2712, 27 juin 1896, pp.806-10.

L'éducation physique à l'école publique

À l'école publique, jusqu'au début des années 1870, on ne se soucie guère de l'éducation physique des enfants des classes laborieuses. On forme parfois les garçons à des exercices de marches militaires, mais les filles ne reçoivent aucun entraînement physique. En 1873, cependant, à la suite des recommandations répétées des inspecteurs des écoles, le gouvernement Gladstone autorise l'éducation physique des filles.[5]

C'est alors que naît un intérêt particulier pour les travaux de Per Henrick Ling (1776-1839). Ce Suédois, précurseur de la kinésithérapie, a développé dans son pays une méthode scientifique et hygiénique, fondée sur l'étude de la physiologie, et qui fait appel à des exercices répétitifs. En Angleterre, la gymnastique suédoise doit sa popularité à Martina Bergman Österberg, qui fut une pionnière dans le développement de l'éducation physique des filles. En 1885, elle fonde le premier collège d'éducation physique pour femmes à Hampstead, *The Bergman Österberg Physical Training College*, qui dix ans plus tard sera transféré à Dartford et deviendra *The Dartford College of Physical Education* jusqu'à sa fermeture en 1986. Son objectif est double : elle souhaite d'une part faire avancer la condition féminine en aidant les femmes à développer leur force physique et d'autre part elle entend faire progresser la race humaine[6]. Comme d'autres féministes, elle concède que les femmes sont souvent faibles et fragiles, mais elle pense qu'il ne s'agit en aucun cas d'une fatalité et que c'est l'organisation de la société qui est responsable de cet état de fait. Elle rejoint la pensée darwiniste et eugéniste et considère que, pour s'améliorer, la nation britannique doit produire des femmes fortes qui donneront naissance à des bébés vigoureux. En conséquence, elle préconise l'abandon du corset, dont les baleines réduisent les mouvements du corps. En 1892, elle choisit pour ses étudiantes un uniforme qui fait sensation : elle remplace la robe à manches longues qui descend jusqu'aux chevilles par un ensemble constitué

---

[5] Kathleen McCrone, « Class, Gender, and English Women's Sport, c.1890-1914 », *Journal of Sport History*, vol.18, n°1, printemps 1991, p.3.

[6] http: // collection.nlc-bnc.ca/100/201/300/ejmas/kronos/2000/NewHist1860-1899.htm.

d'une chemise à manches longues et de collants recouverts par une tunique à bretelles s'arrêtant juste au dessus des genoux. Cette tenue donne une plus grande liberté aux étudiantes et sera bientôt adoptée par la plupart des collèges féminins, tout comme les principes de la gymnastique suédoise.

Ainsi, au tournant du siècle, l'éducation physique des filles dans les écoles élémentaires repose essentiellement sur la méthode suédoise. Le ministère de l'Éducation, *The Board of Education*, diligente une enquête (pour les filles) au terme de laquelle le rapport du comité sur l'éducation physique, *Joint Committee on Physical Education*, composé de 83 membres représentant le ministère de la Guerre, l'Amirauté, le secrétariat d'État à l'Éducation, quatorze universités et vingt-quatre *public schools*, estime que le sport est bénéfique d'un point de vue psychique et physique pour toutes les classes de la société.

Le développement du sport dans l'entreprise

En même temps que se développe l'éducation physique dans les établissements scolaires, le sport fait son entrée dans les usines. Dès la fin du XIXe siècle de nombreux chefs de grandes entreprises, sensibles aux discours des autorités scientifiques et médicales qui vantent les bienfaits du sport sur la santé, le bien-être et les performances des travailleurs, décident de fournir à leurs employés des équipements sportifs. Comme les *public schools*, les entreprises cherchent à développer chez leurs employés un sentiment d'appartenance.

Même s'il est évident que les femmes ne bénéficient pas des mêmes avantages que les hommes, elles sont vivement encouragées à la pratique du sport. C'est le cas, par exemple, de la fabrique de chocolat Cadburys, dirigée par une famille de Quakers. L'entreprise, qui se veut une entreprise modèle, a fait construire des courts de tennis, un gymnase équipé d'un vestiaire et de douches, une piscine et des terrains de jeux pour ses employées[7].

---

[7] Selon Charles Delheim, pour des raisons de convenance, tout est fait dans les usines pour éviter la proximité entre ouvriers et ouvrières. Il existe par exemple des cantines réservées à l'usage des femmes et d'autres à celui des hommes ; de même pour les activités sportives, hommes et femmes sont séparés. Source :

Plusieurs matins par semaine, les filles de moins de seize ans sont dispensées de travail pour assister à des cours obligatoires de natation et de gymnastique suédoise. On les incite également à participer à des matchs de cricket, hockey, netball et tennis après le travail et le samedi après-midi. À l'instar des écoles privées de renom, l'entreprise emploie des professeurs de gymnastique et des entraîneurs de sport. En 1899 le *Bournville Girls' Athletic Club* (BGAC) est inauguré avec 113 inscrites ; en 1914, le nombre d'adhérentes a été multiplié par six et le club compte 678 membres. Des matchs inter-entreprises sont organisés dans différents sports, mais c'est avec le hockey que les employées de Cadburys s'illustrent surtout. En 1911, la compagnie compte cinq équipes féminines de hockey.[8]

Le débat sur l'éducation sportive des filles au début du XXe siècle

Le début du XXe siècle voit une montée en puissance de l'hygiénisme et de l'eugénisme. On s'inquiète du fort taux de mortalité infantile et de la baisse du taux de natalité. De nombreuses associations centrées sur la santé du corps sont alors créées : *The Institute of Hygiene* (1903), *The National League for Physical Education and Improvement* (1903), *The National League for Health, Maternity and Child Welfare* (1905), *The Eugenics Education Society* (1908). Toutes s'accordent à penser que des exercices physiques sont bénéfiques à la santé des filles. Toutefois, à mesure que l'engouement pour le sport féminin et en particulier pour les sports collectifs prend de l'ampleur, le discours se modifie. Les autorités éducationnelles et médicales s'interrogent sur les effets pervers de l'éducation physique des filles à l'école. Ainsi, dans un rapport intitulé « The Physical Education of Girls » publié en août 1922 dans le *British Medical Journal*, les auteurs envisagent la possibilité qu'un développement accru de la masse musculaire et des os puisse rendre l'accouchement plus difficile.

Charles Delheim , « The Creation of a Company Culture: Cadburys, 1861-1931 », *American Historical Review*, février, 1987, pp. 22, 26, 29, 41-2.

[8] Kathleen McCrone, « Class, Gender, and English Women's Sport, c.1890-1914 », *Journal of Sport History*, vol.18, n°1, printemps 1991, pp.14-16.

Mais ils n'excluent pas l'hypothèse que l'effet soit inverse : que la pratique sportive facilite l'accouchement. Ils estiment que davantage de recherches sont nécessaires faute de preuves concernant l'une ou l'autre des hypothèses avancées. Les conclusions du rapport Hadow[9] de 1923 soulignent également la nécessité d'approfondir la recherche dans le domaine de l'éducation physique et sportive des filles ; les auteurs estiment toutefois qu'à la lumière des différences physiques entre filles et garçons et notamment au vu de la « plus grande prédisposition des filles à la fatigue mentale et physique » il est souhaitable d'introduire dans les programmes davantage de différenciation surtout dans les sports collectifs ou de compétition.

De nombreuses enseignantes féministes sont favorables à une éducation sportive des filles identique à celle des garçons. Elles revendiquent un traitement égalitaire et estiment que si le sport est une bonne chose pour les garçons, c'est également vrai pour les filles. Elles pensent que l'éducation physique permet d'améliorer la santé des femmes, qu'elle favorise l'apprentissage de l'indépendance, que c'est un moyen de développer la confiance en soi et qu'elle aide à connaître ses limites. Mais, ces enseignantes sont l'objet de vives attaques.

Leurs détracteurs, majoritaires, considèrent que les différences anatomiques, physiologiques mais aussi psychologiques entre les hommes et les femmes requièrent que les activités physiques enseignées aux filles soient différentes de celles dispensées aux garçons. Ils s'appuient sur le discours des autorités médicales qui certifient que le sport met en danger la santé des femmes et compromet leurs chances de mettre au monde des enfants normaux. Ainsi, au nom de la fragilité physique et mentale des femmes, on leur interdit certains sports.

L'argument médical n'est cependant pas le seul avancé. On s'attaque aux féministes et on affirme qu'à cause d'une activité sportive trop intensive, les filles se dénaturent, perdent leur féminité et développent des qualités mentales masculines. En 1921,

9 The Hadow Report, « Differentiation of the Curriculum for Boys and Girls Respectively in Secondary Schools », Londres, HMSO, 1923.

dans une lettre adressée à la revue médicale *The Lancet*[10], la fondatrice de la *public school* pour filles de Crouch End, Charlotte Cowdroy, dénonce les dangers de l'éducation physique des filles. Les arguments qu'elle défend sont, insiste-t-elle, le fruit de son expérience. Après des années passées à la direction d'une école pour filles, elle estime avoir suffisamment de recul pour tirer des conclusions fiables de ses observations. Féministe dans sa jeunesse, Charlotte Cowdroy croyait en l'égalité des sexes. Partant du point de vue que ce qu'un homme pouvait faire, une femme le pouvait également, elle avait été de ceux qui préconisaient l'enseignement de la culture physique pour les filles. Mais, les années passant, elle dut se rendre à l'évidence et accepter le fait qu'elle s'était fourvoyée. La constitution physique des filles et des garçons n'est pas la même et des activités physiques bénéfiques au développement des garçons peuvent s'avérer désastreuses pour les filles. Elle a pu observer que s'il est exact que les sports féminins, tels la danse ou l'escrime, ne nuisent pas au développement des filles, en revanche, la pratique de sports violents ou collectifs est préjudiciable à leur santé physique et mentale. En premier lieu, il est patent que, soumis à des exercices trop intensifs, le corps des jeunes se modifie et que leur apparence physique se voit transformée. L'adolescente de quinze ans ne ressemble pas à une jeune femme comme c'était le cas autrefois, mais à une gamine de dix ans qui aurait grandi trop vite : elle est mince, voire maigre, et n'a pas de poitrine. Plus grave encore, elle ressemble à un garçon avec ses muscles marqués, ses mâchoires carrées, ses hanches droites et sa démarche masculine. Sur le plan mental, on constate fréquemment qu'elle est égoïste et agressive, mais c'est dans la domaine de la santé physique que les ravages sont les plus sérieux, d'autant plus qu'ils n'apparaissent qu'à l'âge adulte, lorsqu'il est trop tard pour y remédier. On observe souvent chez les sportives une propension à l'irritabilité, voire à la dépression. Nombreuses sont celles qui souffrent de rhumatisme, de problèmes cardiaques et d'aménorrhée. Celles qui se marient donnent naissance à des

[10] *The Lancet* est une revue médicale britannique fondée en 1823 par Thomas Wakley. De renommée internationale, l'hebdomadaire joue, depuis sa création, un rôle significatif dans l'histoire de la médecine.

enfants chétifs quand elles ne sont pas tout simplement stériles. Selon Charlotte Cowdroy un des dangers insidieux réside dans l'influence puissante des professeurs de sport. Elles sont souvent contre le mariage et contre les hommes et jouissent, malheureusement, d'une popularité auprès des adolescentes.

La maternité en danger

Si, comme nous l'avons vu, au début des années vingt les autorités médicales, éducatives, politiques et même l'opinion publique sont désormais favorables aux exercices physiques pour les filles et les femmes, tous s'accordent à penser qu'un entraînement physique éprouvant est susceptible d'endommager durablement les organes reproducteurs féminins, ce qui pourrait présenter une menace pour l'avenir de la « race ». Certaines athlètes de haut niveau soutiennent ces théories. En 1925, dans son ouvrage intitulé *Athletics for Women and Girls*, Sophie Eliott Lynn[11] justifie l'interdiction faite aux femmes de participer aux courses de plus mille mètres au motif que courir sur de trop longues distances solidifie certains ligaments qui doivent garder leur élasticité au moment des accouchements. Elle estime par ailleurs qu'au vu du déséquilibre démographique dont est affectée la nation, le devoir des femmes est de repeupler le pays. Elle considère que seule une minorité de femmes est suffisamment robuste pour participer à des épreuves d'athlétisme sans risque pour leur santé. Il s'agit de femmes d'exception et il est donc raisonnable que la majorité s'en remette aux lois qui régissent le sport, d'autant plus que le mal n'apparaît pas nécessairement au moment où le corps est soumis à une pratique sportive excessive, mais ultérieurement.

En 1930 Frederick Webster, entraîneur et historien du sport[12], se défend d'empêcher les femmes de faire du sport, mais il

[11] Sophie C. Eliott-Lynn, qui deviendra, Lady Sophie Mary Heath (1897-1939), fut championne de saut en hauteur et de javelot. Elle fut également une pionnière de l'aviation en étant la première femme à rejoindre Londres depuis Le Cap, en solo en 1927-28.

[12] Frederick A..M.Webster était entraîneur d'athlétisme et historien du sport. Il est l'auteur de *The Evolution of the Olympic Games 1829 BC- 1914 AD*, Londres, Heath, Cranton & Ouseley, 1914 et de *Athletics of to-day for Women; History, Development & Training*, Londres, Frederick Warne & Co, 1930.

estime fondamental de déterminer les activités physiques les plus profitables aux futures mères. Se référant aux autorités scientifiques « les plus sérieuses », il affirme que les activités physiques et les sports collectifs ont un effet bénéfique sur le caractère et la santé des filles. La natation, par exemple, est une bonne chose, bien que les femmes aient tendance à passer trop de temps dans l'eau, ce qui fatigue le cœur. Toutefois, il déclare que le football, la boxe et la lutte sont totalement inadaptés au tempérament et à la constitution féminine.[13]

En 1937, dans un ouvrage intitulé *Health and Fitness*, le Dr. Ethel Browning condamne la pratique excessive des exercices physiques chez les adolescentes. Selon elle, dans de trop nombreuses écoles, l'engouement pour l'athlétisme est poussé trop loin car il est préjudiciable à la santé des filles de quatorze à dix-sept ans qui développent leurs muscles au détriment d'autres tissus corporels. Comme en témoignent de nombreux obstétriciens, nous dit-elle, les femmes ayant pratiqué l'athlétisme à outrance durant leur adolescence ont davantage de difficultés à accoucher.

Sport et masculinisation des femmes

Si le sport intensif met en danger la maternité, il entraîne également une masculinisation physique et mentale des femmes. Les autorités scientifiques s'accordent en effet à penser qu'une pratique trop intensive du sport entraîne un gain musculaire anormal qui modifie le corps des femmes et développe chez elles une allure masculine. Cette transformation de leur apparence physique n'est pas sans conséquence sur leur façon de s'habiller et de se comporter. Elles adoptent des tenues vestimentaires peu féminines et des attitudes qui ne correspondent pas à celles de leur sexe, ce qui affecte leur système nerveux. Elles deviennent irritables et dépressives.

Lorsqu'il présente les conclusions de ses travaux à une conférence sur l'éducation en 1935, le Dr. Williams entend apporter une nouvelle preuve que la pratique de sports « masculins » à l'école est dangereuse pour les femmes et pour

---

[13] F.A.M.Webster, de *Athletics of to-day for Women; History, Development & Training*, Londres, Frederick Warne & Co, 1930, pp.1-2.

l'avenir de la société. Son étude, qui porte sur l'influence des glandes endocrines sur le caractère, montre que la pratique de sports tels que le hockey ou le lacrosse entraîne un développement anormal de la partie des glandes surrénales qui régit le degré de combativité chez un individu. Or, le désir ou l'aptitude à combattre ne se limite pas à l'activité sportive mais affecte la personne dans tous les domaines de la vie. Ainsi, une jeune fille initialement gentille et féminine devient méchante et belliqueuse si elle fait trop de sport. Et le Dr. Williams de poursuivre que les enseignantes en charge de l'éducation des filles sont souvent elles-mêmes amères, asexuées ou homosexuelles et que leur seul objectif est de modeler les filles à leur image[14]. On le voit, la situation est très grave car plus on encouragera les filles à faire du sport, plus elles seront nombreuses à être dénaturées et moins elles accompliront la tâche naturelle qui leur incombe : enfanter.

La publication en anglais, à la veille de la Seconde Guerre mondiale, de *Sport, Physical Training and Womanhood* du Dr. Stephan Westmann, ancien obstétricien et professeur à l'École de médecine de Berlin, montre que l'opposition médicale au sport féminin est tenace. Dans son ouvrage initialement publié en 1930, le Dr. Stephan Westmann explique que l'effort physique extrême requis dans le sport de compétition engendre des modifications chimiques dans le corps des femmes. Leurs organes s'atrophient et apparaît cette « monstruosité artificielle qu'est la virago ».[15]

La presse populaire se fait l'écho de ces discours de spécialistes, les femmes naissent naturellement belles et il leur appartient de cultiver cette beauté sans la gâcher par des exercices physiques trop intensifs. Si elles perdent charme et beauté, elles perdront le pouvoir de séduire les hommes et elles seront condamnées à une vie de solitude, sans mari et sans famille. Les articles regorgent de témoignages d'athlètes hostiles aux « excès » de certaines sportives. Ainsi par exemple, en 1936, la toute

[14] Dr. Williams, *The Daily Herald*, septembre 1935, *in* Alison Oram, Annmarie Turnbull, *The Lesbian History Sourcebook, Love and Sex Between Women in Britain from 1780 to 1970*, Londres, Routledge, 2001, p.145.

[15] Stephan Westmann, *Sport, Physical Training and Womanhood*, Londres, Baillière, Trindall & Cox, 1939, p.53.

nouvelle championne du monde de ski féminin, Evie Pinchin déclare à la presse qu'elle va abandonner la compétition car elle ne souhaite pas ressembler à ces femmes athlètes aux muscles trop développés. La pratique intensive du sport de compétition, fait-elle remarquer, donne aux filles une apparence dure et les rend peu séduisantes.[16]

Tous ces discours ont bien entendu un impact considérable sur le sport féminin. Si au début des années vingt, dans l'euphorie d'après guerre, des femmes pratiquent toutes sortes de sports, y compris les sports dits masculins, à la fin de la décennie de nombreux sports leur sont interdits ou d'accès très difficile.

Interdites de boxe au nom de la médecine

La boxe constitue l'exemple le plus éclatant de l'opposition à la pratique de certains sports par les femmes. Comme les autres sports réputés masculins, la boxe féminine se développe sans grande opposition jusqu'à la fin de la Première Guerre mondiale. Aux Jeux olympiques de 1904, qui se déroulent à Saint-Louis aux États-Unis, la boxe féminine est même représentée en tant que sport de démonstration[17]. Mais dans les années vingt, la boxe fait les frais des théories médicales. En 1926, le Comité directeur des bains de Shoreditch décide d'annuler un match féminin et informe l'organisateur que s'il ne se plie pas à cette décision, il se verra dorénavant refuser la location de la salle. Outre le fait que l'opinion publique est de plus en plus hostile à ces matchs de boxe féminins, le Comité s'est appuyé sur l'avis des autorités médicales[18]. Selon les médecins, le corps des femmes n'est pas bâti pour des activités aussi violentes et les coups infligés dans les combats lui sont éminemment préjudiciables. Non seulement la

---

[16] *The Daily Mail*, « Girl Ski Champion's 'No more contests!' », 24 février 1936.

[17] http://www.olympicwomen.co.uk/Potted.htm. Avant d'être officiellement reconnu sport olympique, il arrive qu'un sport soit présenté à des Jeux olympiques. Dans ce cas, les vainqueurs ne sont pas médaillés.

[18] Il est intéressant de noter qu'en 1993 l'Association médicale britannique, *The British Medical Association*, s'est prononcée en faveur d'une interdiction de la boxe féminine et masculine. Selon les médecins la boxe encourage la violence intentionnelle et entraîne des lésions cérébrales graves.

beauté d'une femme risque d'en pâtir, mais la pratique de ce sport augmente les risques de cancer.[19]

Des personnalités religieuses telles que le révérend F.B. Meyer écrivent au ministre de l'Intérieur, *Sir* William Joynson-Hicks, pour attirer son attention sur le caractère pernicieux de la boxe. Dans un échange épistolaire, le ministre rétorque que le vide juridique s'explique par le caractère inouï de ces spectacles jusqu'alors inconnus en Angleterre : « Le corps législatif n'aurait jamais pu imaginer que des spectacles aussi disgracieux pussent être organisés dans ce pays ».[20]

L'Association de boxe amateur britannique, *The British Amateur Boxing Association*, décide alors d'interdire les matchs officiels de boxe féminine. Il faudra attendre la fin des années quatre-vingt-dix pour qu'elle autorise à nouveau de telles compétitions.

Grandeur et décadence du football féminin

L'opposition des dirigeants de fédération à la pratique des sports dits masculins ne se limite pas à la boxe ; le football en est un autre exemple.

En Angleterre, les premiers matchs de football féminin furent organisés à la fin du XIXe siècle. En 1894, Nettie Honeyball fonde la première association britannique de football féminin, *The British Ladies Football Club*. Son objet est de prouver au monde que les femmes ne sont pas « ces créatures seulement destinées à orner les salons que les hommes dépeignent ».[21]

Malgré une hostilité certaine, un véritable engouement pour le football féminin se développe pendant la Première Guerre mondiale. Ce sport est considéré comme trop violent pour les filles des classes moyennes, mais il attire de nombreuses femmes de la classe ouvrière et c'est dans le nord que le football féminin est le

---

[19] *The Daily Mail*, « Ban on Women's Boxing Bout », 28 janvier 1926.

[20] *The Daily Mail*, « Boxing Women. Home Secretary's Disgust », 30 janvier 1926.

[21] Nettie Honeyball citée *in* Kathleen McCrone, « Class, Gender, and English Women's Sport, c. 1890-1914 » *in Journal of Sport History*, vol 18, n° 1, printemps 1991, p.9.

plus apprécié. Des matchs de ligue qui attirent des milliers de spectateurs y sont régulièrement organisés. L'argent récolté lors de ces rencontres est souvent versé à des œuvres caritatives et en particulier aux familles des soldats morts au combat.

L'équipe la plus populaire est celle de l'usine de munitions, Dick Kerr de Preston dans le Lancashire[22] et le match le plus célèbre de l'époque opposa l'équipe de Dick Kerr à l'équipe féminine St Helens du Lancashire. La rencontre, qui eut lieu le 26 décembre 1920 au stade Goodison à Liverpool, se déroula devant une foule de cinquante-trois mille spectateurs mais, faute de place, de dix à quinze mille *fans* durent être refoulés. Selon Jennifer Hargreave il existait environ cent cinquante clubs de football féminin en Angleterre à la fin de l'année 1921.[23]

Comme en témoignent de nombreux documents d'époque, le public est nombreux et la presse populaire couvre les rencontres. Néanmoins, la popularité du football féminin dérange et la fédération nationale va tout faire pour éliminer la menace qu'elle fait peser sur le football professionnel masculin. C'est ainsi qu'en décembre 1921, la fédération décide d'interdire les matchs féminins sur les terrains qu'elle contrôle[24]. Elle se justifie en stipulant que le football est inconvenant pour les femmes. On met aussi l'accent sur des raisons médicales : les femmes qui jouent au football risquent de subir des blessures qui les marqueront à jamais. Les joueuses tentèrent bien sûr de réfuter cet argument médical en témoignant de leur expérience. Elles eurent beau rappeler que les blessures graves étaient extrêmement rares et que de surcroît leurs adversaires étaient de « faibles femmes » comme elles, ce fut en vain. Le football disparut alors pratiquement de la scène du sport féminin. Et il faudra attendre un demi-siècle pour qu'au début des années soixante-dix, le football féminin prenne un nouvel essor[25]. N'ayant pas les moyens de financer leurs propres

---

[22] W.B.Dick et John Kerr étaient les dirigeants de l'usine qui, avant de fabriquer des munitions, fabriquait des tramways.

[23] Jennifer Hargreaves, *Sporting Females: Critical Issues in the History and Sociology of Women's Sports*, Londres, Routledge, 1994.

[24] Cette interdiction ne sera levée qu'en 1969.

[25] En 1971, à Mexico, est organisée la première coupe mondiale de football féminin – il s'agit alors d'un événement non-officiel.

équipements et leurs propres fédérations, les femmes vont notamment être exclues de bien d'autres sports.

Courses hippiques et femmes jockeys

En octobre 1925, Eileen Joel est la première femme jockey à remporter la course *Town Plate* à Newmarket. La célèbre course est une véritable institution britannique qui existe depuis 1665. Cette victoire constitue donc un événement remarquable. Elle est la preuve que les femmes sont capables dans certains domaines de dépasser les performances masculines. Mais, en 1930, lorsque Madame Arthur Heald demande le droit de concourir sous l'égide du *Jockey Club and National Hunt*, le comité directeur oppose son veto. Madame Heald aura beau parlementer, tenter même de retourner les arguments utilisés par ceux qui prennent prétexte de la faiblesse corporelle des femmes pour les empêcher de concourir avec les hommes, elle ne parviendra pas à obtenir gain de cause. Là encore, il faudra attendre 1972 pour que les femmes soient à nouveau autorisées par cette institution à concourir.[26]

Le sport comme moyen d'entretenir la beauté et la santé d'une femme

Tous les sports pratiqués par les femmes ne rencontrent pas cette hostilité du corps médical et de l'opinion publique.

Au début du XXe siècle l'idée que, grâce à l'éducation physique, les femmes peuvent entretenir ou améliorer leur beauté fait de plus en plus d'adeptes. On approuve notamment le développement d'activités censées ajouter de la vigueur à la grâce des femmes. Des écoles de danse sont créées : Marie Rambert fonde le *Ballet Rambert*[27] et Ninette de Valois le *Royal Ballet*[28]. La

---

[26] *The Daily Mail*, « Women Jockeys Win the Right to Race », 14 décembre 1971. L'information contenue dans ce court article explique qu'à partir de 1972, les femmes seront autorisées à participer à des compétitions hippiques sous l'égide du Jockey Club. Reg Akehurst, entraîneur à Epsom, y fait part de son intention d'inviter la princesse Anne à concourir dès les premières courses.

[27] Marie Rambert (1888–1982), danseuse d'origine polonaise, fonda en 1926 la compagnie de danse qui allait devenir le célèbre Ballet Rambert. La première représentation qui eut lieu en juin était intitulée : *A Tragedy of Fashion.*

fondation de la Ligue pour la beauté et la santé des femmes, *The Women's League of Health and Beauty*, participe de cet état d'esprit et constitue l'exemple d'activité physique féminine la mieux acceptée.

Au début des années 1900, lors d'un voyage à Paris, Mollie (Bagot) Stack (1883-1935), qui souffre de rhumatisme articulaire aigu, fait la connaissance de Madame Joseph Conn. Cette dernière est spécialiste d'exercices de gymnastique médicale et a mis au point de nouveaux exercices adaptés aux femmes. En 1907, Mollie Stack s'inscrit à l'institut Conn de Londres et, après avoir passé ses examens avec succès, s'y voit confier un poste d'enseignante. Puis pendant quelques années elle travaille pour l'institut à Manchester, avant de partir en Inde avec son mari. Après la guerre, de retour à Londres, Mollie Stack donne des cours de gymnastique chez elle, d'abord à sa fille, à sa nièce et à quelques-unes de leurs camarades, puis à des femmes qui lui sont envoyées par des médecins. Forte de son succès, elle crée en 1925, dans une maison de Holland Park, l'École de santé Bagot Stack, *The Bagot Stack Health School*, où elle enseigne des exercices d'éducation et de ré-éducation physique. Elle emploie Majorie Duncombe pour la pratique de la danse, et un médecin pour enseigner l'anatomie et la physiologie.

En 1930, elle fonde la Ligue de santé physique, *The Fitness League*. Elle rêve de concevoir un système d'exercices structurés et gradués en fonction des besoins, des capacités et de l'âge de ses élèves. Dans chaque club, des cours sont dispensés par des instructeurs qualifiés. En 1934, la Ligue comprend quarante-sept mille personnes et, en 1936, un an après le décès de Mollie Stack, le nombre des membres s'élève à cent mille. Des manifestations de masse sont organisées dans les stades. À Wembley, en 1939, 5 000 femmes présentent un spectacle de gymnastique féminine.

Le monde médical approuve, ainsi, le Dr. Stephan Westmann estime que la gymnastique, et notamment la gymnastique rythmique, est un excellent moyen de préparer les

---

[28] *The Royal Ballet* fut fondé en 1926 par Dame Ninette de Valois, qui créait alors une académie d'art chorégraphique, à la fois compagnie et école de danse.

femmes à la maternité. Elle a aussi fait ses preuves, affirme-t-il, dans la prévention et le traitement des affections gynécologiques.[29]

Conclusion

Au milieu du XIXe siècle le monde médical s'accorde à penser que des exercices physiques modérés sont bénéfiques à la santé des filles, qu'ils favorisent leurs capacités à enfanter des bébés robustes. Toutefois, dès lors que le sport féminin se développe et que les femmes commencent à pratiquer des sports dits violents, les vieilles théories ressurgissent, ainsi par exemple la théorie de « l'énergie limitée », l'idée selon laquelle l'énergie dépensée dans l'exercice physique diminue l'énergie indispensable aux organes reproducteurs. On estime qu'une activité physique trop intense est contraire aux lois de la Nature car elle entraîne une détérioration du corps des femmes, qui deviennent inaptes à la maternité, ce qui présente une menace pour la survie de la race.

Beaucoup estiment que lorsque sport rime avec compétition, il s'avère préjudiciable à la santé des femmes et à l'ordre de la société. Néanmoins, la classification des sports, en sports violents ou non-violents, suscite des controverses. Les uns estiment que le tennis, la danse ou la natation sont parfaitement adaptés à la morphologie féminine, tandis que d'autres considèrent qu'ils dénaturent les femmes. En fait, ce sont surtout les valeurs morales défendues qui fondent les discours, y compris les discours scientifiques, car on est d'autant moins favorable au sport féminin qu'on croit en une séparation naturelle des rôles des hommes et des femmes.

Les défenseurs de l'ordre établi agitent le spectre du désordre que la masculinisation des femmes sportives pourrait provoquer. Ils entendent démontrer qu'il est essentiel pour l'ensemble de la société que les femmes gardent et protègent leur féminité. En perdant sa beauté, une femme perd toute chance de trouver un mari et de fonder une famille (ce qui est le destin naturel des femmes), c'est pourquoi il est indispensable qu'elle protège ses organes reproducteurs. Sous le couvert de vérités scientifiques,

---

[29] Stephan Westmann, *Sport, Physical Training and Womanhood*, Londres, Baillière, Tindall & Cox, 1939, p.IX.

ceux qui s'opposent à l'émancipation féminine affirment que seuls les exercices où la souplesse l'emporte sur la force conviennent au sexe faible. Tout exercice violent est dangereux pour la santé physique et mentale des femmes. Toute pratique sportive, quelle qu'elle soit, fait l'objet de vives réprobations dès lors qu'elle est considérée comme inadaptée à la constitution féminine. On met en garde les femmes contre les conséquences irréversibles de l'augmentation excessive de leur masse musculaire. Leur épanouissement personnel sera alors menacé dans la mesure où elles seront physiquement et intellectuellement un objet d'horreur pour leurs futurs époux. Culpabilisées, stigmatisées, les femmes qui osent transgresser ces interdits risquent de perdre toutes les caractéristiques de leur sexe ; elles deviendront des monstres, peut-être même homosexuelles.

Les femmes tenteront de réagir et de lutter contre ces attaques. Exclues des organisations sportives des hommes, elles créeront leurs propres associations. Mais le manque d'argent, l'impossibilité d'accéder aux structures et aux équipements sportifs et, dans une moindre mesure, le manque d'expérience ralentissent l'expansion de nombreuses disciplines sportives féminines quand ils n'y mettent pas fin. Seules quelques sportives exceptionnelles parviennent à s'imposer dans les disciplines masculines. Ce sont des femmes remarquables qui souvent bénéficient d'une situation sociale et financière privilégiée qui leur donne le pouvoir et la liberté de pratiquer le sport de leur choix. Parmi les exemples les plus notoires figurent notamment l'aviatrice Amy Johnson[30] ou Joe Carstairs[31], la pilote de hors-bord.

L'immense majorité des femmes, elle, livre un combat très inégal et le manque de moyens combiné à l'hostilité de l'opinion publique les contraint à des concessions à l'ordre moral. Par conviction personnelle ou dans l'espoir de défendre leurs intérêts,

---

[30] Amy Johnson (1903-1941) fut la première femme pilote à relier l'Angleterre à l'Australie en solo, en mai 1930. Elle s'illustrera également lors du premier rallye automobile féminin, Paris-Saint Raphaël en 1929.

[31] Marion Barbara Carstairs (1900-1993), plus connue sous le nom de Joe Carstairs, était considérée comme la femme la plus rapide sur l'eau dans les années vingt et trente. Elle participa avec succès à de nombreuses courses de bateaux à moteur rapides (*speed boats*).

certaines prennent le parti de contrôler et de limiter ce qui peut s'apparenter à un excès de masculinisme. Elles rejettent certains sports et insistent sur l'apparente féminité des athlètes. Afin de ne pas heurter l'opinion publique, elles préconisent le port de tenues de sport seyantes qui, même si elles sont moins pratiques et moins confortables, satisfont aux critères de décence exigés.

Il est évident que l'opposition au développement du sport féminin dans l'entre-deux-guerres a considérablement freiné son expansion. Même si à la fin des années trente on s'accorde à penser qu'une pratique sportive est souvent bénéfique pour les femmes, même s'il est indéniable que dans certains domaines les records féminins égalent les records masculins, les femmes devront attendre la seconde vague de féminisme des années soixante pour que leur soit ouverte, à nouveau, la possibilité de pratiquer certains sports dits masculins.

La réglementation au Royaume-Uni de la sélection *in vitro* d'embryons humains : vers l'enfant à la carte ?

Simon Taylor

Le diagnostic pré-implantatoire (« DPI ») permet la sélection d'embryons humains *in vitro* pour assurer l'implantation d'embryons sains lorsqu'il existe un risque élevé de transmission d'une maladie génétique grave à l'enfant à naître. Une cellule de chaque embryon est prélevée deux à trois jours après fécondation au moment où l'embryon ne compte que six à dix cellules. Cette cellule est ensuite testée pour la maladie génétique spécifique identifiée.

Si la fertilisation *in vitro* représente aujourd'hui 1% des naissances au Royaume-Uni [1], le DPI se pratique rarement[2] , et jusqu'en 2005, seulement une centaine d'enfants étaient nés de cette procédure dans ce pays, et mille dans le monde[3]. Malgré le

[1] Entre avril 2003 et mars 2004, 29.688 femmes ont suivi un traitement FIV au Royaume-Uni. Pendant la même période, il y a eu 8.251 accouchements suite au traitement, représentant 10.242 enfants. Voir le site web du *Human Fertilisation and Embryology Authority* : www.hfea.gov.uk. On peut observer le même phénomène en France : en 2000 il y a eu 11.344 grossesses cliniques suite à un traitement FIV (statistiques du FIVNAT : www.fivfrance.com). En 2004 12.254 enfants sont nés en France suite à une fécondation *in vitro*. En 2005, sur 800.000 naissances, 2 % (soit environ 16.000) des enfants sont nés grâce aux techniques d'assistance médicale à la procréation (rapport Agence de la biomédecine 2005, p.43.)

[2] 200-250 cycles entre 1990 et 2000 en Angleterre (par rapport à 18.000 procédures d'amniocentèse pendant la même période) : Human Genetics Commission: *Response to HFEA on Consultation on PGD* 2001 p.1.

[3] Human Genetics Commission : *Making Babies: Reproductive Decisions and Genetic Technologies*, janvier 2006, p.44. La procédure est longue et compliquée, et seulement 20% des cycles de traitement donnent lieu à la naissance d'un enfant. Au Royaume-Uni chaque cycle de traitement coûte entre £4.500 et £6.000, et

recours aujourd'hui très limité au DPI, la technique soulève la peur de la sélection fondée sur des critères de pure convenance, la sélection de l'enfant « à la carte »[4]. L'utilisation du DPI est en effet destinée à augmenter considérablement, compte tenu du développement de la capacité des médecins à identifier un nombre croissant de maladies génétiques.[5]

La sélection passera-t-elle d'une sélection « négative », destinée à éliminer les embryons malades, à une sélection « positive », qui vise à choisir des embryons dotés des caractéristiques voulues ? Jacques Testart a écrit que « là où le diagnostic prénatal permettrait d'éviter le pire par élimination, le diagnostic préimplantatoire va élire le meilleur par sélection »[6]. La sélection d'embryons va au cœur de la question de l'autonomie reproductive des parents : dans quelle mesure les parents ont-ils le droit de choisir librement les caractéristiques de leurs enfants ? La sélection en fonction de critères tels que l'intelligence, la beauté ou la personnalité relève actuellement plutôt du domaine de la science-fiction, compte tenu de l'état actuel des connaissances scientifiques[7], mais sera peut-être possible à l'avenir[8]. Une forme

---

seulement la moitié est prise en charge par la sécurité sociale. HGC *Making Babies*, p.46.

[4] Pour emprunter l'expression d'Axel Kahn, dans *Et l'homme dans tout ça ? Plaidoyer pour un humanisme moderne*, Paris, éditions Nil, 2000. Sur les risques de dérive vers la sélection sur des critères superficiels, voir Jacques Testart, *L'Œuf transparent*, Paris, Flammarion, 1986 ; et plus récemment Jacques Testart, « À la Recherche de l'enfant parfait », *Le Monde*, 14 octobre 2006 ; Francis Fukayama, *La Fin de l'homme : les conséquences de la révolution bioéthique*, Paris, La Table ronde 2002. Pour une vision romancée de la fabrication d'enfants donneurs, voir le roman de Kazuo Ishiguro, *Auprès de moi toujours*, Broché, 2006.

[5] Notamment grâce au *Human Genome Project*.

[6] « Les risques de la purification génique, question à P-A Tanguieff », *Esprit* 1994, n°199, p.178.

[7] Ces caractéristiques impliquent en effet une multitude de gènes avec des interactions entre eux et avec l'environnement qui sont complexes et difficiles à prédire. Même si on pouvait comprendre et prédire ces relations complexes, le nombre limité d'embryons utilisés dans une procédure de DPI rendrait presque impossible la sélection d'un embryon avec la combinaison de gènes requise. Human Genetics Commission *Making Babies: Reproductive Decisions and Genetic Technologies*, janvier 2006, p.84.

de sélection positive est déjà autorisée au Royaume-Uni, comme en France, lorsqu'un embryon est sélectionné en fonction de sa compatibilité de donneur avec un frère ou une sœur malade[9]. L'enfant à naître est donc ici, en quelque sorte, « à la carte », même si l'objet de la procédure reste thérapeutique pour l'enfant malade.

Dans cet article, j'analyserai dans quelle mesure le droit anglais réglemente la sélection d'embryons *in vitro*. Je démontrerai que la législation actuelle elle-même n'interdit pas la sélection pour des raisons de pure convenance, mais donne le rôle de régulateur, et avec ceci, délègue une grande partie du pouvoir décisionnel, à une autorité administrative indépendante. Les règles établies par cette autorité restreignent le recours à la sélection et devraient ainsi écarter l'utilisation pour des raisons superficielles, tout en permettant son développement pour des raisons « thérapeutiques ». Cependant, cette forme de réglementation peut, dans certains cas, contribuer à favoriser une incertitude sur les limites du permissible en permettant un développement incrémental de la sélection, et en produisant des normes relativement fragiles et rapidement évolutives. Une réforme prévue de la législation devrait toutefois contribuer à clarifier ces limites, toute en continuant à permettre le développement réglementé de ces pratiques.

Le cadre législatif

Tout système juridique qui souhaite réglementer la biomédecine doit faire face à deux problèmes majeurs : la rapidité de l'évolution de la science, et le pluralisme qui existe sur les questions éthiques soulevées. En ce qui concerne la reproduction *in vitro*, la réponse

---

[8] Jacques Testart remarque que plusieurs laboratoires « s'activent pour tenter de « fabriquer » massivement des ovules (dont l'effectif commande celui des embryons) qui permettraient d'assurer « la production massive des embryons », et permettraient « d'éviter les actes médicaux réitérés dont la pénibilité et le coût restreignent aujourd'hui le recours » à la FIV et au DPI : « À la recherche de l'enfant parfait » *Le Monde*, 14 octobre 2006.

[9] Baptisé en anglais « *saviour siblings* » et en français « l'enfant de l'espoir » ou « le bébé médicament », selon son point de vue sur la pratique.

du législateur britannique à ces difficultés a consisté à déléguer la réglementation d'importantes questions à une autorité administrative indépendante.

La loi sur la fertilisation humaine et l'embryologie de 1990[10] établit le cadre pour la pratique de la reproduction artificielle et l'embryologie au Royaume-Uni. Au sein de ce cadre, la reproduction artificielle et l'embryologie sont réglementées par l'Autorité sur la fertilisation et l'embryologie humaines[11] (« la HFEA »), organisme administratif indépendant, dont les membres comprennent un mélange de scientifiques et de non-scientifiques[12]. La loi dispose qu'il est interdit de créer, de garder ou d'utiliser des embryons humains sans une licence. La HFEA est chargée d'attribuer les licences pour la recherche et pour les services de traitement, d'établir un code de directives pour les cliniques agrémentées, de procéder à des inspections des cliniques pour assurer le respect de ces directives, de conseiller le gouvernement et d'informer le public.

La loi ne traite la reproduction artificielle qu'en termes généraux, en stipulant que la HFEA peut accorder une autorisation à une clinique pour des activités « au cours de la prestation des services de traitement ». La loi inclut une courte liste des services de traitement qui peuvent être autorisés, qui comprennent « la création d'embryons *in vitro*, le stockage d'embryons, l'implantation d'un embryon dans une femme », et « des pratiques, dont le but est d'assurer que les embryons soient adaptés à l'implantation ».[13]

La législation permet donc un développement flexible de la technologie reproductive sous le contrôle de l'Autorité. Puisque les règles précises sont établies par la HFEA, sans besoin de réforme législative qui ralentirait considérablement le processus décisionnel, le système britannique est doté de l'avantage significatif de la flexibilité et de la réactivité dans un domaine où la science

---

[10] *Human Fertilisation and Embryology Act* 1990.

[11] *Human Fertilisation and Embryology Authority*.

[12] La HFEA actuelle (juin 2007) comprend sept scientifiques et douze non-scientifiques. Site web HFEA : www.hfea.gov.uk

[13] Annexe 2 de la loi.

biomédicale évolue très rapidement. Le DPI n'était pas pratiquée au moment de la rédaction de la législation et n'est pas directement traité dans la loi. Mais l'autorisation des cliniques pour effectuer des diagnostics pré-implantatoires sur des embryons créés *in vitro* a pu être accordée par la HFEA sans recours au législateur. En effet, cette structure législative au Royaume-Uni, qui délègue les questions éthiques épineuses à un organisme administratif indépendant, est révélatrice d'une volonté du législateur d'éviter de trancher. Cela a été spécifiquement reconnu par le rapport Warnock, publié en 1984 préalablement à l'élaboration de la législation (et dont les recommandations ont été suivies presque entièrement par le législateur) lorsqu'il constate qu'« il nous semble extrêmement dangereux que la loi intervienne trop vite et de manière trop large dans les domaines où il n'existe pas de consensus clair de l'opinion. De plus la science médicale aussi bien que l'opinion de la société peuvent évoluer avec une rapidité surprenante »[14]. Cette approche contraste avec celle du droit français, où le Code de la santé publique autorise spécifiquement la DPI et impose certaines conditions à sa pratique.[15]

La HFEA permet deux formes de sélection *in vitro* : la sélection « négative », qui permet d'éliminer des embryons atteints d'anomalie, et, plus controversée, la sélection « positive », qui permet, dans des situations très limitées, de trier non pas pour éliminer des embryons défectueux, mais pour choisir des caractéristiques positives de l'enfant à naître.

La sélection d'embryons pour éliminer les embryons malades (sélection négative)

Les règles sur la pratique du DPI au Royaume-Uni se trouvent actuellement dans le sixième code de la HFEA, code établi par

---

[14] *Report of the Committee of Enquiry into Human Fertilisation and Embryology*, Londres, HMSO, 1984.

[15] Article L.2131 Code de la santé publique. Une certaine flexibilité est cependant admise en France par des révisions législatives quinquennales. Ainsi, la loi bioéthique n° 94-654 du 29 juillet 1994 a été révisée (avec un retard considérable) par la loi n°2004-800 du 6 août 2004.

l'Autorité elle-même. Le code confirme qu'une clinique doit obtenir une licence spécifique pour le diagnostic de chaque maladie génétique. Une fois une licence obtenue, une clinique procédera au DPI seulement « lorsqu'il existe un risque élevé que l'embryon soit atteint d'une maladie génétique grave »[16]. Dans la mesure où la HFEA attribuera une licence uniquement pour le diagnostic de « maladies graves », la sélection d'embryons pour des raisons superficielles ou esthétiques est en principe écartée.

Le DPI est actuellement pratiqué dans trois cas de figure : pour déterminer le sexe de l'enfant afin d'éviter des maladies liées au sexe, telles que la myopathie de Duchenne ; pour identifier des embryons atteints de maladies liées à un seul gène, telle que la mucoviscidose ; et pour identifier des embryons ayant des anomalies chromosomiques.[17]

Avec l'évolution des capacités de diagnostic des maladies génétiques, le nombre de maladies pour lesquelles la HFEA attribue des licences s'accroît constamment. Certaines décisions de l'Autorité sont controversées. Ainsi, la HFEA étend désormais le DPI aux cas où il existe seulement une prédisposition à une maladie. C'est le cas pour certains cancers du colon, où il existe une probabilité élevée, mais non pas une certitude, de développer ce cancer à un jeune âge, et à certains cancers du sein, où il existe une prédisposition avec une probabilité de développer le cancer de 50 à 80%[18]. Ces maladies, certes graves et agressives, diffèrent également d'autres anomalies pour lesquelles une licence a été attribuée dans la mesure où il est possible de les traiter. Dans d'autres cas, l'enfant à naître ne souffrira pas de la maladie en question, mais sera porteur de l'anomalie génétique, qui risque d'atteindre ses propres enfants[19]. Le DPI est également autorisé pour des maladies à début tardif. De tels cas, comme la maladie de Huntingdon, soulèvent certaines questions dans la mesure où les

---

[16] HFEA *6th Code of practice*, para.14.22.

[17] Human genetics commission *Choosing theFuture*, juillet 2004, p.12.

[18] HFEA communiqué de presse, 10 mai 2006.

[19] La grande majorité des femmes porteuses de l'anomalie génétique de myopathie de Duchenne seront en bonne santé, mais il existe un risque de 50% que leurs progénitures mâles souffrent de la maladie.

symptômes de cette maladie très grave n'apparaissent le plus souvent pas avant l'âge de trente à cinquante ans.

Une fois qu'une licence est attribuée à une clinique pour le diagnostic d'une maladie spécifique, le code de la HFEA laisse l'évaluation de chaque cas individuel par rapport aux critères de « risque élevé » et de « gravité » aux cliniciens et aux futurs parents. Parmi d'autres considérations, seront pris en compte le niveau de souffrance associé à la condition, la possibilité de thérapie aujourd'hui et à l'avenir, et la rapidité de dégénération associée à la maladie dans le cas de maladies progressives[20]. La HFEA envisage une discussion sur ces bases entre les médecins et les parents. Les critères de risque élevé et de gravité laissent une certaine marge d'interprétation. Alors que la gravité de certaines pathologies, telles que la maladie de Tay-Sachs, est évidente[21], dans d'autres cas, la sévérité sera plus difficile à évaluer, et non seulement l'intérêt de l'enfant à naître, mais également l'impact sur la vie familiale pourront être pris en compte. La décision pourra dépendre en partie de la disponibilité des services de soin, ou de la situation socio-économique de la famille[22]. En soulignant le rôle des cliniciens dans la décision finale, la HFEA montre cependant que les parents ne jouissent pas ici d'une autonomie décisionnelle totale.[23]

Dans tous ces cas, la sélection s'effectue pour des raisons thérapeutiques sérieuses et nous sommes bien évidemment très loin d'une sélection de pure convenance. Mais ces exemples prouvent qu'il est difficile d'identifier les limites de ce qui constitue une maladie grave et un risque élevé, et il est possible qu'en développant la capacité à identifier les anomalies génétiques responsables d'une variété croissante de maladies, la notion de risque élevé et de maladie grave soit employée à l'avenir pour

---

[20] HFEA *6th Code of Practice*, para. 14.23.

[21] Cette maladie implique une dégénérescence du système nerveux dès la première année de vie de l'enfant, et entraîne la mort après trois ou quatre ans.

[22] Emily Jackson, *Regulating Reproduction. Law, Technology and Autonomy*, Oxford, Hart, 2001, p.245.

[23] Voir Rosamund Scott, « The Uncertain Scope of Reproductive Autonomy in PGD and Selective Abortion », *Medical Law Review* 2005, p.291.

éliminer des embryons atteints d'anomalies que nous considérons aujourd'hui comme mineures.

Le fait de s'appuyer sur des notions relativement imprécises de risque et de gravité n'est pas propre à la réglementation britannique et est sans doute inévitable dans un contexte de développement rapide des capacités de dépistage. En France, le Code de la santé publique prévoit également la pratique du DPI lorsqu'un médecin exerçant dans un centre de diagnostic atteste que le couple, du fait de sa situation familiale, a une forte probabilité de donner naissance à un enfant atteint d'une maladie génétique d'une particulière gravité reconnue comme incurable au moment du diagnostic[24]. La notion de « particulière gravité » prête à interprétation et permet la pratique du DPI dans des circonstances comparables aux pratiques du Royaume-Uni. Ce n'est donc pas ici le fait d'avoir délégué le pouvoir décisionnel à la HFEA qui explique la grande marge d'interprétation des règles. Cependant, l'absence au Royaume-Uni de dispositions législatives portant spécifiquement sur la sélection *in vitro* peut éventuellement favoriser un développement plus étendu de ces pratiques, et le cas de la sélection positive illustre cette hypothèse.

La sélection *in vitro* de caractéristiques choisies (sélection positive)

La sélection *in vitro* change de caractère lorsqu'il s'agit de choisir des embryons en fonction de leurs traits positifs plutôt que pour éliminer les anomalies. Le 13 décembre 2001, la HFEA a annoncé qu'elle accordait à une clinique une autorisation pour la pratique d'un tri d'embryons fécondés *in vitro* afin de sélectionner un embryon qui pourrait, à la naissance de l'enfant, devenir donneur de cellules souches pour son frère, Zaïn Hashmi, atteint d'une grave maladie génétique[25]. Les cellules souches seraient prélevées

---

[24] Article L2131.4. Code de la santé publique.

[25] La béta-thalassémie majeure. Cette maladie grave de caractère génétique avait pour conséquence que la moelle épinière de Zaïn ne produisait pas suffisamment de globules rouges. En conséquence, l'enfant devait prendre des médicaments

du cordon ombilical et n'impliquaient par conséquent aucun acte invasif pour le nouveau né. Il s'agissait donc d'un tri d'embryons sains afin de choisir celui qui était le plus adapté au don futur. Selon la décision publiée par la HFEA, la pratique serait limitée aux dons de cellules du cordon ombilical pour un frère ou une sœur souffrant d'une maladie génétique grave. Elle serait seulement autorisée lorsque le DPI était déjà nécessaire du fait du risque pour l'embryon de la transmission d'une maladie génétique grave.[26]

L'autorisation de cette technique, appelée recherche de compatibilité tissulaire, marque une évolution de la sélection *in vitro* d'embryons[27] puisque l'objet de la recherche n'est pas d'éviter une anomalie, mais de choisir entre des embryons sains celui qui assurera la compatibilité génétique avec un tiers. La procédure n'a donc aucun caractère thérapeutique pour l'embryon trié[28]. En sélectionnant en fonction de son utilité pour un tiers, s'approche-t-on un peu plus de la fabrication d'enfants comme produits de consommation ? En adoptant des techniques qui n'ont aucun caractère thérapeutique pour l'embryon lui-même, dérivons-nous vers la sélection fondée sur des critères superficiels ou esthétiques ?

Ce potentiel d'extension de la pratique au Royaume-Uni est clairement révélé dans l'interprétation de la loi anglaise par les juges. Suite à la décision de la HFEA en décembre 2001 d'attribuer une licence pour la recherche de compatibilité tissulaire, Josephine

---

quotidiennement et subir de transfusions sanguines régulières pour se maintenir en vie.

[26] Cette procédure a également été autorisée en France par la loi de 2004, et incorporée dans le Code de la santé publique dans des conditions comparables. Même si les limites identifiées par le législateur français sont substantiellement les mêmes que celles précisées par la HFEA, le fait au Royaume-Uni de déléguer l'identification des limites à la HFEA peut favoriser l'extension de la sélection vers des pratiques plus controversées.

[27] La recherche de compatibilité était déjà autorisée et pratiquée aux États-Unis. Sur le débat éthique, voir S. Sheldon & S. Wilkinson, « Should Selecting Saviour Siblings be Banned? », *Journal of Medical Ethics*, 2004, pp.533-37.

[28] Ce qui en réalité est également le cas pour la DPI, puisque l'embryon sélectionné n'est pas atteint de la maladie identifiée, et le tri n'a donc aucun caractère thérapeutique pour lui.

Quintavalle, mandatée par l'association CORE[29] (« *Comment on Reproductive Ethics* »), a saisi la Haute cour de justice pour contester la légalité de cette décision. La principale question pour la Cour était de décider si la recherche de compatibilité tissulaire était une procédure pour laquelle une licence pouvait être attribuée selon la loi de 1990. Pour cela, il fallait qu'elle soit « conçue pour assurer que les embryons soient dans un état adapté (« *suitable* ») à l'implantation. ». Dans son arrêt de 2005, *Quintavalle v Human Fertilisation and Embryology Authority*, la Chambre des *Lords*, la plus haute juridiction anglaise, a confirmé la licité de cette forme de sélection positive [30] en concluant que la recherche de compatibilité tissulaire constituait une activité pour déterminer si les embryons étaient adaptés à être implantés, et que Mme Hashmi avait donc le droit de considérer que les embryons ne convenaient que s'ils étaient compatibles avec l'enfant malade. Pour les juges, la notion de « adapté à l'implantation » est une notion subjective : la compatibilité de l'embryon est évaluée en termes des besoins de la future mère en question. Le juge Mance de la Cour d'appel laisse en effet imaginer un glissement vers une approche consumériste lorsqu'il déclare dans son jugement « qu'il est d'une importance fondamentale que l'embryon spécifique convienne à la mère en question ».

Cette interprétation par les juges de la loi montre donc que le texte législatif lui-même n'empêcherait pas le développement de la sélection positive. Sans « ligne rouge » identifiée par la loi, la HFEA doit définir les limites du permissible, et il sera toujours tentant de pousser la frontière plus loin face à la détresse légitime

---

[29] Une association dont l'objet est « de cibler et faciliter le débat sur les questions éthiques soulevées par la reproduction humaine, et, en particulier, la reproduction *in vitro* », et qui prend comme principe fondateur « le respect absolu pour l'embryon humain », selon la page d'accueil de leur site web : « Le respect absolu de l'embryon humain est un principe central ».www.corethics.org.

[30] Pour la Chambre des *Lords*, le Parlement n'avait pas l'intention d'interdire la sélection positive, puisque une forme de sélection positive, la sélection sur la base du sexe de l'embryon, qui a été longuement discutée lors des débats parlementaires, n'était pas spécifiquement interdite par la loi. Pour les *lawlords*, cela montrait que le législateur voulait laisser à la HFEA la décision sur l'autorisation de la sélection des caractéristiques positives de l'embryon.

des familles. Même si la majorité du public britannique aujourd'hui s'oppose à une sélection de pure convenance[31], une opinion minoritaire défend le droit des parents de choisir[32]. Ainsi, certains philosophes anglo-saxons contemporains de renom prônent une liberté reproductive très étendue et soutiennent qu'il est seulement permis de porter atteinte à la liberté individuelle lorsque les opposants à une pratique donnée prouvent le caractère dommageable de cette pratique[33]. Cette prise de position peut être vue dans un contexte plus large de l'évolution des relations entre le médecin et le patient, dans laquelle le patient se voit désormais comme un consommateur face à son prestataire de services[34], et, plus généralement, d'une société « où il est devenu courant de rechercher la satisfaction des désirs et où l'on refuse d'accepter que certains désirs ne peuvent pas, ou ne doivent pas être satisfaits ».[35]

Cette conception de l'autonomie reproductive a également été défendue dans un rapport de 2005 par l'influent Comité de science et technologie de la Chambre des communes[36]. Au sujet de la sélection du sexe de l'embryon pour des raisons de convenance, le comité parlementaire a ainsi conclu que c'était aux opposants à cette pratique d'établir le préjudice causé, et il ne s'est pas opposé à la sélection du sexe pour réaliser un équilibre au sein de la

---

[31] Un sondage MORI, réalisé à la demande de la HFEA en 2002/3 a montré une forte opposition du public à la sélection du sexe de l'embryon pour des raisons sociales. Department of Health *Review of the HFE Act*, 2005, p.43.

[32] Voir Anne-Marie Bernon-Gerth, « Le corps transformé : variétés de l'eugénisme en Grande-Bretagne aujourd'hui », in Michel Prum (dir.), *L'Un sans l'Autre, Racisme et eugénisme dans l'aire anglophone*, coll. « Racisme et eugénisme », Paris, L'Harmattan, 2005, p.187.

[33] Voir, par exemple John Robertson, *Children of Choice. Freedom and the New Reproductive Technologies*, Princeton, Princeton University Press, 1994 ; John Harris, « Rights and Reproductive Choice » in John Harris & Soren Holm (dir.), *The Future of Human Reproduction*, Oxford, OUP, 1996.

[34] Voir, dans le contexte français, Simon Taylor, « The Development of Medical Liability and Accident Compensation in France 1850-2000 » in *European Legal Development*, Cambridge, Cambridge University Press, à paraître 2008.

[35] Robert Lee & Derek Morgan, *Human Fertilisation and Embryology. Regulating the Reproductive evolution*, Londres, Blackstone, 2001, p.26.

[36] *Select Committee on Science and Technology, fifth Report*, 2005.

famille[37]. Malgré ce rapport, la HFEA a depuis confirmé son opposition à la sélection du sexe de l'enfant pour des raisons d'équilibre entre garçons et filles au sein de la famille, ayant constaté que la majorité du public s'oppose à cette pratique[38]. La référence de la HFEA à l'opinion publique laisse cependant supposer que les règles sur cette question peuvent évoluer en fonction de cette opinion (et on peut se demander dans quelle mesure il est approprié pour l'Autorité de se fonder sur l'état de l'opinion publique pour définir sa position sur des questions de politique éthique). L'existence de régimes juridiques plus permissifs à l'étranger[39], et la conséquente possibilité de « tourisme reproductif », créent également une pression en faveur d'une évolution des règles nationales vers plus de choix pour les parents.

De plus, le fait qu'une partie significative des services de traitement soit fournie par des cliniques privées au Royaume-Uni introduit une approche commerciale à la prestation des services de FIV dans ce pays. Alors qu'il est difficile de justifier l'attribution des ressources limitées de la *NHS* à la sélection d'embryons *in vitro* pour des raisons de convenance, ce frein financier n'existe pas dans le secteur privé. Cela explique déjà en partie le développement des services de FIV pour les célibataires, les couples homosexuels et les femmes ménopausées dans ce pays. Comme le constate un auteur :

> La reproduction artificielle a évolué d'une technique pour dépasser l'infertilité pour les couples stériles à une gamme de services pour ceux qui les veulent et qui ont les moyens financiers.[40]

---

[37] *Ibid*, p.61.

[38] HFEA consultation publique sur la sélection du sexe pour des raisons non-médicales : *Sex Selection: Choice and Responsibility in Human Reproduction*, 2002.

[39] Voir la conclusion de cet article.

[40] Mairi Levitt, « Assisted Reproduction: Managing an Unruly Technology », *Health Care Analysis*, mars 2004, p.45.

L'implication significative du secteur privé dans les services de traitement au Royaume-Uni peut donc également créer une pression supplémentaire pour l'extension de la sélection.

Si on considère, comme le fait le législateur britannique, qu'une autonomie reproductive totale n'est pas acceptable en matière de reproduction artificielle, il est nécessaire pour le régulateur de définir les limites du permissible. Le cas de la recherche de compatibilité tissulaire démontre clairement la difficulté de mener à bien ce travail. Comme nous l'avons vu, en 2001 la HFEA a stipulé que la recherche de compatibilité tissulaire ne serait autorisée que pour soigner un frère ou une sœur, lorsque la maladie est grave ou met en danger les jours de cet enfant[41]. Comme pour le DPI, la HFEA a donc limité cette forme de sélection à des cas de maladie grave, et l'a restreinte à un cas familial très précis. Cependant, la HFEA est inévitablement appelée à prendre position sur l'extension de cette procédure. Ainsi, dans un communiqué de presse de 2004, la HFEA a annoncé qu'elle serait prête à aller plus loin dans l'autorisation de cette technique, en permettant la recherche de compatibilité tissulaire lorsque l'embryon ne porte pas lui-même le risque d'une maladie génétique, et donc où le DPI n'est pas nécessaire pour l'enfant à naître, même si elle a également souligné que cette procédure serait autorisée seulement dans des circonstances exceptionnelles[42]. Le recours à la création d'embryons *in vitro* n'est donc plus ici justifié par un projet parental, mais uniquement pour traiter l'enfant malade[43]. Il devient ainsi plus difficile d'assurer le respect du principe kantien : « Agis de façon telle que tu traites l'humanité [...] toujours en même temps comme fin, et jamais simplement comme

---

[41] HFEA, communiqué de presse, 1er août 2002.

[42] La clinique doit ainsi démontrer qu'elle a exploré toutes les alternatives, que tout effort a été fait pour trouver des tissus compatibles dans les banques internationales de tissus. La HFEA étudiera spécifiquement chaque demande.

[43] Cela contraste avec le droit français, où la recherche de compatibilité tissulaire est permise, mais seulement lorsque le DPI est déjà nécessaire en vue du risque de transmission de la maladie à l'embryon, ainsi (au moins en théorie) assurant l'existence du « projet parental », Code de la santé publique, article L2131-4-1.

moyen »[44]. De plus, la HFEA, dans un rapport de la même année[45], n'a pas exclu une extension de la procédure pour fournir des tissus compatibles pour un parent malade, ou pour un frère ou une sœur qui n'est pas malade mais en rémission, et a recommandé que la question soit soumise à une étude plus approfondie. Si de telles procédures étaient autorisées, il deviendrait possible d'imaginer d'aller plus loin, et de pratiquer la recherche de compatibilité tissulaire pour fournir des tissus pour un proche ami de la famille, ou la sélection d'embryons systématiquement pour leur compatibilité avec les autres membres de la famille, « au cas où » un membre de la famille serait malade à l'avenir. Nous sommes toujours loin de la sélection de pure convenance pour des raisons superficielles si ces cas se limitent au traitement des maladies graves. Cependant, le risque que l'enfant dans ces circonstances soit perçu comme un objet de consommation est évident.

L'identification des limites est donc difficile. Cela serait bien entendu également le cas si c'était le législateur qui établissait les règles sur ces questions. Mais, lorsque la HFEA établit les règles, ces normes sont de nature moins stable et ont une force symbolique moindre qu'une règle législative. Ce choix permet donc moins de certitude et de sécurité juridique. De plus, le fait que les règles soient établies à travers l'attribution de licences impose un développement incrémental des normes au cas par cas, ce qui favorise une extension inéluctable des pratiques et risque d'ignorer les questions éthiques plus larges sur les implications (éventuellement eugéniques) de l'ensemble des pratiques autorisées [46]. Le fait que les décisions d'importance éthique fondamentale soient prises par une autorité administrative peut

---

[44] Emmanuel Kant, « Fondements de la métaphysique des mœurs », *in Métaphysique des mœurs*,I, *Fondation, Introduction*, trad. Alain Renaut, Paris, Le Livre de poche, 1994, p.108.

[45] HFEA, *Report on Pre-Implantation Tissue Typing*, 2004 , pp.9-10.

[46] Mairi Levitt, pp.41, 46 ; voir également Robert Lee & Derek Morgan, *Human Fertilisation and Embryology. Regulating the Reproductive Revolution*, Londres, Blackstone, 2001, p.10 ; Margaret Brazier, « Regulating the Reproduction Business? », 1999, *Medical Law Review*, 166, p.167 remarque que la loi manque de réel fondement philosophique.

aussi mettre en question la légitimité démocratique du processus décisionnel, ce qui est également susceptible de diminuer la force symbolique des règles. Ces questions ne sont pas soumises aux débats parlementaires et les occasions pour l'expression de points de vues fondamentalement opposés sont par conséquent limitées, d'autant plus que, alors que les dix-neuf membres du HFEA ont été choisis pour représenter une large gamme des sections de la société[47], aucun de ses membres n'est fondamentalement opposé à la reproduction artificielle[48]. La HFEA tente de donner une légitimité à ses décisions en ayant fréquemment recours aux consultations et sondages de l'opinion publique. Mais la fiabilité des résultats de ces consultations peut être mise en question, tout comme leur influence réelle sur les décisions prises (elles sont réalisées parfois après l'autorisation de la procédure[49]) et le rôle même que devrait avoir l'opinion publique sur la politique éthique[50]. La loi prévoit certains contrôles des décisions de la HFEA : ainsi l'Autorité doit déposer un rapport annuel de ses activités au Parlement ; ses codes doivent être approuvés par le ministre de la Santé et déposés au Parlement, et le ministre de la Santé peut introduire des règlements s'opposant aux décisions de l'Autorité. Toutefois, dans la pratique le contrôle de la HFEA est exercé par les tribunaux. Or, lorsque les tribunaux sont saisis, ils se limitent, selon le rôle qui leur est confié, à l'analyse de la compatibilité des actes et des décisions de l'autorité par rapport

---

[47] Sept médecins spécialisés en reproduction / génétique, un conseiller en infertilité, un professeur de droit et un professeur de philosophie et de politique publique, deux journalistes, un analyste financier, un dentiste, un assistant social, trois représentants des intérêts des patients, et un religieux. Les membres sont nommés par le ministre de la Santé.

[48] Ceci est en effet un critère de base pour l'appartenance à la HFEA. Fifth Report, *House of Commons Select Committee on Science and Technology*, p.204.

[49] *Review of the HFE Act. A public consultation.* Department of Health 2005; *Joint HFEA and HGC Consultation on PGD*, 1999; HGC 2004 *Choosing the Future: Genetics and Reproductive Decision Making* (soulève la question de la recherche de compatibilité tissulaire).

[50] Pour une critique de la fiabilité et de l'utilité des consultations publiques, voir Mairi Levitt, article précité, p.46 ; Søren Holm, « Like a Frog in Boiling Water: the Public, the HFEA and Sex Selection », *Health Care Analysis*, 2004, p.27.

aux pouvoirs attribués par la loi, et non pas des aspects éthiques de la question[51]. Le contrôle éthique des décisions de la HFEA s'effectue au sein de l'Autorité elle-même par son propre comité d'éthique[52]. Ce processus décisionnel contraste donc avec celui de la France, où les principales règles sur la reproduction artificielle et la sélection *in vitro* ont été débattues et définies par le Parlement et se trouvent désormais dans le code de la santé publique. Un contrôle éthique est exercé préalablement par le Comité consultatif national d'éthique.

Vers une révision législative

Le niveau élevé de pouvoir décisionnel délégué à la HFEA par le législateur dans la loi de 1990 en matière de reproduction artificielle est aujourd'hui critiqué. Au sujet de l'autorisation du DPI, lorsque le président de la HFEA de l'époque avait remarqué que le fait que cette autorité prenne des décisions sur cette question « protége le Parlement d'une implication directe dans ce genre de chose », le *House of Commons Science and Technology Committee* répondit que « le Parlement n'a pas besoin d'être protégé et la démocratie n'est pas bien servie lorsque les décisions sont prises pour le Parlement par un organisme administratif[53]. » La décision de l'Autorité d'autoriser la recherche de compatibilité tissulaire a également attiré de vives critiques de la part du même comité parlementaire, qui a déclaré qu'« il n'y a pas de raison convaincante pour une autorité administrative de prendre des décisions qui visent à permettre ou refuser le recours d'une famille à la recherche de compatibilité tissulaire, à condition que cette procédure entre dans les paramètres identifiés par le Parlement »[54].

---

[51] *R v HFEA, ex parte Assisted Reproduction and Gynaecology Centre & H* [2002].

[52] La HFEA s'appuie également sur les analyses éthiques effectuées par la *Human Genetics Commission*, organisme de conseil auprès du gouvernement britannique sur les questions de génétique humaine.

[53] *Developments in Human Genetics and Embryology in 2002*, cité dans le 5ème rapport du *Select Committee*, para 355.

[54] HC Science and Technology Committee, *5th Report*, Conclusions & Recommendations, para. 28.

La HFEA elle-même reconnaît désormais qu'il est nécessaire de clarifier son rôle dans les décisions de politique éthique, et qu'il est préférable d'introduire une législation plus détaillée afin de clarifier les règles applicables dans le domaine de la reproduction artificielle.[55]

Le gouvernement a publié en décembre 2006 un Livre blanc sur la révision de la loi de 1990[56]. Il propose d'inclure dans une nouvelle loi des règles portant spécifiquement sur la sélection *in vitro*. Ainsi serait autorisé le DPI pour éliminer des embryons atteints d'anomalies génétiques et chromosomiques qui impliquent des maladies et des handicaps graves ou des fausses couches. La recherche de compatibilité tissulaire serait également autorisée lorsqu'il s'agit de prélever des cellules souches du cordon ombilical afin de sauver un frère ou une sœur souffrant d'une maladie qui engage le pronostic vital, mais serait vraisemblablement limitée à ces circonstances. Le gouvernement propose d'interdire la sélection du sexe de l'embryon lorsque cela s'effectue pour une raison « non-médicale ». Il restera à l'Autorité (qui sera renommée *The Regulatory Authority for Tissues and Embryos*, « RATE ») le rôle d'identifier, lors des demandes de licences, les types de maladies « graves » qui peuvent être recherchées par le diagnostic pré-implantatoire, et la décision finale sur chaque cas concret restera entre les mains des cliniciens et des parents.

Ainsi, les propositions du gouvernement, si elles étaient adoptées, contribueraient à clarifier les frontières de la sélection *in vitro*. Les limites, même si elles étaient les mêmes que celles identifiées par la HFEA, auraient un caractère plus stable et une force symbolique plus grande car incarnées dans un texte législatif, mais seraient en même temps moins souples et moins réactives face aux changements. Le critère prépondérant resterait l'objet thérapeutique de l'acte, ce qui devrait écarter les possibilités de sélection sur des critères de pure convenance. Le fait de stipuler les

---

55 *Response by the HFEA to the Department of Health's Consultation on the Review of the Human Fertilisation and Embryology Act*, novembre 2005, p.4.

56 Department of Health, *Review of the HFE Act. Proposals for Revised Legislation*, décembre 2006.

critères de sélection dans un texte législatif renforcerait l'idée (justifiée ou non) du rôle légitime de la société dans la détermination de l'étendue de l'autonomie reproductive. Cependant, les opportunités pour le développement de la sélection *in vitro* demeureraient. Elles s'étendront avec la capacité de la science à identifier la source d'un nombre croissant de maladies génétiques. De plus, la notion de « maladie grave » resterait à interpréter par la HFEA, et la conception de la gravité est, comme nous l'avons vu, incertaine et évolutive. Le fait de limiter la sélection *in vitro* par son objet thérapeutique n'empêche pas forcement d'autres dérives. La sélection du sexe de l'enfant à naître peut-elle ainsi se justifier lorsqu'il s'agit de soigner le mal psychologique d'une femme qui rêve d'une fille pour remplacer sa fille décédée ? Si on admettait cette notion de thérapie psychologique, où s'arrêterait la sélection ?

Conclusion

La loi de 1990 sur la fertilisation et l'embryologie humaine permet une extension de la sélection *in vitro* d'embryons humains. Alors qu'un contrôle est exercé par la HFEA par le biais du système de licences, il est difficile sur certaines questions, en l'absence de règles législatives précises, d'identifier les limites du permissible. Cependant, une dérive vers la sélection fondée sur des critères de pure convenance semble peu probable sur le moyen terme compte tenu des limites imposées à la fois par les connaissances scientifiques, le coût financier et la pénibilité des procédures pour le patient, par les normes établies par la HFEA, et par une révision législative prochaine. Cette révision de la loi devrait laisser toutefois une marge considérable pour le développement du DPI pour raison thérapeutique.

Même si le système national limite les possibilités de sélection, il est toujours possible pour le patient, à condition d'en avoir les moyens financiers, de chercher le traitement désiré à l'étranger. Lorsque la HFEA en août 2002 a refusé d'autoriser la recherche de compatibilité tissulaire pour la famille Whitaker parce que l'enfant malade souffrait, contrairement à l'enfant Hashmi, d'une maladie sporadique et non héréditaire (position sur laquelle la HFEA est revenue en 2004)[57], les parents sont partis à Chicago chercher le même traitement, et un enfant est né avec une compatibilité parfaite avec leur fils malade[58]. En Belgique, en Jordanie et en Israël, la sélection du sexe de l'enfant pour des raisons non-médicales est autorisée[59]. En effet, le « tourisme reproductif » est relativement courant. Au sein de l'Union européenne, une étude récente réalisée pour la Commission européenne[60] montre que, pour les soixante et une cliniques ayant répondu à un questionnaire sur la pratique du DPI, huit cent cinquante cycles de traitement sur les deux à trois mille cycles sur un an concernaient des patients venant de l'étranger. L'étude a constaté que la raison principale de ce tourisme médical était les différences de règles juridiques entre les pays. En Belgique, où la réglementation est relativement permissive, 30% des patients qui reçoivent un traitement FIV viennent de l'étranger[61]. L'enfant peut donc être « à la carte », lorsqu'on a les moyens de se payer le voyage.

---

[57] HFEA Press Statement, 1er août 2002.

[58] « Matched and Hatched, Britain's First Designer Baby Born to Save Brother », *The Guardian*, 19 juin 2003. Comme nous l'avons constaté, la HFEA en 2004 a changé d'avis sur cette question, annonçant que désormais elle accueillerait favorablement les demandes de licences pour cette procédure.

[59] Department of Health, *Review of the HFE Act*, 2005, para 5.31

[60] Intervention de James Davies, « Pre-Implantation Genetic Diagnosis in Europe: Legal and Ethical Challenges for National and International Regulation », *European Society of Human Reproduction*, 23ème réunion annuelle, Lyon 1-4 juillet 2007. www.eshre.com.

[61] G. Pennings, « Reproductive Tourism as Moral Pluralism » 28 *Journal Medical Ethics*, 2002, 337. Pennings soutient que le tourisme reproductif est une réponse appropriée au pluralisme éthique, l'interdiction des pratiques par la législation manquant de légitimité lorsque il existe une réelle pluralité des positions éthiques.

Le retour de l'Homme criminel ? ADN, criminalité et déterminisme biologique

Neil Davie

Introduction

Si la structure en double hélice de l'acide désoxyribonucléique ou ADN fut découverte en 1954 par les Prix Nobel James Watson et Francis Crick, il aura fallu attendre trente ans avant que le généticien britannique Alec Jeffreys trouve par hasard le moyen de s'en servir pour l'identification individuelle. Trois ans plus tard, l'ADN fut utilisé pour la première fois dans une enquête policière cherchant à identifier l'auteur de deux viols suivis de meurtres dans le Leicestershire. On demanda à 4 500 hommes de la région de fournir un échantillon de leur ADN afin de trouver l'assassin. Pourtant, ce furent des méthodes policières plutôt traditionnelles – une conversation entendue par hasard dans un pub et racontée aux enquêteurs – qui finirent par permettre l'identification du coupable. Ce dernier avait réussi à passer à travers les mailles du filet tendu par les forces de l'ordre en convaincant un ami de donner un échantillon en son nom. Ses vantardises le menèrent à sa perte ; il fut inculpé et condamné à une peine de trente ans.[1]

Ce fut la première de toute une série d'enquêtes à travers le monde, souvent très médiatisées, qui utilisaient le « profilage ADN » afin d'obtenir les preuves nécessaires pour identifier les auteurs de meurtres, viols, agressions et autres crimes et délits. Lorsque l'on évoque cette avancée technologique, on a tendance à user de superlatifs : « l'identificateur ultime », le « nouvel étalon or en matière de médecine légale » ; les fichiers d'empreintes génétiques sont qualifiés de « rassemblement le plus performant de données personnelles jamais réalisé », caractérisé par « une

---

[1] W.J. Wall, *The DNA Detectives*, Londres, Robert Hale, 2005, ch.3.

rapidité, une efficacité, une automatisation et une fiabilité [...] jamais vues dans l'histoire de la police ».[2]

On peut néanmoins considérer autrement les empreintes génétiques, en mettant l'accent non pas sur leur côté innovant, mais sur la continuité de ce procédé avec les méthodes d'identification policière antérieures. Chacune cherche à vérifier l'identité d'un suspect connu des forces de l'ordre, ou à exploiter les traces corporelles laissées sur un lieu de crime par un auteur inconnu. Les registres centralisés de suspects criminels, la portraiture photographique, le bertillonage et la dactyloscopie entrent tous dans la première catégorie ; la dactyloscopie rejoint le profilage ADN dans la seconde. Comme le fait remarquer l'historien américain Simon A. Cole[3], la mise au point de ces technologies reçut le même accueil euphorique, au sein des milieux gouvernementaux et policiers, que le profilage ADN. Dans un premier temps, on attribue à chaque méthode la capacité inouïe de fournir les preuves irréfutables de l'identité d'un suspect ou de sa présence sur le lieu d'un crime. Par la suite, des avancées technologiques font apparaître de nouveaux procédés, promettant un niveau de fiabilité encore plus élevé. Ainsi, le prétendant antérieur est détrôné, et le tout nouveau « étalon d'or » installé à sa place.[4]

Même si la littérature sur l'histoire de l'identification criminelle tend à se contenter de dresser une liste d'innovations

---

[2] Eric Lander, « DNA Fingerprinting: Science, Law and the Ultimate Identifier », *in* Daniel J. Kelves & Leroy Hood (dir.), *The Code of Codes: Scientific and Social Issues in the Human Genome Project*, Cambridge, Mass., 1992, p.192 ; Michael Lynch, « God's Signature: DNA Profiling, the New Gold Standard in Forensic Science », *Endeavour*, vol. 27, n°2, juin 2003, pp. 93-97 ; Wilson Wall, *Genetics and DNA Technology: Legal Aspects*, Londres, Cavendish, 2002, p.98 ; Robin Williams & Paul Johnson, « Circuits of Surveillance », *Surveillance and Society*, vol. 2, n°1, 2004, p.8.

[3] Simon A. Cole, « Fingerprint Identification and the Criminal Justice System: Historical Lessons for the DNA Debate », *in* David Laser (dir.), *DNA and the Criminal Justice System: The Technology of Justice*, Cambridge, Mass. & Londres, MIT Press, 2004, ch.4.

[4] Simon A. Cole, *Suspect Identities: A History of Fingerprinting and Criminal Identification*, Cambridge, Harvard University Press, 2001.

techniques, nous avons pu constater dans nos travaux antérieurs pour le GRER[5] qu'en réalité, le procédé qui consiste à se servir de l'outil du *corps* pour identifier un délinquant – que ce soit par une image, par des mensurations anthropométriques ou par une trace biochimique – doit être replacé dans le contexte du développement des théories biologisantes du comportement criminel. L'expérience nous a montré qu'à chaque fois que l'on a cherché à mettre au point un nouveau procédé d'identification, certains chercheurs ont succombé à la tentation de chercher des indicateurs biologiques, capables de cerner un comportement déviant futur ou potentiel. Par exemple, certains partisans du portrait photographique et de l'anthropométrie au XIXe siècle ont été séduits par l'idée que l'on puisse découvrir un « criminel type », aux traits caractéristiques du crâne, de la mâchoire ou du front. De même, la dactyloscopie a attiré un certain nombre de chercheurs au début du XXe siècle qui cherchaient à prouver que les Noirs, les épileptiques ou les malades mentaux partageaient une signature distinctive de volutes, d'arcs et de boucles.

A priori, l'ADN, du moins dans la forme la plus courante sous laquelle il est stocké dans les banques de données d'identification criminelle, ne possède pas une telle capacité. Les empreintes génétiques retenues dans ce type de fichier sont, dans la plupart des cas, « non codantes » ; c'est-à-dire qu'elles représentent des segments du génome humain qui ne contiennent aucun gène. La technique la plus répandue actuellement consiste à établir des échantillons à partir de microsatellites (en anglais *short tandem repeat loci* ou STR), considérés comme non codants par les spécialistes. Les données qui peuvent en être extraites ressemblent

---

[5] Neil Davie, « 'Entre le fou et le sauvage' : les théories scientifiques du criminel en Angleterre (1850-1914) », *in* Michel Prum (dir.), *Corps étrangers*, Paris, Syllepse, 2002, pp. 129-61 ; *ibidem*, « 'Une des défigurations les plus tristes de la civilisation moderne' : Francis Galton et le criminel composite », *in* Michel Prum (dir.), *Les Malvenus, Race et sexe dans le monde anglophone*, Paris, L'Harmattan, 2003, pp. 191-220 ; *ibidem*, « 'Plus facilement reconnaissable que le visage' : immigration, race et les origines de la dactyloscopie aux États-Unis et dans les Indes britanniques, 1860-1914 », in Michel Prum (dir.), *De toutes les couleurs : de l'ethnicité dans l'aire anglophone*, Paris, L'Harmattan, 2006, pp. 61-82.

à celles issues des empreintes digitales ou des photographies : il s'agit d'une méthode précieuse pour identifier un individu, mais incapable de fournir quelque information que ce soit sur ses traits génétiques[6]. Nous verrons, cependant, que le *Forensic Science Service* britannique conserve non seulement des empreintes génétiques non codantes, mais également des prélèvements de tissu à l'origine de ces empreintes. Ces prélèvements peuvent être utilisés, et dans certains cas *ont déjà été utilisés*, pour étudier le lien entre traits génétiques et comportement criminel.

Nous montrerons dans ce chapitre que l'expansion exponentielle des banques de données génétiques à l'échelle mondiale – qualifiée de « mode hautement contagieuse » par une récente étude américaine[7] – ainsi que l'intérêt grandissant pour la question du « gène de la criminalité » auprès des milieux gouvernementaux et du grand public ont eu pour effet d'apporter un nouveau soutien à des théories, vieilles d'un siècle ou plus, prônant l'explication biologique du comportement déviant. En outre, le fichier britannique des empreintes génétiques – tout comme son équivalent d'outre-Atlantique – conserve un nombre disproportionné d'empreintes d'individus issus des minorités ethniques, ce qui a donné une nouvelle impulsion à des recherches sur le caractère génétique des différences « raciales », et leur manifestation dans le comportement criminel. Dans ces deux approches, des projets de recherche fondés sur des prémisses théoriques contestées par la grande majorité des chercheurs en sciences sociales font désormais l'objet de subventions publiques généreuses, et de considération dans revues spécialisés, magazines de vulgarisation scientifique, et médias grand public.[8]

---

[6] Mike Redmayne, « The DNA Database: Civil Liberty and Evidentiary Issues », *Criminal Law Review*, juillet 1998, p. 439.

[7] Paul E. Tracy & Vincent Morgan, « Big Brother and his Science Kit: DNA Databases for 21st Century Crime Control? », *Journal of Criminal Law and Criminology*, vol. 90, n°2, 2000, p.686.

[8] Troy Duster, « Selective Arrests, an Ever-Expanding DNA Forensic Database, and the Spread of an Early-Twenty-First Century Equivalent of Phrenology », *in* Laser (dir.), *op.cit.*, p.323; Nikolas Rose, « The Biology of Culpability: Pathological Identity and Crime Control in a Biological Culture », *Theoretical Criminology*, vol. 4, n°1, 2000, p.14.

Certains spécialistes vont jusqu'à affirmer que les banques de données génétiques développées actuellement au Royaume-Uni et aux États-Unis représentent une véritable menace d'ordre eugénique : « *eugenics by the back door* » (l'eugénisme par la petite porte) selon la formule de l'un d'entre eux[9]. Une fois identifiés, des gènes dits « anti-sociaux » ou « agressifs » pourraient devenir la cible d'une thérapie comportementale, d'une intervention chirurgicale pour neutraliser le gène « défectueux », voire d'une interruption de grossesse ou d'une stérilisation, pour empêcher sa propagation à la génération suivante. Un tel scénario paraît peu probable. Comme nous le verrons, tout laisse à penser qu'en réalité, et les enthousiastes et les alarmistes exagèrent le potentiel du profilage ADN. Cependant, il semble que nous assistions au retour tardif de *l'Uomo delinquente* de Cesare Lombroso[10], qui, avec son lourd fardeau de tares physiques et mentales innées, est programmé dès la naissance à commettre des crimes. Bien que l'Homme criminel ait été relooké pour le XXIe siècle – les « gènes défectueux » ayant remplacé les traits anatomiques ataviques et dégénérés d'antan – le discours biologisant qui le propulse est frappé par la continuité, ce qui n'est pas sans conséquences pour notre système de justice pénale.

Le fichier britannique des empreintes génétiques

Le fichier britannique des empreintes génétiques (*UK National DNA Database*) fut créé par le ministère de l'Intérieur en 1995, suite au passage de la Loi sur la justice et l'ordre public (*Criminal Justice and Public Order Act)* l'année précédente. Géré par un organisme public, le *Forensic Science Service* ou FSS basé à Birmingham, le fichier contient à l'heure actuelle quelque 3,5 millions d'empreintes génétiques[11]. Contrairement à la plupart des autres banques de données de ce genre – dont la FNAEG en France – les personnes fichées au Royaume-Uni ne sont pas limitées à

---

[9] Troy Duster, *Backdoor to Eugenics*, 2ème édition, New York, Routledge, 2003.

[10] Cesare Lombroso, *L'Uomo delinquente*, Milan, Hoepli, 1876. Sur le contexte voir : Neil Davie, *Les Visages de la criminalité : à la recherche d'une théorie scientifique du criminel-type en Angleterre (1860-1914)*, Paris, Kimé, 2004, ch.3.

[11] « We Are All Suspects Now », *The Times*, 3 novembre 2006.

celles condamnées pour infraction, ou inculpées... En fait, toute personne placée en garde à vue par la police y est répertoriée. Comme le font remarquer les juristes Andrew Roberts et Nick Taylor, cela veut dire que la législation en vigueur[12]

> [...] permet de prélever des échantillons de tissu sur ceux et celles qui ont eu finalement peu affaire avec les services de police. Le cadre juridique permet d'ailleurs de conserver ces échantillons indéfiniment et de stocker les empreintes génétiques extraites de ces échantillons dans une banque de données, où elles peuvent rester à perpétuité.[13]

Ils ajoutent que lorsque une personne est soupçonnée d'avoir commis une infraction et se trouve alors placée en garde à vue, l'objectif principal d'un prélèvement d'ADN est de confirmer ou d'infirmer son implication. Tandis que, dans d'autres cas, un tel prélèvement ne peut être justifié par les besoins de l'enquête. Lorsque, par exemple, un suspect est inculpé et ne conteste pas son identité, ou sa culpabilité s'il a été condamné, le prélèvement de son tissu génétique ne sert pas à établir son identité, mais reste autorisé par la loi dans le but de compléter le fichier national. Ceux-ci sont censés permettre d'élucider de futurs crimes et délits, ou de rouvrir des enquêtes anciennes n'ayant pas abouti à une arrestation[14]. Rappelons que la même logique s'applique lorsqu'un suspect est détenu par la police et relâché sans poursuites judiciaires, ou lorsqu'un simple témoin fournit un échantillon génétique afin d'être disculpé d'une l'enquête. Une décision de la

---

[12] La *Police and Criminal Evidence Act* (1984) et les *Criminal Justice and Public Order Acts* (1994 & 2001).

[13] Andrew Roberts & Nick Taylor, « Privacy and the DNA Database », *European Human Rights Law Review*, vol. 4, 2005, p. 374. Depuis la loi de 1994, un échantillon « non intime » (c'est-à-dire un prélèvement buccal, unguéal, capillaire, etc.) ne nécessite pas l'accord de quelqu'un placé en garde à vue. Il suffit d'une « suspicion raisonnable » que l'individu soit impliqué dans une infraction passible d'une peine de prison (Graeme Laurie, « United Kingdom », *in* Don Chalmers (dir.), *Genetic Testing and the Criminal Law*, Londres, University College London Press, 2005, ch.13.

[14] Roberts & Taylor, *op.cit.*, pp.374-75.

Chambre des Lords en 2004[15] a confirmé le principe inscrit dans la loi de 2001 (*Criminal Justice and Public Order Act*), selon lequel un citoyen britannique n'a aucun droit de faire retirer ses informations génétiques du fichier national, *quelles que soient les circonstances dans lesquelles elles auraient été obtenues*.[16]

Lord Brown, dans son résumé de la décision de 2004, souligne les bienfaits d'une banque de données génétiques élargie :

> Il me semble que les bienfaits d'une banque de données plus grande [...] sont tellement évidents et les inconvénients donc tellement inconséquents que la cause des droits de l'Homme en général (y compris celle d'une meilleure protection de notre société contre le fléau de la criminalité qui afflige terriblement la vie de tant de ses victimes) serait mieux servie par l'élargissement du fichier que par la réduction qui nous est proposée. Plus le fichier est grand, meilleures sont les chances de détecter les criminels ; qu'il s'agisse de crimes et délits déjà commis, ou de ceux qui seront commis à l'avenir. On dissuadera ainsi également ceux qui sont déjà fichés de commettre de nouvelles infractions. Et ce ne sont pas les seuls avantages. Plus le fichier est grand, moins l'on risque d'arrêter les suspects habituels.[17]

Ces propos sont représentatifs du point de vue gouvernemental britannique sur la question ; une position qui tend à minimiser les problèmes posés par la présence d'un nombre significatif d'innocents dans le fichier. Les statistiques de 2005 révèlent

---

[15] R (on the application of S) versus Chief Constable of South Yorkshire ; R (on the application of Marper) versus Chief Constable of South Yorkshire [2004] *UK House of Lords 39* [2004], *4 All ER 193*.

[16] Robers & Taylor, *op.cit.*, p.385. Sur cette question, voir également Nick Taylor & Andrew Roberts, « Genes on Record – One Size Fits All ? », *New Law Journal*, vol. 156, n° 7239, 8 septembre 2006, pp. 1354-55 ; Robin Williams & Paul Johnson, « Inclusiveness, Effectiveness and Intrusiveness: Issues in the Developing Uses of DNA Profiles in Support of Criminal Investigations », *Journal of Law, Medicine and Ethics*, vol. 33, n°3, été 2006, pp. 234-47.

[17] Paragraphe 88 du jugement, cité dans Carole McCartney, « The DNA Expansion Programme and Criminal Investigation », *British Journal of Criminology*, vol. 46, 2006, p. 177.

qu'environ 125 000 empreintes génétiques fichées ont été prélevées sur des individus n'ayant jamais été inculpés. Parmi ces 125 000, on dénombre 24 000 jeunes de moins de dix-huit ans[18]. Des groupes de défense des droits de l'Homme comme *Liberty* et *GeneWatch UK* martèlent régulièrement qu'une telle politique risque de « transformer une nation de citoyens en une nation de suspects » [19]. Dans un discours prononcé en 2000, Tony Blair a qualifié ces inquiétudes d'« entièrement déplacées ». Il a préféré mettre l'accent sur la détermination de son gouvernement de ficher « presque toute la population criminelle active »[20]. Dans les cinq ans qui suivirent, l'État déboursa plus de 300 millions de livres sterling pour le plan de développement de l'ADN « *DNA Expansion Programme* » afin d'atteindre cet objectif.[21]

Aujourd'hui, au terme de ce programme, le Royaume-Uni possède le fichier génétique le plus grand au monde, à la fois en termes absolus, et en proportion de sa population. Fin 2005, les empreintes génétiques de 5,2 % de la population britannique étaient fichées, contre une moyenne de 1,13 % pour l'Union européenne, et 0,5 % pour les États-Unis. En France la proportion s'élevait à 0,2 % seulement à la même date.[22]

Robin Williams et Paul Johnson font la comparaison entre la *raison d'être* du fichier britannique des empreintes digitales et le premier registre national des récidivistes (*Habitual Criminals Register*), mis en place après l'adoption de la loi sur les récidivistes

---

[18] Helen Wallace, « The UK National DNA Database », *European Molecular Biology Organization (EMBO) Reports*, vol.7, 2006, p.27.

[19] Cité dans Stuart Jeffries, « Suspect Nation », *The Guardian*, 28 octobre 2006. Voir également « The Police National DNA Database: Human Rights and Privacy », *Genewatch UK Briefing*, n°31, juin 2005.

[20] « 3m Face DNA Tests in Blair Crime Initiative », *The Guardian*, 1er septembre 2000.

[21] Home Office Forensic Science and Pathology Unit, *DNA Expansion Programme 2000-2005: Reporting Achievement*, Londres, Home Office, 2005. Voir également « DNA Cracks Crime », Communiqué de presse du ministère de l'Intérieur, 4 janvier 2006.

[22] Parliamentary Office of Science and Technology, « The National DNA Database », *Postnote*, n°258, février 2006 ; « Londres : le fichier ADN grossit, l'inquiétude aussi », *Libération*, 17 janvier 2006.

de 1869 (*Habitual Criminals Act)*[23]. Tout comme cette loi du XIXe siècle, le dispositif actuel n'a pas pour cible

> [...] la surveillance de la population toute entière, mais plutôt certains types de personnes qui, une fois mêlées à des activités criminelles, se trouvent inscrites sur une « liste de suspects » (selon le terme du FSS). [...] Le potentiel inhérent de cette proposition est clair : les personnes connues des services de police le sont pour une bonne raison, et selon toute probabilité auront à nouveau affaire aux services de police.[24]

Selon Williams et Johnson, une fois pris dans les mailles de ce filet biochimique, les « criminels actifs sont [...] les cibles d'une forme de "bio-visibilité" ; apparemment "non envahissante" mais permanente [...] Cela place une partie spécifique de la population sous surveillance permanente tout en n'observant personne. »[25]

Un fichier génétique pour tous ?

En partant du principe cher à Lord Brown selon lequel « plus le fichier est complet, meilleures sont les chances de détecter les criminels », certains spécialistes préconisent d'étendre le fichier national des empreintes génétiques à *tous* les citoyens britanniques ; ce qui représenterait une multiplication par vingt de sa taille actuelle. Tony Blair y était favorable, se faisant ainsi l'écho de nombreux hauts fonctionnaires de police[26]. Si le Premier Ministre et les forces de l'ordre mettent en exergue l'efficacité qu'apporterait un tel fichier universel dans la lutte contre la criminalité, d'autres spécialistes prônent également cette idée en suivant toutefois un argumentaire pour le moins inattendu : ils estiment que le fichier britannique actuel, en ciblant à la fois délinquants avérés et suspects innocentés, est un instrument de discrimination à l'encontre de certaines couches sociales et

---

[23] Sur cette loi, voir Neil Davie, *Visages de la criminalité*, *op.cit.*, ch.2.
[24] Williams & Johnson, « Circuits of Surveillance », p.10.
[25] *Ibid.*, pp. 9, 12.
[26] « Suspect Nation », *The Guardian*, 28 octobre 2006 ; « Police Seek DNA Record of Everyone », *The Guardian*, 8 septembre 2003.

certaines minorités ethniques. Aussi, un fichier universel lèverait cette discrimination. Il est intéressant de constater que *Sir* Alec Jeffreys, auparavant opposé à un fichier qui porterait atteinte à la vie privée, soit devenu un fervent partisan du fichier universel[27]. Certains universitaires, notamment les juristes américains Michael E. Smith et D.H. Kaye. M. Smith soutiennent ce principe :

> En réalité, une banque de données ADN limitée à ceux et celles qui ont été condamnés, inculpés ou soupçonnés d'une infraction a pour effet certain d'aggraver la polarisation raciale au sein de la société, d'ébranler la légitimité de la Loi et des forces de l'ordre, et de compromettre davantage la sécurité publique en nous privant, et ce de loin, de la capacité en matière de dissuasion et d'investigation que nous offrirait une banque de données universelle d'empreintes génétiques.[28]

Il est intéressant de noter que des propos similaires avaient été tenus aux États-Unis dans les années 1930 et 1940 concernant le projet de création d'un fichier universel d'empreintes digitales, et ce sans résultat[29]. Aujourd'hui comme auparavant, il semble que les inquiétudes concernant l'atteinte à la vie privée que représenterait un fichier ADN universel sont telles qu'il est peu probable que le projet voie le jour. Le Dr Graeme Laurie, spécialiste de l'enjeu de la vie privée en génétique, et conseiller auprès de l'Organisation Mondiale de la Santé, résume un courant influent d'opinion lorsqu'il affirme qu'un fichier génétique universel représenterait

> [...] une extension radicale des pouvoirs actuels de la police, car le principe même d'un fichier universel semblerait impliquer une

[27] « Privacy Fears over DNA Database », BBC News, 12 septembre 2002.

[28] Michael E. Smith, « Let's Make the DNA Identification Database as Inclusive as Possible », *Journal of Law, Medicine and Ethics*, vol. 33, n°3, été 2006, p.389. Voir également : D.H. Kaye & Michael E. Smith, « DNA Databases for Law Enforcement: The Coverage Question and the Case for a Population-Wide Database », *in* Laser (dir.), *DNA and the Criminal Justice System*, ch.12.

[29] Simon Cole, « Fingeprint Identification », pp.72-73.

obligation légale pour tout homme, femme et enfant britanniques de fournir un échantillon de tissu à la police (avec, sans doute, des sanctions pour non-obéissance). Et ce, malgré le fait que la grande majorité de ces donateurs aurait un casier judiciaire vierge, et n'aurait jamais fait l'objet d'enquête policière.[30]

Une des objections majeures aux banques de données génétiques existantes, objection partagée à la fois par les défenseurs du profilage ADN universel comme Smith & Kaye et par ses détracteurs, est la suivante : la logique de la pratique actuelle présuppose que lorsque votre ADN est fiché, vous méritez d'être soupçonné et donc d'être sous surveillance, que vous soyez coupable d'avoir commis une infraction ou non. Il s'agit là du principe de « suspicion catégorielle » que nous avons déjà pu constater lors de notre étude sur la surveillance biométrique : « Nous devenons des "suspects" pour l'ordinateur de la police ou la cible de la surveillance commerciale en appartenant à une catégorie particulière, quelles que soient nos actions ou nos intentions. »[31]

Comme nous le rappelle la criminologue Carole McCartney, ce genre d'objections à l'encontre des fichiers ADN est souvent écartée par les pouvoirs publics, qui se défendent en citant « des banalités telles que "seuls les coupables ont des raisons de s'inquiéter" »[32]. L'ancien ministre de l'Intérieur travailliste David Blunkett déclare ainsi :

> Le lobby des droits de l'Homme [...] prétend qu'il [le fichier d'empreintes génétiques] représente une "atteinte à la vie privée". Eh bien, il a raison. Ce fichier représente une atteinte à la confiance arrogante des malfaiteurs qui estiment qu'ils peuvent faire la nique à la société et demeurer libres de commettre à leur

---

[30] Graeme Laurie, « United Kingdom », pp. 238-39.

[31] David Lyon, « Bentham's Panopticon: From Moral Architecture to Electronic Surveillance », *Queen's Quarterly*, vol. 98, n°3, 1991, pp.596-617.

[32] Carole McCartney, « Forensic Data Sampling and the England and Wales National DNA Database: A Sceptical Approach », *Critical Criminology*, vol. 12, 2004, p. 167.

> guise d'autres infractions qui resteraient autrement non découvertes.[33]

McCartney répond à la formule « seuls les coupables ont des raisons de s'inquiéter » en ajoutant que « les statistiques des arrestations montrent clairement que certaines couches de la population [...] ont à s'inquiéter plus que d'autres »[34]. Des enquêtes de 2006 sur l'Angleterre et le pays de Galles illustrent de manière frappante ce phénomène. On a calculé qu'en avril 2007, 77 % des Noirs britanniques de sexe masculin entre 15 et 34 ans étaient répertoriés dans le fichier national. Le chiffre équivalent pour les hommes blancs est de 22 %[35]. On a constaté par ailleurs que le pourcentage des personnes fichées qui n'ont commis aucune infraction s'élève à 24 % pour les personnes appartenant à une minorité ethnique, trois fois plus que leur représentation actuelle dans la population britannique[36]. La *Commission for Racial Equality* a fait part de son inquiétude[37], arguant que ces statistiques sont essentiellement le reflet des politiques policières discriminatoires, notamment la tendance, soulignée par nombre de spécialistes, qu'ont les agents de police à cibler les jeunes hommes noirs pour les interpellations et les fouilles à pied et en voiture[38]. Quel que soit le poids relatif de ces pratiques discriminatoires par rapport au taux de criminalité objectivement plus élevé dans les

---

[33] « Suspect Nation », *The Guardian*, 28 octobre 2006.
[34] Carole McCartney, *op.cit.*, p.167.
[35] « Three in Four Young Black Men on the DNA Database », *Sunday Telegraph*, 5 novembre 2006.
[36] « Surveillance Society: the DNA Files », *Independent*, 7 mai 2006.
[37] *Sunday Telegraph*, *op.cit.*.
[38] Sur cette question, voir Neil Davie, « A 'Bolt-on Extra to the Police's Work'?: Racism and Policing in the UK since the Macpherson Report », *in* Michel Prum, Bénédicte Deschamps & Marie-Claude Barbier (dir.), *Racial, Ethnic and Homophobic Violence: Killing in the Name of Otherness*, Abingdon, Routledge-Cavendish, 2007, p.89 & n.44.

quartiers où les minorités ethniques sont largement représentées[39], il est clair, comme l'indique Simon A. Cole, que

> Les chiffres de la criminalité ne sont pas simplement le reflet objectif du comportement antisocial de tel individu ou de la dangerosité qu'il représente pour la société. Ces chiffres sont également le reflet de pratiques d'arrestation, de politiques policières et de choix judiciaires, et en tant que tels ils reflètent des injustices de traitement sur le plan racial, social et géographique. [...] Une fois inscrites dans la banque de données, ces injustices acquièrent une apparente neutralité. Elles semblent être le reflet d'informations objectives, alors qu'en réalité, elles peuvent être les retombées de préjugés de la part des policiers ou du personnel du système judiciaire.[40]

Vers un traçabilité humaine ?

Les spécialistes estiment qu'il existe d'ores et déjà des marqueurs génétiques relativement fiables pour la couleur des yeux, des cheveux et de la peau[41]. Dès 1997, le généticien Steve Jones affirmait avec certitude que « d'ici deux ou trois ans, à la suite d'un examen ADN, on pourra déterminer s'il s'agit de quelqu'un avec un gros nez, des yeux bleus et une mâchoire saillante »[42]. D'autres spécialistes font les mêmes prévisions, mais avec un délai plus long[43]. En fait, dès 2001, un test ADN baptisé « *DNA Identikit* » était distribué aux forces de l'ordre britanniques, capable, selon le

---

[39] Voir Coretta Phillips & Ben Bowling, « Ethnicity, Racism, Crime and Criminal Justice », *in* Mike Maguire *et al.* (dir.), *The Oxford Handbook of Criminology*, 3e édition, Oxford, Oxford University Press, 2002, ch.17 pour cette question.

[40] Simon Cole, « Fingerprint Identification », p.82.

[41] Pilar N.Ossario, « About Face: Forensic Genetic Testing for Race and Visible Traits », *Journal of Law, Medicine and Ethics*, vol. 33, n°3, été 2006, pp. 277-78.

[42] Cité dans « DNA Traces Let Police 'See' a Suspect's Face », *Sunday Times*, 20 avril 1997.

[43] Le Dr Gillian Tully de la FSS, citée dans Andrew Watson, « A New Breed of High-Tech Detectives », *Science*, nouvelle série, vol.289, n°5481, 11 août 2000, p. 851 : « Dans les dix prochaines années, nous serons peut-être capables de mettre au point des tests génétiques pour dépister les principaux traits du visage : par exemple, le nez, le menton et le front ».

ministère de l'Intérieur d'« inférer » le groupe ethnique ainsi que certaines couleurs de cheveux.[44]

La perspective pour les enquêteurs de savoir que le suspect qu'ils recherchent est « un homme d'un mètre quatre-vingt-treize avec une chevelure rousse et une tendance à l'obésité » (selon l'exemple donné par un spécialiste des banques de données[45]) présente des avantages indubitables. Pourtant, certains généticiens doutent de la fiabilité d'un tel procédé. Ils soulignent que des facteurs environnementaux interviennent pour revoir à la baisse ou à la hausse des prédispositions génétiques, et rappellent qu'un trait physique donné provient souvent de l'action de plusieurs gènes interactifs.[46]

S'il s'avère en effet possible de mettre au point un test génétique fiable d'appartenance ethnique, certains estiment qu'un tel test aboutirait à une *réduction* de la discrimination faite aux minorités ethniques par les agents de police, puisqu'il fournirait des preuves « objectives » que la majorité écrasante des infractions sont en réalité commises par des membres de la communauté majoritaire blanche, démolissant ainsi une idée reçue très présente dans les milieux des forces de l'ordre. Aussi, toujours selon cet argument, l'attention de la police ne serait plus rivée de manière disproportionnée sur les individus appartenant à une minorité ethnique, ni sur les quartiers où de telles minorités sont concentrées. Comme le remarque le juriste américain Pilar Ossorio, cette thèse optimiste ne prend pas en compte deux critères. Premièrement, elle est fondée sur une supposition non avérée que, face à des preuves objectives du niveau réel des violations de la loi chez les minorités ethniques, il y aurait une refonte en profondeur des méthodes policières et de l'attitude de la police vis-à-vis des minorités ethniques. De prime abord, il subsiste de bonnes raisons

---

[44] « Police Use DNA to Find Suspect's Race », *Sunday Times*, 25 février, 2001 ; Carole McCartney, « DNA Expansion », p.181.

[45] Le Dr Bob Bramley, cité dans Kristina Staley, *The Police National DNA Database: Balancing Crime Detection, Human Rights and Privacy*, Londres, GeneWatch, janvier 2005, p.31.

[46] Pierre Roubertoux, *Existe-t-il des gènes de comportement ?*, Paris, Odile Jacob, 2004.

d'être prudent à ce sujet. Les préjugés et les stéréotypes racistes se sont montrés particulièrement tenaces au sein de la police, notamment chez les officiers subalternes présents sur le terrain, et ce, malgré toute une série de lois, de rapports officiels, ainsi que de programmes intensifs de formation continue, tous destinés à identifier et à éradiquer les attitudes et les comportements racistes.[47]

Le deuxième problème soulevé par Ossorio est d'ordre logistique. Si le test d'appartenance ethnique révélait qu'un suspect était noir ou asiatique, la petite taille de ces communautés par rapport à la population blanche ferait que l'intervention policière serait proportionnellement plus conséquente, avec, comme résultat, « des interventions complémentaires plus nombreuses et plus envahissantes dans les quartiers concernés »[48]. Elle conclut en indiquant les conséquences globales d'une utilisation régulière de tests ADN d'appartenance ethnique :

> [...] il est possible que le profilage ADN en se servant de descriptions raciales ou d'un langage racialisé finira par renforcer ou par redynamiser des stéréotypes racistes, véhiculant l'idée que les minorités ethniques sont dangereuses, déviantes et moralement inférieures. [...] Par le simple biais d'un lien suggéré entre race, génétique et criminalité, ces descriptions médico-légales pourraient créer des stéréotypes racistes qui fonctionneraient à restreindre et à entraver la vie des personnes appartenant à une minorité ethnique.[49]

Un Gène de la criminalité ?

Les mêmes réserves ont été exprimées au sujet de la recherche de marqueurs génétiques des traits comportementaux comme « l'agressivité », « l'impulsivité » ou « le comportement anti-social ». L'information génétique qui pourrait servir dans ce cas se trouve dans les régions dites « codantes » d'un prélèvement ADN ;

---

[47] Voir Neil Davie, « A 'Bolt-on Extra to the Police's Work' », *op.cit.*, pp. 88-91.
[48] Pilar Ossorio, *op.cit.*, p.285.
[49] *Ibid.*, p.285.

c'est-à-dire les 10 % d'un échantillon qui n'ont aucune utilité en ce qui concerne l'identité individuelle, mais qui sont susceptibles de fournir des indices sur un large éventail de sujets qui intéressent les chercheurs. Parmi ces thèmes, on trouve des marqueurs génétiques potentiels de maladies comme le cancer ou les maladies cardiaques, mais également, selon certains généticiens, le « code » biologique de différents comportements, y compris celui du comportement criminel. Les microsatellites auxquels nous avons fait référence ci-dessus n'ont aucune valeur dans ce domaine ; c'est pourquoi il existe un vif débat sur la question de l'utilisation éventuelle des prélèvements de tissu pour la recherche. Pour les groupes de défense des droits de l'Homme et pour les juristes spécialisés dans les droits civils, il existe un réel danger que ces échantillons soient utilisés pour des études inconvenantes cherchant à établir un lien entre la déviance et certaines caractéristiques médicales ou comportementales.[50]

La *Human Genetics Commission*[51], qui conseille le gouvernement britannique sur l'impact social, légal et éthique de la génétique, a émis des réserves sur ce sujet. Dans un rapport sur le fichier national britannique paru en 2002, la commission demande que « l'usage de ces échantillons à l'avenir soit sujet à une stricte réglementation ». Elle préconise la mise en place d'un organisme indépendant – composé en partie de membres extérieurs aux milieux gouvernementaux et policiers – afin de superviser le fonctionnement du fichier national[52]. Bien que le ministère de l'Intérieur ait reconnu qu'il s'agisse d'un enjeu qui préoccupe l'opinion publique[53], la recommandation de la commission est restée, pour le moment, sans suite.

---

[50] Sur ce débat, voir R.E. Gaensslen, « Should Biological Evidence or DNA be Retained by Forensic Science Laboratories After Profiling ? », *Journal of Law, Medicine and Ethics*, vol. 33, n°3, été 2006, pp. 375-79; M. Dawn Herkenham, « Retention of Offender DNA Samples Necessary to Ensure and Monitor Quality of Forensic DNA Efforts », *Journal of Law, Medicine and Ethics*, vol. 33, n°3, été 2006, pp. 380-84.

[51] Voir www.hgc.co.uk

[52] Human Genetics Commission, *Inside Information: Balancing Interests in the Use of Personal Genetic Data*, Londres, Ministry of Health, 2002, p. 31.

[53] Helen Wallace, « The UK National DNA Database », p.28.

Selon le sociologue américain Troy Duster, il existe trois raisons pour lesquelles les résultats de la recherche sur le lien entre criminalité et génétique doivent être traités avec beaucoup de circonspection[54]. Tout d'abord, il fait remarquer que la définition d'une « infraction » change selon l'époque et le lieu géographique, en fonction de variables telles que le cadre législatif, les pratiques policières et les impulsions politico-judiciaires. Il cite le mouvement des suffragettes britanniques du début du XXe siècle et la protestation contre la ségrégation raciale aux États-Unis dans les années 1960. Dans les deux cas, il s'agit de comportements étiquetés « criminels » à l'époque, mais qui aujourd'hui sont plutôt considérés comme des actes de désobéissance civile entrepris conformément à des principes éthiques, et n'ayant rien à voir avec la psychopathologie ou la dysfonction sociale. De même, un consommateur d'alcool âgé de dix-huit ans serait considéré comme un « criminel » du côté américain de la frontière avec le Canada, alors que son homologue, quelques kilomètres plus loin, ne serait pas réprimandé et ne serait pas, de ce fait, répertorié dans un fichier ADN.[55]

Le deuxième problème relevé par Duster concerne le terme « criminel ». En effet, cette appellation met dans le même sac le délinquant primaire et le récidiviste, l'escroc et le bureaucrate corrompu, le chauffeur en délit de fuite et le tueur en série. Même si le chercheur se contente de comparer des individus ayant commis la *même* infraction, il n'existe aucun moyen de prendre en compte statistiquement le fait qu'un acte criminel donné aurait été commis dans des circonstances très variées, et pour des raisons très différentes. *A priori*, si les circonstances et les motivations d'un acte sont différentes, il y a de fortes chances pour que la causalité génétique (s'il y en a une) sera également différente…

Enfin, selon Duster, la définition d'un « criminel » est compliquée par la difficulté de savoir ce qu'elle englobe précisément : doit-on considérer le criminel comme quelqu'un qui

---

[54] Troy Duster, *Backdoor to Eugenics*, pp.99-100.

[55] *Sir* Michael Rutter, « Introduction », *in* Gregory R. Bock & Jamie A. Goode (dir.), *The Genetics of Criminal and Antisocial Behaviour*, Chichester, John Wiley, 1996, p.1.

a commis une violation à la loi, quelqu'un qui a été arrêté pour un tel acte, ou enfin quelqu'un qui a été condamné ? Duster cite une étude sur des cambrioleurs américains qui a mis en évidence que sur 1 000 cambriolages commis, au mieux 75 aboutiront à la condamnation de leurs auteurs. Pourtant, lorsque les chercheurs essayeront de définir les traits biologiques des cambrioleurs, ils n'examineront que l'ADN de ces 75 cambrioleurs très atypiques ! Cette difficulté rappelle la réaction du psychiatre édouardien, le Dr Charles Mercier, aux résultats statistiques de son confrère, le Dr Charles Goring, exposés dans l'ouvrage de ce dernier, *The English Convict* (1913)[56]. Dans son livre, Goring présente ses conclusions sur les caractéristiques physiques et mentales de la population carcérale britannique. Le Dr Mercier, pour sa part, montre que l'échantillon qui avait servi de base pour cette étude ne concernait que les 15 % des délinquants qui ont été arrêtés, condamnés et écroués. « Nous ne savons absolument rien, ajouta-t-il, sur les autres 85 % des auteurs de crimes et de délits. La seule hypothèse que nous puissions émettre à leur sujet est qu'ils sont sans doute plus intelligents que ceux auxquels le Dr Goring a fait appel pour établir ses données. »[57] Duster nous rappelle, comme l'avait fait Mercier presque cent ans plus tôt, que, qui dit corrélation ne dit pas nécessairement causalité, même si le résultat semble porter « l'imprimatur alléchant de la précision de la génétique moléculaire ».[58]

Étant données les difficultés épistémologiques et heuristiques relevées par Duster, il n'est pas surprenant de constater que les recherches entreprises dans ce domaine n'ont pas jusqu'ici abouti à des résultats concluants. Le biologiste américain Garland Allen a passé en revue l'état de nos connaissances dans ce champ de recherche et arrive à cette conclusion sans équivoque :

---

[56] Charles Goring, *The English Convict: a Statistical Study*, Londres, HMSO, 1913.

[57] Charles Mercier, *Crime and Criminals: Being the Jurisprudence of Crime Medical, Biological and Psychological*, Londres, University of London Press, 1918, pp. 220-23.

[58] Troy Duster, « « Selective Arrests », p.327.

> Personne n'a jamais réussi à identifier les gènes de la criminalité ou même de l'agressivité ; aucuns marqueurs physiques ou physiologiques de tels comportements n'ont pu dégager une corrélation forte ou fiable. [...] J'estime qu'à l'heure actuelle la génétique comportementale n'a rien ou presque rien d'utile à apporter lorsqu'il s'agit de déterminer les causes de certains comportements sociaux de l'Homme – comme la criminalité par exemple.[59]

Cela ne veut pas dire, bien entendu, que les gènes n'ont aucun rôle à jouer dans les comportements humains, mais que l'on ne peut pas exprimer cette relation sous la forme d'une équation du style *gène x cause comportement y*. Comme nous le rappelle le psychologue *Sir* Michael Rutter dans une de ses deux contributions aux actes d'un colloque sur « La génétique et le comportement criminel et anti-social », parus en 1996 :

> L'idée d'un "gène de la criminalité" est erronée. [...] Les gènes ne codent pas des comportements socialement définis, et ne peuvent pas le faire. De surcroît, ils n'amènent pas les individus à commettre des actes criminels. C'est-à-dire qu'il peut y avoir une propension plus grande (dans certains cas beaucoup plus grande) à l'agressivité ou au comportement anti-social, mais savoir si l'individu en question passera à l'acte criminel dépendra également des facteurs liés à l'environnement qui le prédisposeraient à tel ou tel acte, ainsi qu'aux circonstances situationnelles du moment donné. Ce constat est d'autant plus vrai dans le cas des traits multifactoriels [c'est-à-dire lorsque plusieurs gènes fonctionnent ensemble], ce qui est le cas pour tous sauf une part infime des comportements anti-sociaux. [...] Ainsi, une personne peut représenter un risque élevé de comportement anti-social par rapport à la moyenne de la population, néanmoins, tout

---

[59] Garland Allen, « DNA and Human Behaviour Genetics: Implications for the Criminal Justice System », in Laser (dir.), *DNA and the Criminal Justice System*, pp. 310, 294.

> compte fait, il demeure peu probable qu'elle commettra un jour un crime grave.[60]

De telles mises en garde et réserves de la part de la communauté scientifique sont peu répertoriées dans les magazines de vulgarisation scientifique et autres médias. Gregory Carey et Irving Gottesmann observent avec ironie – après avoir parsemé leurs propres conclusions de toute une batterie de « si » et de « mais » – que « la circonspection ne fait jamais la une des journaux »[61]. Certains spécialistes redoutent que les forces de l'ordre ne se rendent pas compte non plus des complexités et des nuances de ce débat. Un rapport rédigé par le groupe de défense des droits de l'Homme, *Genewatch UK*, sur le fichier national britannique des empreintes génétiques exprime son inquiétude :

> [...] les forces de l'ordre pourraient interpréter le genre de preuves issues de l'ADN [liant des gènes à certains traits de comportement] comme une certitude, alors que des examens scientifiques ne peuvent indiquer autre chose que des probabilités. [...] Ce qui pourrait faire perdre du temps à la police, en les lançant sur de fausses pistes, et les faire, peut-être, accuser des suspects à tort.[62]

D'après les sources que nous avons citées sur l'état des lieux en recherche génétique, tout laisse à penser que, même si les spécialistes arrivent un jour à chiffrer des « probabilités » de ce genre, la corrélation ne sera pas assez forte pour permettre des prévisions fiables. Pourtant, la tentation de chercher des marqueurs génétiques du comportement criminel potentiel reste forte, et correspond aux préoccupations des ministres et des hauts fonctionnaires de la police et du ministère de l'Intérieur, désireux

---

[60] *Sir* Michael Rutter, « Concluding Remarks », *in* Bock & Goode (dir.), *op.cit.*, pp. 266, 270.

[61] Gregory Carey et Irving Gottesman, « Genes and Antisocial Behaviour: Perceived Versus Real Threats to Jurisprudence », *Journal of Law, Medicine and Ethics*, vol. 33, n°3, été 2006, p. 345.

[62] Kristina Staley, *The Police National DNA Database*, pp. 33-34.

de trouver des outils pour « gérer le risque » – démarche que nous avons déjà constatée dans le domaine de la vidéo-surveillance des populations dites « suspectes ». Si l'on ne s'est pas encore servi de ce genre de marqueur génétique, c'est sans doute parce que la technologie n'est pas encore au point, et non pour des scrupules éthiques, ou des réserves portant sur à la fiabilité des corrélations générées par le profilage ADN.

Conclusion

Nous avons constaté plus haut que certains spécialistes envisagent un avenir où ceux en possession de gènes « défectueux » ou « dangereux » – même s'ils n'ont commis aucune violation à la loi – pourraient devenir les cibles d'interventions policières musclées et d'une surveillance étatique accrue. Les sociologues américains Dorothy Nelkin et Lori Andrews dressent le portrait de cette vision de l'avenir :

> Si l'on arrive à associer prédispositions génétiques et actes anti-sociaux, des intérêts sociaux et économiques pourraient mettre en place des mesures afin de prévenir la criminalité en limitant les droits civils des personnes considérées comme porteurs des gènes criminels. Parmi les mesures adoptées, on pourrait trouver l'identification des personnes ayant des gènes anti-sociaux, la mise en place de programmes de surveillance ciblée ou la détention à titre préventif. On peut penser que leurs profils ADN seront fichés et sortis chaque fois qu'une infraction sera commise.[63]

Il existe également, comme le note le criminologue Nikolas Rose, une version plus « légère » de ce scénario, selon laquelle

> […] les facteurs biologiques sont considérés comme un élément de risque parmi d'autres lorsqu'il s'agit de prévenir le comportement déviant ; agissant de concert avec les facteurs sociaux, familiaux, locaux, culturels et sous-culturels, ainsi qu'avec l'effet des

[63] Dorothy Nelkin & Lori Andrews, « DNA Identification and Surveillance Creep », *Sociology of Health and Illness*, vol. 21, n°5, 1999, p.703.

> traumatismes et des toxines, tels que l'expérience de la violence, l'abus d'alcool ou de drogue. [...] Une fois le trait génétique néfaste identifié, nous passerons à l'identification des personnes « à risque », ce qui devrait se traduire ensuite par une série d'interventions cherchant à réduire ce risque : la psychopharmacologie, la thérapie génétique, le contrôle du milieu social, l'apprentissage des aptitudes sociales et la restructuration cognitive.[64]

Ces deux scénarii sont fondés à notre sens sur une évaluation trop optimiste – ou trop pessimiste, selon le point de vue – du potentiel de la génétique comportementale. Il faut d'ailleurs se rappeler que les optimistes comme les pessimistes ont de bonnes raisons de mettre en exergue le fort potentiel des recherches dans ce domaine. Il s'agit là d'une communauté d'intérêts paradoxale, qualifiée par Nikolas Rose d'« alliance contre nature entre les médias grand public à sensation et les groupes de pression politisés », avec la complicité à l'occasion de « chercheurs crédules ».[65]

On pourrait donc croire qu'étant donné l'incapacité de la génétique comportementale à tenir ses promesses, les pronostics sombres esquissés ci-dessus peuvent être relégués, selon des propos de deux chercheurs, à « l'histoire de la science, à la science-fiction, et à la satire sociale »[66]. Et pourtant, pas forcément. Même si les médecins légistes et les décideurs ont des attentes irréalisables fondées sur le profilage ADN, en concentrant le débat et la recherche sur la quête de marqueurs génétiques de criminalité – surtout dans un contexte où les minorités ethniques sont représentées de manière disproportionnée dans les fichiers des banques de données ADN – la nouvelle conception techno-scientifique finira par donner une nouvelle légitimité au concept de

---

[64] Nikolas Rose, « Biology of Culpability », pp.20, 21, 23.

[65] *Ibid.*, p.8.

[66] Gregory Carey & Irving I. Gottesman, « Genetics and Anti-Social Behaviour: Substance Versus Sound-Bytes », *Politics and the Life Sciences* (Symposium on Genetics and Crime), vol. 15, n°1, 1996, p.89.

« race » [67]. Après tout, si l'on considère que le comportement criminel est génétiquement déterminé, et que l'on constate par la suite que certains groupes ethniques sont surreprésentés dans les enquêtes criminelles, il suffirait d'« un saut de petite envergure mais dangereux », selon la formule de David Laser, pour en conclure que cette disparité a une explication biologique[68]. Il s'ensuivrait la stigmatisation non seulement de ceux qui sont fichés dans la banque de données détenant des gènes considérés comme « dangereux », mais également celle de toute autre personne ayant la malchance de posséder les mêmes traits génético-raciaux[69]. Il ne s'agit pas ici de rejeter le principe des fichiers d'empreintes génétiques, qui demeurent une arme redoutable pour lutter contre la criminalité, mais de reconnaître que le cadre réglementaire de leur mise en place et les modalités de leur gestion mérite une réflexion beaucoup plus approfondie et fouillée qu'à l'heure actuelle. Il faut que ce « témoin biologique silencieux »[70] puisse parler, mais que les limites de son témoignage ne soient pas éliminées des débats.

---

[67] Paul Rainbow, « Galton's Regret: Of Types and Individuals », *in* Paul J. Billings, *DNA on Trial: Genetic Identification and Criminal Justice*, New York, Cold Spring Harbor Laboratory Press, 1992, p.17.

[68] David Laser, « Introduction », *ibidem*, *DNA and the Criminal Justice System*, p.11.

[69] David Laser & Michelle N. Meyer, « DNA and the Criminal Justice System: Consensus and Debate », in David Laser (dir.), *op.cit.*, p. 380.

[70] John M. Butler, *Forensic DNA Typing: Biology, Technology and the Genetics of STR Markers*, 2e édition, Londres, Elsevier Academic Press, 2005, p.2.

Les auteurs

Florence Binard est Maître de conférences à l'Université Denis Diderot (Paris 7). Sa recherche porte principalement sur l'histoire de la sexualité, la différence des sexes, les théories *queer* et transgenre, les études féministes. Membre du GRER, elle s'intéresse en particulier à l'influence de l'eugénisme sur la pensée féministe et anti-féministe dans l'entre-deux-guerres en Grande-Bretagne.

Neil Davie est Professeur de civilisation britannique à l'Université Lumière (Lyon 2). Sa recherche porte principalement sur l'histoire de la criminologie et des politiques carcérales à l'époque victorienne et édouardienne. Membre du GRER depuis sa fondation, il a publié *Visages de la criminalité : à la recherche d'une théorie scientifique du criminel-type en Angleterre, 1860-1914* (Paris, Kimé, 2004) et *Tracing the Criminal: The Rise of Scientific Criminology in Britain, 1860-1918* (Oxford, Bardwell Press, 2005).

Steve Garner est Maître de conférences (*Senior Lecturer*) en sociologie à la *University of the West of England* (Bristol). Il a soutenu en 2000 à la Sorbonne une thèse sur l'articulation de l'ethnicité, la classe sociale et des rapports sociaux de genre en Guyana. Sa recherche porte principalement sur le racisme, les discours politiques et quotidiens autour de l'immigration, et la racialisation des identités blanches. Il s'intéresse à l'Irlande et aux Caraïbes anglophones ainsi qu'à la Grande-Bretagne et aux États-Unis. Ses articles sont parus entre autres dans *Sociologie*, *Patterns of Prejudice* et *Parliamentary Affairs*. Il a également publié *Racism in the Irish Experience* (Londres, Pluto, 2004), *Whiteness: an Introduction* (Londres, Routledge, 2007) et *Guyana 1838-1985: Ethnicity, Class and Gender* (Kingston, Jamaïque, Ian Randle Press, 2007).

Élise Marienstras est Professeur émérite à l'Université Paris Diderot (Paris 7). Ses travaux mettent l'accent sur la centralité des Amérindiens comme sujets à part entière de l'histoire américaine. Elle a publié notamment *En Marge. Étude sur les minorités aux États-Unis* (en col., Paris, Maspéro, 1971) ; *Les Mythes fondateurs de la nation américaine* (Paris, Maspéro, 1976 ; rééd. Bruxelles, Complexe, 1992) ; *La Résistance indienne aux États-Unis* (Paris, Gallimard, 1980) ; *Naissance de la République fédérale* (Nancy, PUN, 1987) ; *Nous, le Peuple. Les origines du nationalisme américain* (Paris, Gallimard, 1988) ; *1890 : Wounded Knee. L'Amérique au tournant du siècle* (Bruxelles, Complexe, 1992).

Gráinne O'Keeffe-Vigneron est Maître de conférences à l'Université de Rennes 2. Auteur d'une thèse sur les Irlandais en tant que minorité blanche en Angleterre depuis la Seconde Guerre mondiale, elle travaille actuellement sur le rôle politique des Irlandais en Angleterre au niveau national et local. Elle a publié dans *Sources – Revue d'études anglophones, Études irlandaises* et *Irish Studies in Europe.*

Ludmila Ommundsen a soutenu une thèse sur les récits féminins de voyage en Afrique du Sud au XIXe siècle à l'Université de Lille 3 (1999) après un séjour de recherches en Afrique du Sud (1994-98) au cours duquel elle était membre de l'*Institute for Gender Studies* de la *University of South Africa* (UNISA, Prétoria). Actuellement Maître de conférences à l'Université du Havre, elle étudie la littérature et la civilisation victoriennes ainsi que la littérature et la civilisation sud-africaines contemporaines (articles dans *Études Anglaises*, *Cahiers Victoriens et édouardiens*, *Cultures of Commonwealth*, *LISA e-Journal* (France), *Palabres* (Allemagne), *Africa* (Brésil) dans une perspective qui se situe au croisement des *Gender Studies* et des *Cultural Studies*.

Sylvie Pomiès-Maréchal est Maître de conférences à l'Université de Paris Sud (Paris 11) et enseigne à l'IUT de Sceaux. Ses recherches portent essentiellement sur les processus de marginalisation et de valorisation de la femme anglaise au XXe siècle dans le cadre familial et professionnel. Elle s'est plus particulièrement penchée sur le contrôle social exercé sur les femmes durant les deux guerres mondiales, notamment à travers l'eugénisme. Elle travaille actuellement sur l'identité et la représentation des femmes dans leurs rapports aux conflits.

Xavier Pons est Professeur à l'Université de Toulouse-Le Mirail et spécialiste d'études australiennes. Il a publié de nombreux travaux dans ce domaine. Le dernier en date est *L'Australie* (Paris, Le Cavalier Bleu, collection Idées Reçues, 2007).

Michel Prum est Professeur à l'Université Denis-Diderot (Paris 7). Après des travaux sur les origines de la pensée socialiste au Royaume-Uni, il s'est intéressé au racisme et a fondé en 1998 le GRER. Il a dirigé la publication de huit volumes collectifs du GRER, et co-dirigé deux ouvrages sur la violence raciale et homophobe, chez l'Harmattan et Routledge. Il dirige à présent la collection « Racisme et eugénisme » chez L'Harmattan. Il coordonne la publication des œuvres complètes de Charles Darwin, sous la direction scientifique de Patrick Tort, aux éditions Syllepse puis Slatkine.

Simon Taylor est Maître de conférences à l'Université Paris Diderot (Paris 7). Il est docteur en droit et ancien avocat. Il a publié de nombreux articles sur le droit médical et sur la réglementation de la biomédecine. Sa thèse, portant sur l'harmonisation du droit privé au sein de l'Union européenne, a été publiée par LGDJ en 1999.

Gilles Teulié est Professeur de civilisation britannique et du Commonwealth à l'Université Aix-Marseille 1. Il s'intéresse à l'histoire des représentations en Afrique du Sud, dans l'Angleterre victorienne et son empire, ainsi qu'à la rhétorique de guerre. Il a publié *Les Afrikaners et la guerre anglo-boer – 1899-1902 – Étude des cultures populaires et des mentalités en présence* aux éditions de l'Université Paul-Valéry – Montpellier 3 en 2000. Il a édité plusieurs ouvrages collectifs : « Écritures et Histoire en Afrique du Sud » (2003) ; « Cultures de la confession. Les formes de l'aveu dans le monde anglophone » (avec Sylvie Mathé, 2006) ;

« Discours Religieux et Guerres » (2006) ; « Sciences & Races » (2007) ; « Victorian Representations of War » (2007).

Le **GRER** (Groupe de Recherche sur l'Eugénisme et le Racisme) a été fondé en 1998 à l'Université Denis-Diderot (Paris 7). Il fait à présent partie du laboratoire « Identités, Cultures, Territoires », équipe d'accueil n°337. L'équipe regroupe, dans un séminaire bi-mensuel à présent sur le nouveau site de Paris Rive Gauche, des universitaires français et anglo-saxons qui travaillent sur l'aire anglophone. Après trois ouvrages aux éditions Syllepse, le GRER a publié depuis 2003 cinq nouveaux volumes dans la collection « Racisme et eugénisme », chez L'Harmattan. Il a organisé en 2004, en collaboration avec le CIRNA de Paris 7 et l'ENS de Cachan, la Conférence internationale *« Killing the Other »*, qui a réuni des chercheurs australiens, américains, canadiens, britanniques, irlandais, italiens et français autour du thème de la violence raciale, ethnique, religieuse et homophobe. Un volume d'Actes a été publié en 2005 par l'Harmattan, dans la présente collection, sous le titre *Tuer l'Autre*, et un second ouvrage est sorti à Londres en 2007, chez Routledge-Cavendish, sous le titre *Racial, Ethnic and Homophobic Violence*. Pour plus de renseignements sur les séminaires et colloques organisés par le GRER, sur ses précédentes et prochaines publications et sur sa liste de diffusion, on peut consulter le site :

http://www.eila.univ-paris-diderot.fr/recherche/ICT-civi/GRER/

Table des matières

L'HARMATTAN, ITALIA
Via Degli Artisti 15 ; 10124 Torino
L'HARMATTAN HONGRIE
Könyvesbolt ; Kossuth L. u. 14-16
1053 Budapest
L'HARMATTAN BURKINA FASO
Rue 15.167 Route du Pô Patte d'oie
12 BP 226
Ouagadougou 12
(00226) 50 37 54 36
ESPACE L'HARMATTAN KINSHASA
Faculté des Sciences Sociales,
Politiques et Administratives
BP243, KIN XI ; Université de Kinshasa
L'HARMATTAN GUINÉE
Almamya Rue KA 028
En face du restaurant le cèdre
OKB agency BP 3470 Conakry
(00224) 60 20 85 08
harmattanguinee@yahoo.fr
L'HARMATTAN CÔTE D'IVOIRE
M. Etien N'dah Ahmon
Résidence Karl / cité des arts
Abidjan-Cocody 03 BP 1588 Abidjan 03
(00225) 05 77 87 31
L'HARMATTAN MAURITANIE
Espace El Kettab du livre francophone
N° 472 avenue Palais des Congrès
BP 316 Nouakchott
(00222) 63 25 980
L'HARMATTAN CAMEROUN
Immeuble Olympia
Face à la Camair
Yaoundé

15894 - novembre 2010
Achevé d'imprimer par
1livre.com
du rêve à la réalité !